新しい教職教育講座 教職教育編 ❺
原 清治／春日井敏之／篠原正典／森田真樹 [監修]

特別支援教育

原 幸一／堀家由妃代 [編著]

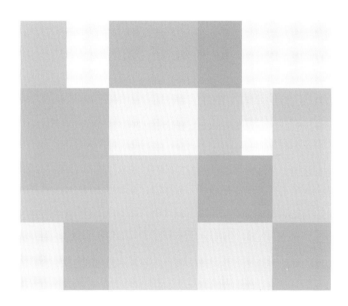

ミネルヴァ書房

新しい教職教育講座

監修のことば

　現在，学校教育は大きな転換点，分岐点に立たされているようにみえます。
　見方・考え方の育成を重視する授業への転換，ICT 教育や特別支援教育の拡充，増加する児童生徒のいじめや不登校への適切な指導支援，チーム学校や社会に開かれた教育課程を実現する新しい学校像の模索など。切れ間なく提起される諸政策を一見すると，学校や教師にとって混迷の時代に突入しているようにも感じられます。
　しかし，それは見方を変えれば，教師や学校が築き上げてきた地道な教育実践を土台にしながら，これまでの取組みやボーダーを超え，新たな教育を生み出す可能性を大いに秘めたイノベーティブな時代の到来ともいえるのではないでしょうか。教師の進むべき方向性を見定める正確なマップやコンパスがあれば，学校や教師の新たな地平を拓くことは十分に可能です。
　『新しい教職教育講座』は，教師を目指す学生や若手教員を意識したテキストシリーズであり，主に小中学校を対象とした「教職教育編」全13巻と，小学校を対象とした「教科教育編」全10巻から構成されています。
　世の中に教育，学校，教師に関する膨大な情報が溢れる時代にあって，学生や若手教員が基礎的知識や最新情報を集め整理することは容易ではありません。そこで，本シリーズでは，2017（平成29）年に告示された新学習指導要領や，今後の教員養成で重要な役割を果たす教職課程コアカリキュラムにも対応した基礎的知識や最新事情を，平易な表現でコンパクトに整理することに心がけました。
　また，各巻は，13章程度の構成とし，大学の授業での活用のしやすさに配慮するとともに，学習者の主体的な学びを促す工夫も加えています。難解で複雑な内容をやさしく解説しながら，教職を学ぶ学習者には格好のシリーズとなっています。同時に，経験豊かな教員にとっても，理論と実践をつなげながら，自身の教育実践を問い直し意味づけていくための視点が多く含まれた読み応えのある内容となっています。
　本シリーズが，教育，学校，教職，そして子どもたちの未来と可能性を信じながら，学校の新たな地平を拓いていこうとする教師にとって，今後の方向性を見定めるマップやコンパスとしての役割を果たしていくことができれば幸いです。

監修　原　　清　治（佛教大学）
　　　春日井敏之（立命館大学）
　　　篠　原　正　典（佛教大学）
　　　森　田　真　樹（立命館大学）

はじめに

　本書は2017(平成29)年4月に公示された新特別支援学校幼稚部教育要領および新特別支援学校小学部・中学部学習指導要領および義務教育(小学校,中学校)での特別支援教育に関わる内容を記している。

　教員職員免許法改正に伴い幼稚園,小学校,中学校,高等学校の一種免許取得において「特別の支援を必要とする幼児,児童及び生徒に対する理解」の科目が必修化される。以前は教育心理学の内容の一部とされた「障害のある幼児,児童及び生徒の心身の発達及び学習の過程」を必修とした。特別支援教育はチーム学校の考え方では通常学級においても必要な視点となり,すべての教員が共有する知識となる。

　あらたな特別支援教育では「学び」および「指導」の「連続性」,「多様な学びの場」が示され,より相互連関的な視点での教育を目指している。さらに,学校教育法省令第34号,学校教育法施行規則(第140条,141条)が改正され(2016(平成28)年12月9日),同140条では「義務教育学校,高等学校又は中等教育学校」が対象となり,同141条では義務教育学校に加え「高等学校」「特別支援学校の高等部」が対象に加わり,すでに2018(平成30)年度4月より高等学校での通級指導が始まっている。

　今後は義務教育から高等学校,大学さらに社会での生活を見通して合理的配慮(大学教育において国立大学では義務化,私立大学は努力義務)の継続性を考慮した支援が構成される。そのため支援者は子どもたちが社会で生きる状態を見通して各学齢期における支援を行う視点が求められる。

　本書の構成は,特別支援学校,教職課程に関わる「特別支援教育の基礎理論に関わる科目」および「特別の支援を必要とする幼児,児童及び生徒に対する理解」に対応する内容である。文部科学省の示す特別支援教育の基本的な考え方,特別支援学校の教育,小中学校における特別支援教育について,全体とし

i

て内容を紙面の許す限り記している。具体的には，対象および特殊教育から特別支援教育への変遷，関連する法規および制度，学習指導要領と教職課程，対象となる各障害の特性と対応の概要，通常学級における特別支援教育について各領域の障害児者支援の実践者，および各障害の基礎に関わる教育・研究者が担当している。本書の特色の一つは，実践具体例を現場の先生方に執筆していただいていることである。さらに，特別支援教育の知識として一次または二次障害として関係する児童思春期での精神障害，リスク管理の視点，さらに性教育について各専門家にご執筆をいただいている。

　障害児者支援，特別支援教育に関わる制度，法律の改変等は今後も続く。そのため，学習においては常に最新の情報に積極的にアクセスすることが必要である。また，具体的な対応については各章の著者が紹介する著書において詳しい。そのため各文献についても読み込むことで特別支援教育の全体を知ることができる。

　なお，本書においては2017（平成29）年に公示された学習指導要領を新学習指導要領と，同様に特別支援学校幼稚部教育要領，特別支援学校小学部・中学部学習指導要領を新特別支援学校幼稚部教育要領，新特別支援学校小学部・中学部学習指導要領と表記している。

　本書において，先生方には現在の各大学での教育，研究環境の中でご多忙かつ諸事情の関わる中でご執筆いただいたことに感謝申し上げる。また，本書の担当の大西光子氏は忍耐強く関わり続けてくれたこと，さらに校正に関して精査いただいたミネルヴァ書房の方々に感謝申し上げる。

　　　　　　　　　　　　　　　　　　　編者を代表して　原　　幸一

目 次

はじめに

第1章　特別支援教育の対象……………………………………………………1
　1　特別支援教育への変遷と対象………………………………………………1
　2　支援体制……………………………………………………………………6
　3　特別支援と地域社会………………………………………………………8

第2章　日本の特別支援教育を支える仕組み…………………………………13
　1　子どもたちが教育を受ける権利……………………………………………13
　2　障害のある児童生徒の学校教育に関わる法規……………………………15
　3　障害のある児童生徒の生活に関わる法規…………………………………18
　4　共生社会の実現に向けて…………………………………………………25

第3章　特別支援教育課程………………………………………………………30
　1　特別支援学校の教育課程…………………………………………………30
　2　教育課程の実際……………………………………………………………38
　3　障害の種別と教育課程……………………………………………………45

第4章　障害種別による発達特性と関わりについて…………………………48
　　　　──視覚障害／聴覚障害・言語障害
　1　視覚障害……………………………………………………………………48
　2　聴覚障害・言語障害………………………………………………………57

第5章　障害種別による発達特性と関わりについて…………………………66
　　　　──知的障害
　1　知的障害とは………………………………………………………………66

2 知的障害のある児童生徒の教育について………………………………… 71
  3 知的障害児者の暮らしから，共生社会（私たちの当たり前の暮らし）
    　を考える……………………………………………………………………… 76

第 6 章　障害種別による発達特性と関わりについて……………… 81
　　　　　──発達障害・情緒障害

  1 発達障害・情緒障害の医学的定義について……………………………… 81
  2 障害の状態像，原因論……………………………………………………… 88
  3 状態像の把握──査定の道具……………………………………………… 92
  4 障害を取り巻く教育環境…………………………………………………… 96
  5 思春期での問題，二次障害に関わる要因………………………………… 99

第 7 章　障害種別による発達特性と関わりについて……………… 104
　　　　　──病弱・身体虚弱

  1 病弱・身体虚弱教育とは…………………………………………………… 104
  2 病気の子どもと家族の心理………………………………………………… 108
  3 病気の子どもの教育的配慮………………………………………………… 112
  4 病弱・身体虚弱教育の課題………………………………………………… 116

第 8 章　障害種別による発達特性と関わりについて……………… 120
　　　　　──肢体不自由／重度・重複

  1 肢体不自由とは……………………………………………………………… 120
  2 肢体不自由教育における指導上の留意点………………………………… 124
  3 重度・重複障害とは………………………………………………………… 127
  4 重度・重複障害教育における指導上の留意点…………………………… 130

第 9 章　教室でであう精神疾患の理解……………………………… 135

  1 うつ病と統合失調症………………………………………………………… 135
  2 情緒の障害…………………………………………………………………… 139

3	摂食障害・解離性障害など……………………………………143
4	心身症………………………………………………………………148
5	自傷・自殺…………………………………………………………149

第10章　特別支援教育に関わる危機管理……………………152
1	学校安全と学校安全計画…………………………………………153
2	学校での危機管理…………………………………………………157
3	学校管理下での危機への対応……………………………………160

第11章　家族支援と地域…………………………………………168
1	就学までの過程——障害の検出と告知…………………………168
2	支援者としての家族………………………………………………171
3	家族支援……………………………………………………………175
4	地域における支援…………………………………………………179

第12章　特別支援教育における性教育………………………183
1	性教育を実施するための基本的理解……………………………183
2	性の問題の何が問題なのか………………………………………186
3	学校における性の扱われ方………………………………………190
4	性教育をどのようにデザインし，実施するか…………………193

第13章　通常学校における特別支援教育……………………201
1	インクルーシブ教育と合理的配慮………………………………201
2	子どもの社会自立のために（京都市の取組み）………………205
3	ともに学び，ともに育つ（大阪府の取組み）…………………213
4	インクルーシブな学校づくり……………………………………221

資料　学校教育法（抄）ほか　225

　　　表　新特別支援学校教育要領・新特別支援学校学習指導要領での自立活動／図　国際生活機能分類　234

索　引　235

第1章　特別支援教育の対象

この章で学ぶこと

　文部科学省は，2017（平成29）年4月に，特別支援学校幼稚部教育要領，特別支援学校小学部・中学部学習指導要領を改訂した。障害のある子どもたちの教育への対応は常に動いている。障害の捉え方も変化を求められている。従来は途切れがちであった支援を就学（幼稚園または小学校）から卒業（中学，高等学校），就労・生活まで生涯の流れを見通した連続性を重視し，各学年での取組みに考慮することとなった。その結果として，新特別支援学校教育要領，学習指導要領では，支援を必要としている児童生徒にとって地域社会での生活，就労・キャリア教育につながり，生きる力を強める働きを謳っている。

　この章では特殊教育から特別支援教育への支援対象の変化と支援の現状について学び，その後に特別支援教育での支援体制の外観について述べる。

1　特別支援教育への変遷と対象

（1）特殊教育から特別支援教育へ

　2001（平成13）年10月に「特別支援教育の在り方に関する調査研究協力者会議」が開かれ，特殊教育の今後についてあらたな枠組みとして発達障害を含めた議論がなされた。議論としては，従来の盲・聾・養護学校，特殊学級に在籍する児童生徒の数の増加，また，盲・聾・養護学校の児童生徒の障害の重度化や重複度が問題となり，それまでの特殊教育の枠組みに何らかの変化を必要としていた。また，当時は通常学級において不登校，学級崩壊という状態が問題として大きくなっていた。

　2002（平成14）年に学校現場での調査として「通常学級に在籍する特別な教

育支援を必要とする児童生徒に関する全国実態調査」が行われた。現場の教員による判断ではあるが，結果として発達障害が疑われる児童生徒は6.3％となり，見過ごされていた対象として適切な対応が必要であることが明らかとなった（第13章図13-2「特別支援教育の対象者」参照）。そのため従来の特殊教育での支援対象に加えて，自閉症，学習障害，注意欠陥多動性障害のある児童生徒への支援が急務となった。知的には問題がないように見える児童生徒でも，脳機能障害としての発達障害があり，行動面での問題を起こし学級での混乱をもたらしていること，そしてそれが学級運営において見過ごせない要因であることが示された。また，一見「良い子」とされる児童生徒が触法を含む逸脱行為をなす場合に，発達障害と診断されることが続き，その教育予防的対応として教育場面での専門的視点が必要となった。

　2005（平成17）年12月8日「特別支援教育を推進するための制度の在り方について（答申）」がまとめられ，2006（平成18）年4月に学校教育法施行規則の一部改正が行われた。改正において，通級指導の対象として学習障害，注意欠陥多動性障害が加わった。また「情緒障害」のカテゴリに長らく含まれていた自閉症を独立させた。その後，2007（平成19）年4月に「学校教育法」の一部改正が施行されたことから，特殊教育は特別支援教育へと名称，対象，構成が変更された（図1-1）。

　2007年3月までは，特殊教育の枠組みでは学校としては盲学校，聾学校，養護学校（知的障害，肢体不自由，病弱・身体虚弱）であったが，名称としてはすべてが特別支援学校となり，一つまたは複数の障害を含む特別支援学校が編成されることとなった。例として，聾学校は聴覚障害のある児童生徒の特別支援学校となった。幼稚園，小学校，中学校，高等学校，中等教育学校のすべてにおいて，特別支援教育を行うこととなった。

　特別支援教育への移行に伴い，各障害（盲学校，聾学校，養護学校）での教員資格から，特別支援教育教員免許にまとめられ，障害種別ごとの領域が設定され，下位のカテゴリにおいて専門性が担保される。例として，専修免許としては視覚障害に関しては「視覚障害者に関する教育の領域を定めた特別支援学校

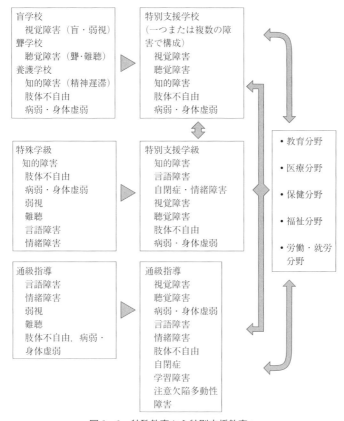

図1-1 特殊教育から特別支援教育へ

教諭専修免許状」となる。さらに複数の障害について学習することを奨励し、重複障害に対応可能な専門教員を養成することとなった。

なお、特別支援教育に先立ち発達障害児者に関して、2005年4月に「発達障害者支援法」が施行された。法律では自閉症を含む新たな障害への対応の枠組みとして、医療、福祉、就労、教育等が示された（第2章を参照）。

(2) 障害の対象とその区分

就学前に障害のある子どもたちには、義務教育を受ける上で就学指導時に特

別支援教育に向けて，特別支援学校，特別支援学級，地域の通常学級への選択肢が用意されている（具体的な就学の流れは第11章参照）。

特別支援学校には視覚障害，聴覚障害，知的障害，肢体不自由，病弱・身体虚弱のある児童生徒への5つの各カテゴリがある（「学校教育法」第72条および第73条）。就学指導委員が決定した特別支援学校への就学予定者（「学校教育法施行令」第5条）は，認定特別支援学校就学者として，都道府県の教育委員会から保護者に報告され特別支援学校への入学となる。

特別支援学級については，国立，公立，私立学校においてそれぞれ設置されている。知的障害，肢体不自由，身体虚弱，弱視，難聴，言語障害，自閉症・情緒障害について特別支援学級をおくことができる（「学校教育法」第81条第2項）。

通級指導による教育では，小学校，中学校の通常の学級に在籍しながらそれぞれの障害の特性に合わせた教育的対応がなされる。通級指導においては，言語障害，自閉症，情緒障害，弱視，難聴，学習障害，注意欠陥多動性障害が対象となる（「学校教育法施行規則」第140条）。在籍人数は毎年変化する。文部科学省の情報を参照し，状況を把握することが必要である。

現在の特別支援学校，特別支援学級，重複障害学級のクラス単位人数基準については，表1-1に示す。通級指導における担当教員の基礎定数化については，2017（平成29）年から10年間で行われる予定であるため関連情報を参照にしたい。

特別支援教育の対象となる障害区分とその対象者数について，特別支援学校および特別支援学級について表1-2に示す。

特別支援教育の目的は，社会における児童生徒の適応である。自立の主な状態として就労があるが，作業所などへの福祉的就労も含まれるため，学業期間の終了を考慮しての教育的視点が必要となる。そのため，情報の連続性とキャリア教育が重要視されている。また，生活での余暇としてのスポーツも心身の健康保持には重要となる。当たり前のことが顧みられていなかった経緯もあるが，特別支援教育について修正がなされている。

表1-1 学級編制（学級人数）

	義務標準法*（第3条第2, 3項）	学校教育法施行規則**（第120条, 第136条）
特別支援学校	6人	10人以下：視覚障害または聴覚障害 15人以下：知的障害, 肢体不自由者または病弱者
特別支援学級	8人	15人以下
重複障害学級	3人	―

注：*義務標準法：「公立義務教育諸学校の学級編制及び教職員定数の標準に関する法律」。
　　**私立学校での教育では「学校教育法施行規則」に準ずる場合がある。

表1-2 特別支援学校対応障害種別学校数，設置学級基準学級数および在籍幼児児童生徒数（国・公・私立計, 2018年6月）

	学校数	学級数	在籍幼児児童生徒数				
			計	幼稚部	小学部	中学部	高等部
	学校	学級	人	人	人	人	人
視覚障害	82	2,167	5,317	199	1,550	1,228	2,340
聴覚障害	116	2,818	8,269	1,141	2,935	1,853	2,340
知的障害	776	30,823	128,912	247	37,207	27,662	63,796
肢体不自由	350	12,474	31,813	102	13,578	8,381	9,752
病弱・身体虚弱	149	7,521	19,435	38	7,306	5,158	6,933

注：この表の学級数及び在学者数は，特別支援学校で設置されている学級を基準に分類したものである。複数の障害種を対象としている学校・学級，また，複数の障害を併せ有する幼児児童生徒については，それぞれの障害種ごとに重複してカウントしている。
出典：文部科学省「文部科学省初等中等局特別支援課　特別支援教育資料（平成29年度）」2018（平成30）年6月。

　新特別支援学校幼稚部教育要領，新特別支援学校小学部・中学部学習指導要領では，「社会に開かれた教育課程」が謳われている。学習指導に関して「生きる力」をより具体的に示し，「主体的・対話的で深い学び」を目指し，「知識・技能の習得」「思考力・判断力・表現力」「学びに向かう力，人間性」の3つの柱のバランスを育む教育を目指すとしている。また，カリキュラム・マネジメントを効率的に行うことで実態を踏まえた教育の質の向上も示されている。さらに，家庭と地域との連携を行うことが示され，キャリア教育の充実，海外から帰国した児童生徒，日本語の習得に困難のある児童生徒への対応も示された。また，

コミュニケーション補助，教科教育において ICT（情報通信技術）機器を利用することで，発達障害を含めた各個人の特性を活かした対応が進められている。

2　支援体制

（1）特別支援教育コーディネーター等

　特別支援教育では，特定の教員を特別支援教育コーディネーターとして指名することとしている。しかし，その基準は明確ではなかったため，2017（平成29）年3月における文部科学省の「発達障害を含む障害のある幼児児童生徒に対する教育支援体制整備ガイドライン」の見直しでは，特別支援教育コーディネーターの役割分担，資質の明確化が示されている。具体的な特別支援教育コーディネーターの役割は，「校内委員会・研修の運営」「関係する諸機関との連絡・調整」「保護者との連絡および相談窓口」「校内における教員の相談」である。

　校内において校長は特別支援コーディネーターを校務分掌として位置づけ，全教職員に対してその役割を説明し，機能することを促す。また，支援として組織的に働くことを周知させることが必要である。さらに支援を必要とする児童生徒が属するクラス担任などが特別支援教育コーディネーターの役割を軽んずることのないようにまとめる役割も課されている。

　専門性のある特別支援教育コーディネーターの指名においては，兼務を避け，専従できる意欲，連携・調整の力をもつ教職員が適当とされている。特別支援教育コーディネーターは，児童生徒の個別対応の専門家としての役割があるということを，すべての教職員が認識することでより有益な支援となる。

　特別支援教育コーディネーターは教員のほかに特別支援教育支援員，スクールカウンセラー，就労支援教育コーディネーターとの連携により運営することが示されている。特別支援教育支援員は，資格は必要ではなく研修を受けることで就労可能である。役割としては授業中の学習に関する個別支援，生活・安全，心理的安定，適応の支援や医療的支援を行う。医療的支援には看護師，准

看護師の資格が必要となる。

　養護教諭は児童生徒の心身の健康状態についての情報を管理し，児童生徒本人および保護者に支援を行う役割をもつ。養護教諭は特別支援教育コーディネーター，学校医との連携により，児童生徒の障害の特徴を考慮した専門家としての役割を担う。

（2）校内委員会

　特別支援教育における校内委員会の設置は，発達障害を含む障害のある児童生徒の状態把握を行うことが目的である。委員は校長，教頭，教務主任，特別支援教育コーディネーター，指導主事，学級担任，養護教員，学年主任などにより構成される。校長が主となり，発達障害を含む障害のある児童生徒への支援を行うために，情報を集約して協議する場とするものである（19文科初第125号「特別支援教育の推進について（通知）」)。2017年の「特別支援教育に関する調査結果」では，公立の学校については99％が校内委員会を設置している。

（3）「個別の指導計画」「個別の教育支援計画」の作成

　障害のあることは，児童生徒の様々な領域での諸能力・特性プロフィールの個別性が高いことを意味し，それらを把握した上での指導計画を必要とする。個別の指導計画と個別の教育支援計画は，特別支援学校では作成が義務とされていたが，新小学校学習指導要領および新中学校学習指導要領では，特別支援学級に在籍する児童生徒，通級指導をうける児童生徒のすべてに対しても，各教科科目指導にあたりそれらを作成することとなった。

　「個別の指導計画」とは，児童生徒一人ひとりの特徴を考慮した教育場面での必要性と状態に合わせた学習，生活の計画のことである。個別の指導計画で必要とされる情報は，個人の基本情報，各障害に関する情報，現在の状況，生育歴・相談歴，受診歴，心理・発達検査の結果，学習状況や対人行動，学校および家庭における状況，現在の生活環境・活動範囲，関係機関，各学年での状況・成績などについて活用性を考慮して記述し，特別支援教育コーディネー

ター，担任などにより校内委員会において作成される。様式については，自治体や教育委員会によってはダウンロード可能な場合があるため（愛知県，福岡県等），参考としてほしい。

「個別の教育支援計画」では，児童生徒について医療，福祉，心理などの関係機関の情報を必要・十分に収集して，就労も含めた将来的な見通しをもった計画を立てることが求められる。支援目標は，学校，家庭を含んだ地域での生活を考慮した計画となり，特別支援教育コーディネーター，担任，保護者，教育委員会，関係機関の専門家と協議して作成する。それらは校内での支援会議において作成し，保護者の了承を得ることが必要である。情報は進学時にも継続して利用され，連続した支援を担保する。

（4）他職種との連携

特別支援教育を行うにあたり，他職種，他機関との連携による支援体制が必要となる。教育分野，医療分野，保健分野，福祉分野，労働・就労分野の各領域の専門機関，専門家と協働することで，障害の個人差の大きな児童生徒に対して，地域で生活することを考慮した教育支援が行われることが求められる。校内には「専門家チーム」を設置することが求められており，医師，保健師，保育士，公認心理師・臨床心理士と情報を共有することで支援を進める。

3 特別支援と地域社会

（1）特別支援学校のセンター的機能

特別支援学校は地域でのセンター的機能を果たす役割があり（「学校教育法」第74条），とくに地域の小中学校などとその地域の状況に合わせた形での支援を行う専門性をもつことが求められている。

特別支援学校の地域におけるセンター的機能について表1-3に示す。「平成27年度特別支援学校のセンター機能の取り組みに関する状況調査について」（初等中等教育局特別支援教育課，2017（平成29）年3月7日）では，校内体制の整

表1-3　特別支援学校の地域におけるセンター的機能

1．小中学校の教員への支援機能（相談） 　＊子どもの指導・支援相談，校内支援体制，個別の指導計画に関する相談等
2．特別支援教育等に関する相談・情報提供 　＊障害の状況，子どもとの接し方，就学・転学，進学・就労の相談等，Web公開
3．障害のある幼児児童生徒への指導・支援機能 　＊通級指導教室，巡回個別指導，来校による個別指導等
4．福祉，医療，労働などの関係機関等との連絡・調整機能 　＊特別支援連携協議会，医療・保健，福祉，労働機関とのネットワーク
5．小中学校等の教員に対する研修協力機能 　＊学校・地域における研修会・講演会，地域の学校での校内研修会講師
6．障害のある幼児児童生徒への施設設備等の提供機能 　＊障害のある子どもへのプールなどの貸し出し，教材についての情報提供など

備，市町村との連携などの活動の広がりが報告されている。

（2）特別支援教育に関わる障害児者への社会資源

　障害者福祉における「ノーマライゼーション」は，障害のある人々を療育や訓練によって定型の基準に近づけることではなく，障害のある人々の環境を適切に調整することを意味する。各障害での教育的，福祉的支援は，その診断と重度によりサービスが異なる。特別支援教育を受ける場合には，その障害の診断が福祉サービスの対象であることの必要条件とはならないが，障害による不利益を避ける手がかりとなる。

　各障害において，知的障害の場合には療育手帳，身体障害児者は身体障害者手帳，精神障害の場合には精神障害者福祉手帳が交付される。療育手帳は18歳未満での取得となる。各障害者手帳の取得は，保護者または本人の意思によるものである。各障害により内容は異なるが，各障害者手帳により，駐車禁止規制の除外，公共料金の割引，所得税の控除，補装具の購入補助など，多様な優遇措置を得ることができる。

　総務省は検討課題（総評相第196号「発達障がい者に対する療育手帳の交付について（通知）」）としているが，自閉症（発達障害）については障害者手帳制度がな

表1-4 児童福祉法における特別支援教育に関わる福祉サービス

支援	対象	支援内容	根拠
児童発達支援センター	身体に障害のある児童,知的障害のある児童,または精神に障害のある児童(発達障害を含む),手帳の有無は問わない	福祉型:日常生活での基本的な活動,技能の獲得,集団生活への適応訓練	児童福祉法第43条第1号
		医療型:児童の発達支援および治療	児童福祉法第43条第2号 児童福祉法第6条の2の2第3項
放課後等デイサービス	対象は学校教育法に定められる学校に通う障害児,手帳の有無は問わない	生活能力の向上に必要な訓練,社会適応を促す	児童福祉法第6条の2の2第4項
障害児入所支援	身体に障害のある児童,知的障害のある児童,または精神に障害のある児童(発達障害を含む),手帳の有無は問わない	福祉型:地域生活への自立支援	児童福祉法第42条第1号
		医療型:自閉症,肢体不自由児,重度心身障害児への支援	児童福祉法第42条第2号
保育所等訪問支援	保育所等を利用している障害児,利用予定の障害児	集団生活での適応を促す支援など	児童福祉法第6条の2の2第6項

く,自治体によっては児童相談センターなどでの知能検査の測定結果がIQ70または75以上であっても,療育手帳を発行している例がある。障害者手帳の判定には知能指数のみではなく行動面での適応問題も基準として用いられるため,自閉症の場合は行動の問題についても考慮している。

また,自閉症の児童生徒が二次障害によるうつ,不安障害などと診断された場合には,精神障害者保健福祉手帳を取得することで福祉支援を受けられる。特別支援教育に関連した主な福祉サービスおよび手帳制度について表1-4および表1-5に示す。

表1-5　福祉的支援：各障害児（者）への手帳制度

- 身体障害者手帳（身体障害者福祉法第15条）

対　象	身体障害者福祉法に基づく障害のある場合
診断基準等	指定医による診断（身体障害認定基準）
等級（身体障害者福祉法施行規則別表第5号）	7等級の分類（視覚障害，聴覚障害，言語機能障害，肢体不自由，内部疾患：心臓，腎臓，呼吸器等）

- 療育手帳（知的障害児（者）：昭和48年9月27日厚生省発児第156号厚生事務次官通知「療育手帳制度について」）

対　象	知的障害のある個人 知的障害の基準は各自治体の要綱による
判定基準等	心理職員，児童心理司（各自治体専門機関所属）による判定（知能または発達検査結果（IQ），生活・行動面での状況による） 等級の基準は各自治体により任意に決定
等　級	軽度（IQ：51〜70または75以下）
	中度（IQ：36〜50；身体障害者手帳1〜3級の場合は重度）
	重度（IQ：21〜35；身体障害者手帳1，2級の場合は最重度） 最重度（IQ：20以下）等

＊自閉スペクトラム症：自治体の判断によりIQが障害範囲以上（IQ 76〜91：例 横浜市）でも取得可能な場合もあり

- 精神障害者保健福祉手帳（精神保健及び精神障害者福祉に関する法律第45条）

対　象	精神障害の状態を6カ月以上呈する場合
診断，判定	医師による診断：精神疾患の状態（機能障害），能力障害（活動制限）により障害の状態を判定
等　級	1級：精神障害であって，日常生活の用を弁ずることを不能ならしめる程度のもの 2級：精神障害であって，日常生活が著しい制限を受けるか，又は日常生活に著しい制限を加えることを必要とする程度のもの 3級：精神障害であって，日常生活若しくは社会生活が制限を受けるか，又は日常生活若しくは社会生活に制限を加えることを必要とする程度のもの

＊自閉スペクトラム症等，二次障害（うつ病，社会不安症）での診断で手帳取得可能

引用文献

文部科学省（2017）「発達障害を含む障害のある幼児児童生徒に対する教育支援体制整備ガイドライン」。

文部科学省（2018）『特別支援学校教育要領・学習指導要領解説　総則編（幼稚部・小学部・中学部）』開隆堂出版。

―学習の課題―

(1) 日本の障害児者への教育について時代を遡りながら調べてみよう。
(2) 特別支援教育関係領域の専門性（医師の役割など）について調べてみよう。

【さらに学びたい人のための図書】

糸賀一雄（2003）『復刊　この子らを世の光に　近江学園二十年の願い』NHK出版。
　⇨第二次世界大戦後に近江学園を創設し，障害児者の教育，福祉を先駆的に進めた著者の道程を記している。

文部科学省編著（2018）『障害に応じた通級による指導の手引――解説とQ&A 学習［改訂第3版］』海文堂出版。
　⇨高等学校学習指導要領が改訂され，高等学校での通級指導が始まった。連続性を考慮した指導についての解説書である。

（原　幸一）

第2章　日本の特別支援教育を支える仕組み

この章で学ぶこと

　この章は，現在の日本の特別支援教育が成立する仕組みや構造について深く理解することを目的としている。具体的には，特別支援教育に関わる法規やシステムなどについて学習していくが，その際，障害のある児童生徒の教育に関わる側面だけでなく，福祉や労働など，障害者の社会生活に関わる側面まで広く学習する。また，そうした仕組みが誕生した歴史的経緯や国際的な動向にも注目しつつ，権利の主体としての障害児者の望ましい教育や生活のあり方を展望することができることを目指す。

1　子どもたちが教育を受ける権利

（1）日本国憲法

　まず重要なのは，教育の義務と責任が日本国憲法において定められていることを知っておくことである。

> 日本国憲法
> （教育を受ける権利，義務教育）
> 第26条　すべて国民は，法律の定めるところにより，その能力に応じて，ひとしく教育を受ける権利を有する。
> 2　すべて国民は，法律の定めるところにより，その保護する子女に普通教育を受けさせる義務を負ふ。義務教育は，これを無償とする。

　このように，日本国憲法では第26条第1項において子どもの教育を受ける権利について，そして第2項において子どもの教育を受けさせる側の義務について書かれている。また，特別支援教育においては，「その能力に応じて，ひと

しく」という部分について、これまで非常に活発な議論が行われてきた。教師として障害のある児童生徒と関わる際には、自身の「能力観」や「平等観」が問われていることを十分に覚悟して教育活動に臨んでもらいたい。

(2) 児童福祉法

次に、改正児童福祉法について述べる。2016（平成28）年6月、「児童福祉法等の一部を改正する法律」が公布された。改められた第1条および新設された第2条についてみてみたい。

> 児童福祉法等の一部を改正する法律
> 第1条　全て児童は、児童の権利に関する条約の精神にのつとり、適切に養育されること、その生活を保障されること、愛され、保護されること、その心身の健やかな成長及び発達並びにその自立が図られることその他の福祉を等しく保障される権利を有する。
> 第2条　全て国民は、児童が良好な環境において生まれ、かつ、社会のあらゆる分野において、児童の年齢及び発達の程度に応じて、その意見が尊重され、その最善の利益が優先して考慮され、心身ともに健やかに育成されるよう努めなければならない。
> 2　児童の保護者は、児童を心身ともに健やかに育成することについて第一義的責任を負う。

児童福祉法は2016年、国連子どもの権利条約（児童福祉法の中では「児童の権利に関する条約」と記載）の理念に基づいて内容の改正に臨んだ。日本が子どもの権利条約を批准して22年も経っての今回の改正である。この改正により、日本の子どもたちはようやく「保護の対象」から「権利主体」となった。そして、子どもの権利条約で謳われている「子どもの最善の利益」、すなわち子どもの人権が最優先されることとなった。子どもの権利条約においては、「生きる権利」「守られる権利」「育つ権利」「参加する権利」の4つの柱が中心となっており、当然のことながら「育つ権利」の中に教育を受ける権利が含まれている。この子どもの権利条約は、国内法のいずれのものより優先されるべきものであ

るという認識に立って，それぞれの職責を全うしてもらいたい。

　これら子どもたちの教育を受ける権利については，当然のことながら障害のある児童生徒も対象となっている。障害のある児童生徒の教育に関わる諸規則を確認する前に，障害のあるなしにかかわらず，子どもは教育を受ける権利の主体者であること，また，私たち教育に従事する者はその義務を負うことが法律で定められていることを十分理解しておく必要がある。

2　障害のある児童生徒の学校教育に関わる法規

(1) 教育基本法

　冒頭に紹介した日本国憲法の理念に則ってつくられているのが，日本の教育に関わる法律の大本となる「教育基本法」である。この教育基本法においては，民主的で文化的な国家をさらに発展させるとともに，世界の平和と人類の福祉の向上に貢献することを目的とした，教育の原理原則が謳われているのであるが，その中でも2006（平成18）年に改訂された部分には，以下のような記載がある。

> 教育基本法
> （教育の機会均等）
> 第4条
> 2　国及び地方公共団体は，障害のある者が，その障害の状態に応じ，十分な教育を受けられるよう，教育上必要な支援を講じなければならない。

　これは，第4条において教育の機会均等を引き続き規定するとともに，障害のある者が十分な教育を受けられるよう，教育上必要な支援を講ずるべきことを新たに規定するものである。

(2) 学校教育法

　そして，特別支援教育が法的に位置づけられたのが，2006（平成18）年の学

校教育法改正である。今回の改正の中で特別支援教育に関わる部分については，「特別支援教育の推進のための学校教育法等の一部改正について（通知）」にまとめられているが，端的に述べるならば次のようになる。まず，これまで「特殊教育」とされていた障害のある児童生徒の教育は「特別支援教育」に改められた。「盲学校，聾学校，養護学校」は「特別支援学校」に改められ，「特殊学級」も「特別支援学級」とされた。目的も「欠陥を補う」といった趣旨のものから，「障害による学習上又は生活上の困難を克服し自立を図る」ことになった。いわゆる「養護・訓練」という考え方から，「自立支援」が教育の目的として積極的に採用されたと考えてよいだろう（これらについては学校教育法第8章で規定されているので巻末資料参照のこと）。この学校教育法の改正に伴い，特別支援教育に関わる免許法についても改正されているので注意されたい。このことは，単に名称が変わるだけでなく，障害のある児童生徒の教育に関わって，より高度な専門性が求められたことを示唆する。

（3）学校教育法施行令と学校教育法施行規則

　学校教育法によって定められた政令が，学校教育法施行令である。学校教育法施行令では，義務教育に関する規定と認可，届出，指定に関する規定が主に記されており，特別支援学校については第1章第3節にその内容が規定されている。その中には，2012（平成24）年の「共生社会の形成に向けたインクルーシブ教育システム構築のための特別支援教育の推進（報告）」を踏まえ，就学先を総合的な観点から決定するように改められた部分もある（詳細については巻末資料参照のこと）。

　第2章では，学校教育法第75条等で触れられている，特別支援学校の対象となるような障害の程度が書かれている（第22条の3）。就学に関しては，2002（平成14）年，就学基準が改定されたことに加えて，この基準に該当する児童生徒であっても，小中学校において適切な教育を受けることができる特別な事情があると認められる場合に，小中学校に就学させる「認定就学制度」ができた。その後2013（平成25）年，学校教育法施行令の一部改正によりこの制度は廃止

第2章 日本の特別支援教育を支える仕組み

> 学校教育法施行令
> 第2章 視覚障害者等の障害の程度
> 第22条の3 法第75条の政令で定める視覚障害者，聴覚障害者，知的障害者，肢体不自由者又は病弱者の障害の程度は，次の表に掲げるとおりとする。
>
> | 区分 | 障害の程度 |
> | --- | --- |
> | 視覚障害者 | 両眼の視力がおおむね0.3未満のもの又は視力以外の視機能障害が高度のもののうち，拡大鏡等の使用によつても通常の文字，図形等の視覚による認識が不可能又は著しく困難な程度のもの |
> | 聴覚障害者 | 両耳の聴力レベルがおおむね60デシベル以上のもののうち，補聴器等の使用によつても通常の話声を解することが不可能又は著しく困難な程度のもの |
> | 知的障害者 | 1　知的発達の遅滞があり，他人との意思疎通が困難で日常生活を営むのに頻繁に援助を必要とする程度のもの
2　知的発達の遅滞の程度が前号に掲げる程度に達しないもののうち，社会生活への適応が著しく困難なもの |
> | 肢体不自由者 | 1　肢体不自由の状態が補装具の使用によつても歩行，筆記等日常生活における基本的な動作が不可能又は困難な程度のもの
2　肢体不自由の状態が前号に掲げる程度に達しないもののうち，常時の医学的観察指導を必要とする程度のもの |
> | 病弱者 | 1　慢性の呼吸器疾患，腎臓疾患及び神経疾患，悪性新生物その他の疾患の状態が継続して医療又は生活規制を必要とする程度のもの
2　身体虚弱の状態が継続して生活規制を必要とする程度のもの |
>
> 備考
> 1　視力の測定は，万国式試視力表によるものとし，屈折異常があるものについては，矯正視力によつて測定する。
> 2　聴力の測定は，日本工業規格によるオージオメータによる。

され，就学にあたっては本人の障害の状態，教育的ニーズ，本人や保護者の意見，専門家の意見等，総合的な観点から決定することとなった。こうした仕組みの改定後は，この第22条の3で規定されている程度の児童生徒で特別支援学校に就学させることが適当であると認められた者が「認定特別支援学校就学者」とされることとなった。

　さらに，学校教育法，学校教育法施行令の下位法として定められている学校教育法施行規則では，学習指導要領をはじめとして，より具体的な教育課程のあり方等について示されている。その中でも特別支援教育については第118条

から第141条で述べられているのであるが、2016（平成28）年12月「学校教育法施行規則の一部を改正する省令等の公布について（通知）」が出された。その中では、障害のある児童生徒への学びの連続性を背景とし、①高等学校における通級による指導の制度化、②障害に応じた特別の指導の内容の趣旨の明確化、が示された（以上、学校教育法施行規則第140条関係。学校教育法施行規則の特別支援教育関連項目については巻末資料を参照のこと）。

3　障害のある児童生徒の生活に関わる法規

（1）障害者基本法

次に、障害のある人の生活全般に関わる法規についてみていく。初めに、障害のある人に関わる日本の法規の大本となる障害者基本法について一部紹介する。

> （目的）
> 第1条　この法律は、全ての国民が、障害の有無にかかわらず、等しく基本的人権を享有するかけがえのない個人として尊重されるものであるとの理念にのっとり、全ての国民が、障害の有無によって分け隔てられることなく、相互に人格と個性を尊重し合いながら共生する社会を実現するため、障害者の自立及び社会参加の支援等のための施策に関し、基本原則を定め、及び国、地方公共団体等の責務を明らかにするとともに、障害者の自立及び社会参加の支援等のための施策の基本となる事項を定めること等により、障害者の自立及び社会参加の支援等のための施策を総合的かつ計画的に推進することを目的とする。

障害者基本法は総則（第1条～第13条）、障害者の自立及び社会参加の支援等のための基本的施策（第14条～第30条）、障害の原因となる傷病の予防に関する基本的施策（第31条）、障害者政策委員会等（第32条～第36条）によって構成されているが、2004（平成16）年、2011（平成23）年に大きな改正を行ってきている。今回は、2011年に改正された部分の第1条から第4条までを紹介する。

まず第1条では「全ての国民が、障害の有無にかかわらず、等しく基本的人

権を享有するかけがえのない個人として尊重されるものであるとの理念にのつとり，全ての国民が，障害の有無によって分け隔てられることなく，相互に人格と個性を尊重し合いながら共生する社会を実現するため」という記載が追加されたことで，この法律の目的である基本的人権や平等，共生の理念がより明確化されるようになった。次に第2条から第4条までをみていく。

> （定義）
> 第2条　この法律において，次の各号に掲げる用語の意義は，それぞれ当該各号に定めるところによる。
> 　一　障害者　身体障害，知的障害，精神障害（発達障害を含む。）その他の心身の機能の障害（以下「障害」と総称する。）がある者であつて，障害及び社会的障壁により継続的に日常生活又は社会生活に相当な制限を受ける状態にあるものをいう。
> 　二　社会的障壁　障害がある者にとって日常生活又は社会生活を営む上で障壁となるような社会における事物，制度，慣行，観念その他一切のものをいう。
> （地域社会における共生等）
> 第3条　第1条に規定する社会の実現は，全ての障害者が，障害者でない者と等しく，基本的人権を享有する個人としてその尊厳が重んぜられ，その尊厳にふさわしい生活を保障される権利を有することを前提としつつ，次に掲げる事項を旨として図られなければならない。
> 　一　全て障害者は，社会を構成する一員として社会，経済，文化その他あらゆる分野の活動に参加する機会が確保されること。
> 　二　全て障害者は，可能な限り，どこで誰と生活するかについての選択の機会が確保され，地域社会において他の人々と共生することを妨げられないこと。
> 　三　全て障害者は，可能な限り，言語（手話を含む。）その他の意思疎通のための手段についての選択の機会が確保されるとともに，情報の取得又は利用のための手段についての選択の機会の拡大が図られること。
> （差別の禁止）
> 第4条　何人も，障害者に対して，障害を理由として，差別することその他の権利利益を侵害する行為をしてはならない。
> 2　社会的障壁の除去は，それを必要としている障害者が現に存し，かつ，その実施に伴う負担が過重でないときは，それを怠ることによつて前項の規定に違反することとならないよう，その実施について必要かつ合理的な配慮がされなけれ

> ばならない。
> 3　国は，第1項の規定に違反する行為の防止に関する啓発及び知識の普及を図るため，当該行為の防止を図るために必要となる情報の収集，整理及び提供を行うものとする。

　定義の部分では，その前の改正時において障害名の記載が細かなものから身体障害，知的障害，精神障害と大きな括りに変更された。そうした括りに発達障害その他を加えたことが，改正の1点目である。2点目は，「障害」という文言の意味するところをいわゆる「社会モデル」の考え方で提示しなおしたことにある。これまで障害者の定義の部分は「障害があるため，継続的に日常生活又は社会生活に相当な制限を受ける者」としていた。すなわち，障害者が被る不利益や制約は本人の心身の有するところにのみ起因するという「個人モデル」的な考え方である。しかし今回の改正では，人と人との間や人とシステムの間で生み出される「社会的障壁」に着目し，「障害がある者であつて，障害及び社会的障壁により継続的に日常生活又は社会生活に相当な制限を受ける状態にあるもの」と改められている。

　第3条では地域社会における共生について，改められた第1条の目的に合致する形で様々な機会の保障などが具体的に示されている。意思疎通のための手段として「言語（手話など）」といった文言が記載されていることにも注目してほしい。第4条では差別の禁止と合理的配慮について，そのほかには障害者基本法総則において，国や地方公共団体の責務，国民の責務等について触れられており，ほかにも多くの項目が修正あるいは新設されている（総則については巻末資料参照のこと）。さらに，教育に関しては「第2章　障害者の自立及び社会参加の支援等のための基本的施策」で以下のような記載がなされている。

> （教育）
> 第16条　国及び地方公共団体は，障害者が，その年齢及び能力に応じ，かつ，その特性を踏まえた十分な教育が受けられるようにするため，可能な限り障害者である児童及び生徒が障害者でない児童及び生徒と共に教育を受けられるよう配慮しつつ，教育の内容及び方法の改善及び充実を図る等必要な施策を講じなければ

> ならない。
> 2　国及び地方公共団体は，前項の目的を達成するため，障害者である児童及び生徒並びにその保護者に対し十分な情報の提供を行うとともに，可能な限りその意向を尊重しなければならない。
> 3　国及び地方公共団体は，障害者である児童及び生徒と障害者でない児童及び生徒との交流及び共同学習を積極的に進めることによつて，その相互理解を促進しなければならない。
> 4　国及び地方公共団体は，障害者の教育に関し，調査及び研究並びに人材の確保及び資質の向上，適切な教材等の提供，学校施設の整備その他の環境の整備を促進しなければならない。

以上みてきた改正障害者基本法は，後で詳しく述べる「障害者の権利に関する条約」（以下，障害者権利条約）の批准のプロセスにおいて国内法を再整備する中で改められたものである。障害者権利条約という国際条約において，障害者はようやく「擁護の対象」から「権利主体」としての存在意義を公に回復した。先の児童福祉法の改正のプロセスと同じような背景に基づいていることに留意されたい（児童福祉法では障害の定義や療育等についても言及されているので必ず参照しておくこと）。

同じように，障害者権利条約の批准に伴って改正，新設された法規については以下のようなものがある。

（2）障害者の日常生活及び社会生活を総合的に支援するための法律（障害者総合支援法）（新設）

2013（平成25）年施行。障がい者制度改革推進本部での議論を経て，従来の障害者自立支援法から障害者総合支援法となった。地域社会における共生の実現に向けて障害福祉サービスの充実等，障害者の日常生活および社会生活を総合的に支援する法律である。2018（平成30）年4月より改正障害者総合支援法が施行された。そこでは，障害者の望む地域生活の支援，障害児支援のニーズの多様化への対応，サービスの質の向上に向けた環境整備などが提案されている。特別支援教育に関わる事項としては，重度訪問介護を拡充すること，保育

所等訪問支援について，乳児院・児童養護施設の障害児も対象とすること，また，児童福祉法の改正に合わせた医療的ケアを要する子どもの支援の充実や自治体における障害児福祉計画の策定等がある。

障害者の社会生活の保障という点においては，知的障害，精神障害などにより単独での財産管理や契約行為が困難な状況におかれている人に対して「成年後見制度の利用の促進に関する法律」がある（2016（平成28）年施行）。知的障害や精神障害のある人が地域で暮らしていく際には重要な法令となろう。また，精神障害に関しては，改正された精神保健及び精神障害者福祉に関する法律（以下，精神保健福祉法）（2014（平成26）年施行）も参照しておくこと。改正精神保健福祉法では，精神障害者の地域生活への移行を促進するため，精神障害者の医療に関する指針（大臣告示）の策定，保護者制度の廃止，医療保護入院における入院手続等の見直し等を行うものである。高齢化を受けて保護者制度を廃止するなど，地域の中の精神障害当事者の暮らしを保障する際に重要な法令である。

（3）障害者の雇用の促進等に関する法律（障害者雇用促進法）（改正）

2016（平成28）年施行。障害者権利条約の批准に伴い，雇用の分野における障害者に対する差別の禁止および障害者が職場で働くに当たっての支障を改善するための措置（合理的配慮の提供義務）を定めている（第34条～第36条）。加えて，障害者の雇用に関する状況に鑑み，精神障害者（新たに発達障害を含む）を法定雇用率の算定基礎に加える等の措置を講ずることを定めている。障害児者の就労の根拠法となるため，福祉就労，一般就労を含む学校でのあらゆる就労支援を検討する際にも非常に重要となる。

（4）障害を理由とする差別の解消の推進に関する法律（障害者差別解消法）
　　（新設）

2016（平成28）年施行。先の障がい者制度改革推進会議の差別禁止部会において検討されたものである。この法律は，障害者基本法の基本的な理念にのっ

とり，障害者基本法第4条の「差別の禁止」の規定を具体化するものとして位置づけられており，障害を理由とする差別の解消の推進に関する基本的な事項，行政機関等および事業者における障害を理由とする差別を解消するための措置等を定めることによって，差別の解消を推進し，それによりすべての国民が，相互に人格と個性を尊重し合いながら共生する社会の実現に資することを目的としている。差別解消のための措置としては，次の2点を中心に，ガイドライン（対応要領・対応指針）の策定などの具体的な対応の実施が義務づけられている。

①障害を理由として障害者でない者と不当な差別取扱いをすることにより障害者の権利利益を侵害してはならない「差別的取扱いの禁止」。

②行政機関等および事業者が事務または事業を行うに当たり，障害者から現に社会的障壁の除去を必要としている旨の意思の表明があった場合，その実施に伴う負担が過重でないときは，障害者の権利利益を侵害することとならないよう，当該障害者の性別，年齢および障害の状態に応じて，社会的障壁の除去の実施について必要かつ合理的な配慮をしなければならない「合理的配慮不提供の禁止」。

上記①②の差別の禁止については，当然のことながら学校教育においても反映されるものであるとして，十分参照しておく必要がある。この障害者差別解消法に関わって，文部科学省は2015（平成27）年に「文部科学省所管事業分野における障害を理由とする差別の解消の推進に関する対応指針の策定について」の通知の中で，学校教育分野における合理的配慮のあり方等について言及しているので参照してほしい。学校教育の例では，内閣府による広報用パンフレットにおいても「障害を理由として入学や受験を拒否すること」を差別の例とし，また，障害の特性を考慮した座席の配置や意思疎通のための視覚的支援材やタブレットなどのテクノロジーの活用などが紹介されている（こちらについては学校教育に限定されて例示されているわけではない）。

その他，特別支援教育に関わるものとして，発達障害者支援法と障害者虐待の防止，障害者の養護者に対する支援等に関する法律（以下，障害者虐待防止

法)を紹介しておく。

(5) 発達障害者支援法

2005（平成17）年施行。これまでの障害の概念では十分に把握できない子どもの存在がクローズアップされる中，2002（平成14）年に文部科学省による「通常の学級に在籍する特別な教育的支援を必要とする児童生徒に関する全国実態調査」により，知的発達に遅れはないものの学習面や行動面で著しい困難を示すと担任教師が回答した児童生徒の割合が，6.3%であること等が発表された。こうしたことを背景として，これまでの法制度では守ることのできない一群の人々への支援法としてこの法律が成立した。

この法令においては発達障害を「自閉症，アスペルガー症候群その他の広汎性発達障害，学習障害，注意欠陥多動性障害その他これに類する脳機能の障害であってその症状が通常低年齢において発現するものとして政令で定めるもの」（第2条第1項）と定義している。「教育」（第8条）においては，国および地方公共団体は，発達障害のある児童生徒が，その障害の状態に応じ，十分な教育を受けられるようにするため，適切な教育的支援，支援体制の整備その他必要な措置を講じること，大学および高等専門学校は，発達障害者の障害の状態に応じ，適切な教育上の配慮をするもの，と記されている。

この法は2016（平成28）年に改正された。これまで「子ども」に焦点を当てすぎていたことを踏まえ，就労支援の充実（第10条），生活支援の充実（第11条），権利擁護のための支援の具体化や拡充（第12条）等を改めることで，子どもから大人までの切れ目ない支援が法の中に位置づけられるようになった。

(6) 障害者虐待の防止，障害者の養護者に対する支援等に関する法律（障害者虐待防止法）

2012（平成24）年施行。児童虐待の防止等に関する法律（2000年），配偶者からの暴力の防止及び被害者の保護等に関する法律（2001年），高齢者虐待の防止，高齢者の養護者に対する支援等に関する法律（2005年）の流れや障害者自立支

援法施行(2006年)などを背景に成立。虐待を，①身体的虐待，②放棄・放置，③心理的虐待，④性的虐待，⑤経済的虐待とし，養護者による虐待，福祉施設従事者による虐待，使用者による虐待の防止を規定している。

4 共生社会の実現に向けて

　さて，先に第3節で紹介したような国内法については，おおむね国連の障害者権利条約を日本が批准するにあたって，再整備されたものであるということを述べた。障害者権利条約は，2006(平成18)年12月13日に国連総会において採択され，2008(平成20)年5月3日に発効した。日本は2007(平成19)年この条約に署名し，2014(平成26)年に批准した。基本的人権(世界人権宣言：1948年)や女性問題(女子に対するあらゆる形態の差別の撤廃に関する条約：1981年)，子どもの問題(児童の権利に関する条約(子どもの権利条約)：1989年)等に比して，障害者の権利について国際的なレベルで議論がなされたのは非常に遅かったといえる。そこには歴史的に根強い優生思想が残っていたと推測されるが，画期的な部分もある。それは"Nothing about us without us(私たち抜きに私たちのことを決めるな)"である。障害者権利条約は，この"Nothing about us without us"をスローガンとしており，条約の策定にあたり，多くの障害のある当事者が参画していたという点において非常に先進的であり画期的であるといえる。

　この条約は，「全ての障害者によるあらゆる人権及び基本的自由の完全かつ平等な享有を促進し，保護し，及び確保すること並びに障害者の固有の尊厳の尊重を促進すること」を目的としている(第1条)。第2条の「定義」では，いくつかの語句が定義づけられているが，たとえば「言語」とは，「音声言語及び手話その他の形態の非音声言語をいう」とされ，「障害に基づく差別」とは，「障害に基づくあらゆる区別，排除又は制限であって，政治的，経済的，社会的，文化的，市民的その他のあらゆる分野において，他の者との平等を基礎として全ての人権及び基本的自由を認識し，享有し，又は行使することを害し，又は妨げる目的又は効果を有するものをいう。障害に基づく差別には，あらゆ

る形態の差別（合理的配慮の否定を含む。）を含む」と定義づけられている。さらに，「合理的配慮」については，「障害者が他の者との平等を基礎として全ての人権及び基本的自由を享有し，又は行使することを確保するための必要かつ適当な変更及び調整であって，特定の場合において必要とされるものであり，かつ，均衡を失した又は過度の負担を課さないものをいう」とされている。

　この条約では，一般原則や一般的義務，障害者の権利実現のための措置，条約の実施のための仕組みなどについて定められているが，こうした条約の中身に目を通す前に，この権利条約に一貫して共通する「障害の捉え方」について学んでおく必要がある。障害者権利条約においては，障害を「社会モデル」で解釈する。第3節第1項の「障害者基本法」の部分でも少し触れたが，社会モデルとは，「障害のある人の生きづらさは社会がつくっている」とする考え方である。これまで障害者の抱える生きづらさは当該個人が有する器質的な課題に起因する（よって，その問題の解決においても個人で引き受ける）といった「個人モデル」が支配的であった。しかしながら「社会モデル」においては，人と人，あるいは人と諸システムとの相互作用の結果，生み出される社会的障壁こそが問題であり，その除去，すなわち差別の払拭としての社会の側からの調整，つまり「合理的配慮」を求める。こうした前提に立ち，個別の条約に注目してみたい。

　まず，「一般的義務」（第4条第3項）の中に「締約国は，この条約を実施するための法令及び政策の作成及び実施において，並びに障害者に関する問題についての他の意思決定過程において，障害者（中略）を代表する団体を通じ，障害者と緊密に協議し，及び障害者を積極的に関与させる」とある。まさしく"Nothing about us without us"の理念を具現化するというものである。次に，具体的な条約の項目をいくつかみていく。この条約の中には，施設及びサービス等の利用の容易さ（第9条），司法手続の利用の機会（第13条），労働及び雇用（第27条），相当な生活水準及び社会的な保障（第28条），政治的及び公的活動への参加（第29条），文化的な生活，レクリエーション，余暇及びスポーツへの参加（第30条）といった生活の具体的な場面での権利保障があるだけでなく，生

命に対する権利（第10条），法律の前にひとしく認められる権利（第12条），身体の自由及び安全（第14条），個人をそのままの状態で保護すること（第17条），移動の自由及び国籍についての権利（第18条）など，より基本的な生存権に関わる部分まで明文化されている。なぜそのようなことまで権利として記す必要があるのかを考えてもらいたい。この現代にあってもいまだ生存権すら脅かされている，あるいはいつ脅かされるかわからない状況にある一群の人々，それが障害者なのであり，そうした世の中をつくってしまっているのはまぎれもなく私たち一人ひとりなのだということを重く受け止めてほしい。最後に，「教育」（第24条）の全文を記載しておく。共生社会を教育の場からつくっていく者としてその意味するところを十分吟味し，日々の教育活動に生かしてほしい。

第24条　教育
1　締約国は，教育についての障害者の権利を認める。締約国は，この権利を差別なしに，かつ，機会の均等を基礎として実現するため，障害者を包容するあらゆる段階の教育制度及び生涯学習を確保する。当該教育制度及び生涯学習は，次のことを目的とする。
　(a)　人間の潜在能力並びに尊厳及び自己の価値についての意識を十分に発達させ，並びに人権，基本的自由及び人間の多様性の尊重を強化すること。
　(b)　障害者が，その人格，才能及び創造力並びに精神的及び身体的な能力をその可能な最大限度まで発達させること。
　(c)　障害者が自由な社会に効果的に参加することを可能とすること。
2　締約国は，1の権利の実現に当たり，次のことを確保する。
　(a)　障害者が障害に基づいて一般的な教育制度から排除されないこと及び障害のある児童が障害に基づいて無償のかつ義務的な初等教育から又は中等教育から排除されないこと。
　(b)　障害者が，他の者との平等を基礎として，自己の生活する地域社会において，障害者を包容し，質が高く，かつ，無償の初等教育を享受することができること及び中等教育を享受することができること。
　(c)　個人に必要とされる合理的配慮が提供されること。
　(d)　障害者が，その効果的な教育を容易にするために必要な支援を一般的な教育制度の下で受けること。
　(e)　学問的及び社会的な発達を最大にする環境において，完全な包容という目

標に合致する効果的で個別化された支援措置がとられること。

3 締約国は，障害者が教育に完全かつ平等に参加し，及び地域社会の構成員として完全かつ平等に参加することを容易にするため，障害者が生活する上での技能及び社会的な発達のための技能を習得することを可能とする。このため，締約国は，次のことを含む適当な措置をとる。

(a) 点字，代替的な文字，意思疎通の補助的及び代替的な形態，手段及び様式並びに定位及び移動のための技能の習得並びに障害者相互による支援及び助言を容易にすること。

(b) 手話の習得及び聾(ろう)社会の言語的な同一性の促進を容易にすること。

(c) 盲人，聾(ろう)者又は盲聾(ろう)者（特に盲人，聾(ろう)者又は盲聾(ろう)者である児童）の教育が，その個人にとって最も適当な言語並びに意思疎通の形態及び手段で，かつ，学問的及び社会的な発達を最大にする環境において行われることを確保すること。

4 締約国は，1の権利の実現の確保を助長することを目的として，手話又は点字について能力を有する教員（障害のある教員を含む。）を雇用し，並びに教育に従事する専門家及び職員（教育のいずれの段階において従事するかを問わない。）に対する研修を行うための適当な措置をとる。この研修には，障害についての意識の向上を組み入れ，また，適当な意思疎通の補助的及び代替的な形態，手段及び様式の使用並びに障害者を支援するための教育技法及び教材の使用を組み入れるものとする。

5 締約国は，障害者が，差別なしに，かつ，他の者との平等を基礎として，一般的な高等教育，職業訓練，成人教育及び生涯学習を享受することができることを確保する。このため，締約国は，合理的配慮が障害者に提供されることを確保する。

引用文献
解説教育六法編修委員会編（2018）『解説教育六法 2018』三省堂。
独立行政法人国立特別支援教育総合研究所（2015）『特別支援教育の基礎・基本［新訂版］』ジアース教育新社。

第2章　日本の特別支援教育を支える仕組み

> 〔学習の課題〕
> (1) 認定特別支援学校就学者となる障害の程度は法的にどのように定められているか，具体的に述べてみよう。
> (2) 障害者権利条約の批准に向けて，国内ではどのような法整備がなされたのか，具体的に説明してみよう。

【さらに学びたい人のための図書】

伊藤良高編集代表（2018）『2018年版　ポケット教育小六法』晃洋書房。
　　⇨教師がどのような法に守られているのか，また法を守るべきなのかを知っておくことは「地方公務員として当然のことである。年表なども豊富で最新の法令にアクセスすることができる法令集として勧める。

窪田眞二・小川友次（2018）『学校の法律がこれ1冊でわかる　教育法規便覧　平成30年版』学陽書房。
　　⇨『ポケット教育小六法』とあわせて，具体的に援用する際に役立つと思われる。事例などがあるので難解な法令と具体的な場面を活用するのに有効であると思われる。

（堀家由妃代）

第3章 特別支援教育課程

この章で学ぶこと

　この章では，①特別支援学校の教育課程，②特別支援学級の教育課程，③重複障害者に関する教育課程の理解の3点を学習のねらいとして，理解を深めてもらいたい。とくに教育課程の実際としての「自立活動」「領域・教科を合わせた指導」「教科別・領域別の指導」「通級指導教室」の4点は，これから教師として働く上でしっかりと学ばなければならない内容である。

1　特別支援学校の教育課程

（1）学習指導要領

　特別支援学校の教育課程は，「教育課程の国家基準」としての学習指導要領に依拠しなければならないことになっている。

　学校教育法施行規則第129条で，次のように規定されている。

> 　特別支援学校の幼稚部の教育課程その他の保育内容並びに小学部，中学部及び高等部の教育課程については，この章に定めるもののほか，教育課程その他の保育内容又は教育課程の基準として文部科学大臣が別に公示する特別支援学校幼稚部教育要領，特別支援学校小学部・中学部学習指導要領及び特別支援学校高等部学習指導要領によるものとする。

（2）特別支援学校の教育課程1

　視覚障害者，聴覚障害者，肢体不自由者または病弱者である児童生徒に対する教育を行う特別支援学校の教育課程を以下で整理することとする。

① 教育課程の領域
　小学部…小学校の各教科，特別の教科である道徳，外国語活動，総合的な学習の時間，特別活動，および自立活動*
　中学部…中学校の各教科，特別の教科である道徳，総合的な学習の時間，特別活動，および自立活動
　高等部…高等学校の各教科・科目，総合的な学習の時間，特別活動，および自立活動
　　＊　自立活動は，特別支援学校独自の領域である。
② 各教科の中身
・小学部・中学部の学習指導要領で規定されているもの
　小学部…国語，社会，算数，理科，生活，音楽，図画工作，家庭，および体育
　中学部…国語，社会，数学，理科，音楽，美術，保健体育，技術・家庭，および外国語
・高等部の学習指導要領で規定されているもの
　（普通教育に関する各教科）国語，地理歴史，公民，数学，理科，保健体育，芸術，外国語，家庭，情報
　（専門教育に関する各教科）農業，工業，商業，水産，家庭，看護，情報，福祉，理数，体育，音楽，美術，英語，保健理療，理療，理学療法（視覚障害者），印刷，理容・美容，クリーニング，歯科技工（聴覚障害者）

（3）特別支援学校の教育課程 2

　知的障害者である児童生徒に対する教育を行う特別支援学校の教育課程を以下で整理することとする。

　知的障害者を対象とする特別支援学校の場合，視覚障害者，聴覚障害者，肢体不自由者または病弱者である児童生徒に対する教育を行う特別支援学校の教育課程と異なることに注意すること。とくに，各教科の中身は，独自のものとなっている*。

31

小学部…各教科（生活，国語，算数，音楽，図画工作，体育），特別の教科である道徳，特別活動，および自立活動

中学部…各教科（国語，社会，数学，理科，音楽，美術，保健体育，職業・家庭；必要がある場合，外国語科を加えることができる），特別の教科である道徳，総合的な学習の時間，特別活動，および自立活動

高等部…共通科目（国語，社会，数学，理科，音楽，美術，保健体育，職業，家庭，外国語，情報；外国語と情報は，学校や生徒の実態を考慮して，必要に応じて設けることができる）

専門教科（家政，農業，工業，流通・サービス，福祉，学校設定教科；専門学科のみで，いずれか1以上履修することとされている）

道徳，総合的な学習の時間，特別活動，および自立活動

＊　小学部は学校教育法施行規則第126条第2項，中学部は同第127条第2項，高等部は同第128条第2項を参照のこと。

（4）特別支援学級の教育課程

① 教育課程の基本規程

　通常の小中学校に設置されている特別支援学級の教育課程の基本規程は，基本的には，小中学校の学習指導要領に依拠することとなっている。

　しかし，特別支援学級は，在籍している児童生徒の障害の状態などにより，小中学校の学習指導要領での指導に適さない場合がある。その場合，特別支援学校の学習指導要領を参考に教育課程が編成されることとなる。

　このことは，学校教育法施行規則第138条で，次のように規定されている。

> 　小学校，中学校若しくは義務教育学校又は中等教育学校の前期課程における特別支援学級に係る教育課程については，特に必要がある場合は，第50条第1項，第51条，第52条，第52条の3，第72条，第73条，第74条，第74条の3，第76条，第79条の5及び第107条の規定にかかわらず，特別の教育課程によることができる。

② 教科書使用の特例

特別支援学級での教科書使用の特例として，学校教育法施行規則第139条で，次のように規定されている。

> 前条の規定により特別の教育課程による特別支援学級においては，文部科学大臣の検定を経た教科用図書を使用することが適当でない場合には，当該特別支援学級を置く学校の設置者の定めるところにより，他の適切な教科用図書を使用することができる。

(5) 通級による指導を受ける児童生徒の教育課程

通級による指導は，法規定の上では，「障害に応じた特別の指導」という表現になっている。

① 教育課程の基本規程

通級による指導を受ける児童生徒の教育課程においては，各教科等の指導の大半は，通常の学級で実施される。基本的には，小中学校の学習指導要領に依拠することになる。

しかし，「障害に応じた特別の指導」も行うことから，学校教育法施行規則第140条では，次のように規定されている。

> 小学校，中学校若しくは義務教育学校又は中等教育学校の前期課程において，次の各号のいずれかに該当する児童又は生徒（特別支援学級の児童及び生徒を除く。）のうち当該障害に応じた特別の指導を行う必要があるものを教育する場合には，文部科学大臣が別に定めるところにより，第50条第1項（第79条の6第1項において準用する場合を含む。），第51条，第52条（第79条の6第1項において準用する場合を含む。），第52条の3，第72条（第79条の6第2項及び第108条第1項において準用する場合を含む。），第73条，第74条（第79条の6第2項及び第108条第1項において準用する場合を含む。），第74条の3，第76条，第79条の5（第79条の12において準用する場合を含む。）及び第107条（第117条において準用する場合を含む。）の規定にかかわらず，特別の教育課程によることができる。
> 一 言語障害者　二 自閉症者　三 情緒障害者　四 弱視者　五 難聴者　六 学習障害者　七 注意欠陥多動性障害者　八 その他障害のある者で，この条の

> 規定により特別の教育課程による教育を行うことが適当なもの

　この規定は，文部省告示第7号（1993年，最終改正2016年12月9日）の中で，次のように詳細が述べられている。

- 特別の教育課程を編成するに当たっては，……当該児童又は生徒の障害に応じた特別の指導を，小学校又は中学校の教育課程に加え，又はその一部に替えることができるものとする。
- 障害に応じた特別の指導は，障害による学習上又は生活上の困難を改善し，又は克服することを目的とする指導とし，特に必要があるときは，障害の状態に応じて各教科の内容を取り扱いながら行うことができるものとする。

② 通級による指導の授業時間数

　文部省告示第7号（1993年，最終改正2016年12月9日）の中で，通級による指導の指導時数の標準が定められている。

- 通級による指導の指導時数は，年間35〜280単位時間が標準である。
- 年間の授業週数が35週であることから，週当たり1〜8単位時間が標準となる。
- 学習障害と注意欠陥多動性障害の児童生徒の指導時数は，年間10〜280単位時間が標準である。
- 週当たり0.3〜8単位時間が，標準となる。

（6）重複障害者等に関する教育課程

　重複障害者等の教育課程の取扱いとして，新特別支援学校小学部・中学部学習指導要領「総則」第8節において，以下の6つの事項が述べられている。

> 1　児童又は生徒の障害の状態により特に必要がある場合には，次に示すところによるものとする。その際，各教科，道徳科，外国語活動及び特別活動の当該各学年より後の各学年（知的障害者である児童又は生徒に対する教育を行う特別支援学校においては，各教科の当該各段階より後の各段階）又は当該各学部より後

の各学部の目標の系統性や内容の関連に留意しなければならない。
　(1)　各教科及び外国語活動の目標及び内容に関する事項の一部を取り扱わないことができること。
　(2)　各教科の各学年の目標及び内容の一部又は全部を，当該各学年より前の各学年の目標及び内容の一部又は全部によって，替えることができること。また，道徳科の各学年の内容の一部又は全部を，当該各学年より前の学年の内容の一部又は全部によって，替えることができること。
　(3)　視覚障害者，聴覚障害者，肢体不自由者又は病弱者である児童に対する教育を行う特別支援学校の小学部の外国語科については，外国語活動の目標及び内容の一部を取り入れることができること。
　(4)　中学部の各教科及び道徳科の目標及び内容に関する事項の一部又は全部を，当該各教科に相当する小学部の各教科及び道徳科の目標及び内容に関する事項の一部又は全部によって，替えることができること。
　(5)　中学部の外国語科については，小学部の外国語活動の目標及び内容の一部を取り入れることができること。
　(6)　幼稚部教育要領に示す各領域のねらい及び内容の一部を取り入れることができること。
2　知的障害者である児童に対する教育を行う特別支援学校の小学部に就学する児童のうち，小学部の3段階に示す各教科又は外国語活動の内容を習得し目標を達成している者については，小学校学習指導要領第2章に示す各教科及び第4章に示す外国語活動の目標及び内容の一部を取り入れることができるものとする。
　また，知的障害者である生徒に対する教育を行う特別支援学校の中学部の2段階に示す各教科の内容を習得し目標を達成している者については，中学校学習指導要領第2章に示す各教科の目標及び内容並びに小学校学習指導要領第2章に示す各教科及び第4章に示す外国語活動の目標及び内容の一部を取り入れることができるものとする。
3　視覚障害者，聴覚障害者，肢体不自由者又は病弱者である児童又は生徒に対する教育を行う特別支援学校に就学する児童又は生徒のうち，知的障害を併せ有する者については，各教科の目標及び内容に関する事項の一部又は全部を，当該各教科に相当する第2章第1節第2款若しくは第2節第2款に示す知的障害者である児童又は生徒に対する教育を行う特別支援学校の各教科の目標及び内容の一部又は全部によって，替えることができるものとする。また，小学部の児童については，外国語活動の目標及び内容の一部又は全部を第4章第2款に示す知的障

害者である児童に対する教育を行う特別支援学校の外国語活動の目標及び内容の一部又は全部によって、替えることができるものとする。したがって、この場合、小学部の児童については、外国語科及び総合的な学習の時間を、中学部の生徒については、外国語科を設けないことができるものとする。

4 重複障害者のうち、障害の状態により特に必要がある場合には、各教科、道徳科、外国語活動若しくは特別活動の目標及び内容に関する事項の一部又は各教科、外国語活動若しくは総合的な学習の時間に替えて、自立活動を主として指導を行うことができるものとする。

5 障害のため通学して教育を受けることが困難な児童又は生徒に対して、教員を派遣して教育を行う場合については、上記1から4に示すところによることができるものとする。

6 重複障害者、療養中の児童若しくは生徒又は障害のため通学して教育を受けることが困難な児童若しくは生徒に対して教員を派遣して教育を行う場合について、特に必要があるときは、実情に応じた授業時数を適切に定めるものとする。

ここでは、障害の状態によりとくに必要がある場合や知的障害をあわせ有する児童生徒の場合、重複障害者のうち、障害の状態により、とくに必要がある児童生徒の場合の教育課程の取扱い等が、述べられている。

重複障害者等の教育課程の取扱いとして、特別支援学校高等部学習指導要領「総則」第6款において、以下の5つの事項が述べられている。

1．生徒の障害の状態により特に必要がある場合には、次に示すところによるものとする。
(1) 各教科・科目の目標及び内容の一部を取り扱わないことができること。
(2) 高等部の各教科・科目の目標及び内容の一部を、当該各教科・科目に相当する中学部又は小学部の各教科の目標及び内容に関する事項の一部によって、替えることができること。
(3) 視覚障害者、聴覚障害者、肢体不自由者又は病弱者である生徒に対する教育を行う特別支援学校の外国語科に属する科目については、小学部・中学部学習指導要領に示す外国語活動の目標及び内容の一部を取り入れることができること。
2．視覚障害者、聴覚障害者、肢体不自由者又は病弱者である生徒に対する教育を行う特別支援学校に就学する生徒のうち、知的障害を併せ有する者については、次に示すところによるものとする。

(1) 各教科・科目又は各教科・科目の目標及び内容の一部を，当該各教科・科目に相当する第2章第2節第1款及び第2款に示す知的障害者である生徒に対する教育を行う特別支援学校の各教科又は各教科の目標及び内容の一部によって，替えることができること。この場合，各教科・科目に替えて履修した第2章第2節第1款及び第2款に示す各教科については，1単位時間を50分とし，35単位時間の授業を1単位として計算することを標準とするものとすること。
(2) 生徒の障害の状態により特に必要がある場合には，第1章第2節第3款に示す知的障害者である生徒に対する教育を行う特別支援学校における各教科等の履修等によることができること。
(3) 校長は，上記2の(2)により，第1章第2節第3款に示す知的障害者である生徒に対する教育を行う特別支援学校における各教科等を履修した者で，その成果がそれらの目標からみて満足できると認められるものについて，高等部の全課程の修了を認定するものとすること。
3. 重複障害者のうち，障害の状態により特に必要がある場合には，次に示すところによるものとする。
(1) 各教科・科目若しくは特別活動（知的障害者である生徒に対する教育を行う特別支援学校においては，各教科，道徳若しくは特別活動）の目標及び内容の一部又は各教科・科目若しくは総合的な学習の時間に替えて，自立活動を主として指導を行うことができること。この場合，実情に応じた授業時数を適切に定めるものとすること。
(2) 校長は，各教科，科目若しくは特別活動（知的障害者である生徒に対する教育を行う特別支援学校においては，各教科，道徳若しくは特別活動）の目標及び内容の一部又は各教科，科目若しくは総合的な学習の時間に替えて自立活動を主として履修した者で，その成果がそれらの目標からみて満足できると認められるものについて，高等部の全課程の修了を認定するものとすること。
4. 障害のため通学して教育を受けることが困難な生徒に対して，教員を派遣して教育を行う場合については，次に示すところによるものとする。
(1) 上記1，2の(1)若しくは(2)又は3の(1)に示すところによることができること。
(2) 特に必要がある場合には，実情に応じた授業時数を適切に定めること。
(3) 校長は，生徒の学習の成果に基づき，高等部の全課程の修了を認定することができること。
5. 療養中の生徒及び障害のため通学して教育を受けることが困難な生徒につい

> て，各教科・科目の一部を通信により教育を行う場合の1単位当たりの添削指導及び面接指導の回数等（知的障害者である生徒に対する教育を行う特別支援学校においては，通信により教育を行うこととなった各教科の一部の授業時数に相当する添削指導及び面接指導の回数等）については，実情に応じて適切に定めるものとする。

　ここでは，各教科・科目の目標および内容の一部を取り扱わない等，小学部・中学部の教科による代替措置を行うことができる。また，訪問教育の場合は，とくに必要があるときには，実情に応じた授業時数を適切に定め，校長は，生徒の学習の成果に基づき，高等部の全課程の修了を認定することができる。さらに通信教育の場合も規定されており，各教科・科目の一部を通信により教育を行う場合の1単位当たりの添削指導および面接指導の回数等については，実情に応じて適切に定めるものとするなど，教育課程の取扱いが述べられている。

2 教育課程の実際

　特別支援教育における教育課程は，単に障害の程度や種別，発達の状態で編成されるのではなく，本人や保護者の願いによって立ち，一人ひとりの幼児児童生徒のもつ様々な実態や，置かれている環境等に応じて選択されたり，編成されたりするものである。個別の指導計画や，保護者と関係機関とが連携して作成される個別の教育支援計画を踏まえることを基本とする。

　特別支援教育における教育課程編成の特徴は，教科，領域，総合的な学習の時間に加えて，自立活動の指導があることである。自立活動の指導は，時間を設定して行う「自立活動の時間の指導」と，各教科・領域等の指導を通して「自立活動に関する指導」を行う場合とがある。

　また，対象児童生徒に知的障害がある場合，あるいは，視覚障害，聴覚障害，肢体不自由，病弱虚弱等に加えて知的障害がある場合は，一般的には，特別支援学校（知的障害）を基本にして教育課程を編成している。

（1）自立活動

自立活動（巻末資料234頁の表参照）は，特別支援学校学習指導要領において，個々の児童生徒が自立を目指し，障害による学習上のまたは生活上の困難を主体的に改善・克服するために必要な知識，技能，態度および習慣を養い，もって心身の調和的発達の基盤を培うことを目標とするとされている。内容は「健康の保持」「心理的な安定」「人間関係の形成」「環境の把握」「身体の動き」「コミュニケーション」の6区分と，その下位にある27項目からなる。個々の児童生徒の指導目標，指導内容を明確にするために個別の指導計画を作成し，それに基づいて行われる。

（2）知的障害のある児童生徒の教育課程の特徴

① 知的障害の特性を踏まえる

知的障害のある児童生徒の教育においては，発達の遅れの状態や，学習上の困難の状態を踏まえておく必要がある。抽象的な内容が捉えにくいため，より具体的で身近にあるようなことがらを取り扱うことが必要である。また，学んだ知識や技能が断片的になることが多く，ほかの場面でそれを応用するのが難しいことがある。こうした困難が原因となって，成功体験が少なくなることや，周囲からの過干渉を受けることにより，自己肯定感が低くなり，ものごとに主体的に取り組む姿勢・態度が十分に育っていない様子がみられることがある。

ICF（国際生活機能分類）の定義（巻末資料234頁の図参照）にあるように，障害の状態とは，本人のもつ生理的機能の状態や能力のみで決まるのではなく，環境や周囲からの支援の状況によって変わるものである。適切な環境のもとに置かれ，支援を受けることができれば，本人のもつ能力を最大限に発揮し，より自立的で社会参加した生活を実現することができるようになるとされる。そのため，教育の果たす役割は大きい。

② 知的障害のある児童生徒の教育の基本

学校教育においては，児童生徒の実態に即した指導を選択し行う必要がある。ここでいう実態とは，単に障害の種別や程度，発達の遅れの状態，知識・技能

の獲得状況だけではなく，これまでの経験や，家庭環境，活用できる地域資源等も含まれるものである。また，ともすれば，発達の遅れが大きい児童生徒に対して，幼児に対するような関わり方や，指導内容を選択することがあるが，生活年齢もまた実態としておさえるべき重要な要素である。

　発達の遅れのある児童生徒においては，活動の意味や見通しがわからずに，不適応を起こすことがある。児童生徒が，自ら見通しをもって行動できるように，一日の流れや，活動の流れを視覚的に示す，節目に日課となるような日常生活習慣等の活動を差し挟むことなどが考えられる。また，教室内の物をわかりやすく機能的に配置したり，物をしまう場所をわかりやすくしたりする等が考えられる。このような時間的空間的な整理とともに，わかりやすいルールを設けること等も含め，まとまりのある学校生活が送れるようにする必要がある。

　学習活動においては，生活に結びついた具体的なことがらを取り上げ，できるだけ実際的な状況を用意したり，具体物を用意したりして指導する。とくに衣食住や遊びといった日常生活に関わること，買い物や公共交通機関の利用など社会生活に関わることについては，それらの自立を促す目的ももって取り上げ，生活の質が高まるようにすることが大切である。

　指導にあたっては，一人ひとりの児童生徒の意欲・関心を踏まえるとともに，どういう条件があれば，何をどこまでできるのかという観点から捉える。その児童生徒にとってより達成可能な内容からより難易度の高い内容へ，手厚い支援から薄い支援へと段階的に指導を工夫したり，教材・教具を用意したりする。また，制作等の集団活動においては，工程を細分化するなどして，どの児童生徒においても役割を担えるような工夫をすることが大切である。

　生活年齢を大切にし，たとえば，小学生は小学生らしく，中学生は中学生らしくあるように意識し，そのライフステージでの社会参加の姿が実現できるようにする。また，そうした願いや気持ちがもてるような体験を積むとともに，日常生活や社会生活に必要な生活習慣や技能が身に付くようにする。

　学校卒業後の将来を見据えて，小学校・小学部の段階より，役割を担い果たすことから，働くことに関わる学習を重視し，高等部段階では職業教育に取り

組み，働くことに必要な知識・技能を習得するとともに，何よりも，働くことに対する関心や意欲を高め，就労意識が育つようにすることが大切である。
③　教育課程編成の実際
◯自立活動と領域・教科を合わせた指導
　先に述べたように，知的障害のある児童生徒の学習においては，生活に結びついた具体的なことがらを取り上げることが効果的である。たとえば，買い物という活動を取り上げたときに，算数に関わる金銭計算，国語に関わる掲示の読み取り，尋ねたり支払いをしたりするときの会話，理科や家庭科に関わる商品知識に関すること等，様々な教科の内容が含まれており，それらは分けて教えるよりも，一つの具体的なまとまりのある活動として教える方が実際的な力となりやすい。
　独立行政法人国立特別支援教育総合研究所（2015）によれば，特別支援学校（知的障害）の教育課程においては，小学部では，日常生活の指導，遊びの指導，生活単元学習を中心として教科別の指導を加えている傾向があり，中学部では，日常生活の指導，生活単元学習，作業学習を中心とし，教科別の指導を加えている傾向があるとしている。高等部においては，職業的自立を目指す視点から，働くことを学ぶために作業学習を中心として教科別の指導を加えている傾向があるが，知・肢総合制の学校等，より重度で重複した障害のある生徒が在籍する場合には，別の指導形態を中心にしている。
　特別支援学級においては小学校，中学校ともに，一般には教科別の指導を中心としており，小学校では登校時や下校時，給食時等において，帯状に日常生活の指導を設けているところがある。また，中学校では，作業学習を取り入れているところもある。
　高等部の段階では，中学校段階までは特別支援学級に在籍していた生徒が合流してくることが多く，比較的発達の遅れが軽度な生徒を中心に，作業学習を中心としながら，国語，数学等の教科別の指導をしている場合が多い。中学部以前から特別支援学校に通っていた生徒の場合は，作業学習を中心とした教育課程，より重度で重複した障害のある生徒の場合は，日常生活の指導や自立活

動の時間の指導を中心とした教育課程であることが多い。

　近年，生徒たちの企業就労を進め，より自立的な社会参加を図るため，高等部職業学科を設置する特別支援学校が増加している。そこでは，作業学習ではなく，家政，農業，工業，福祉，流通サービスといった，「主として専門学校に設置される各教科」を中心に教育課程を編成している。

○領域・教科を合わせた指導
　1）　日常生活の指導

　日常生活の指導とは，児童生徒の日常生活が充実し，より自立的になるように，一日の流れの節目となる活動や日常生活習慣を取り上げ，一人ひとりに合った形で支援していく指導の形態である。主として登校時，給食時，下校時等の学校生活の一日の節目において行われる。内容は，荷物の整理や衣服の着脱，排泄，食事，衛生習慣等の基本的日常生活習慣や，「朝の会」「帰りの会」等と称して行われる挨拶や当番活動，その他，きまりごとやふるまい方に関すること等，日常生活や社会生活において基本的に必要なことを取り上げる。

　日常生活の指導にあたっては，その活動が次の活動につながるといったような児童生徒にとっての必然性をおさえるとともに，毎日一定して繰り返され，かつ習慣化されることを活動に加えるなどして段階的に発展性をもたせることが大切である。

　2）　遊びの指導

　遊びの指導とは，遊びを学習活動の中心に据えて，遊びを通して，ものごとに対する関心や意欲を高めたり，身体を活発に動かしたり，仲間や大人との関わりを広げる等して，心身の発達を促進するものである。

　指導にあたっては，とくに児童の活発な身体活動や，仲間や大人との関わりが自然に引き出されるような状況づくりをすることが大切である。また，児童の活動をできるだけ制限することなく安全面や衛生面を確保することに留意する。

　3）　生活単元学習

　生活単元学習とは，児童生徒の生活課題，興味関心や，学校行事等を遂行す

るにあたって導き出された目標を達成したり，課題を解決したりするために，各教科等の内容をおさえながら，一連の活動を組織的に編成して学習する指導の形態である。

　指導にあたっては，読み書きの必要な活動から具体的な作業活動等まで，できるだけ多様で幅広い学習活動が展開できるものを用意し，一人ひとりの児童生徒の実態やニーズに合った内容を選択できるようにする。また，一人ひとりが役割分担等を行って違った活動をしていても，「事業」の完成等の目標を集団で共有できるようにし，目標意識や課題意識がもてるようまとまりのあるものに編成する。一人の児童生徒が多様な体験ができるものであることもおさえる必要がある。年間計画においては，季節や年間行事の流れに合わせて，一つひとつの単元の実施期間や時間数を計画し配置していく。

　4）作業学習

　作業学習とは，作業活動を学習活動の中心に据えて，児童生徒が働くことを学べるようにするものであり，将来の就労につながるような働く意欲や，安全習慣や衛生習慣，ルールの遵守，注意の集中や持続等の基本的な姿勢・態度や基礎的基本的な知識・技能の獲得を目指すものである。職業生活に関することのみならず社会的自立に必要なことがらも含め，総合的に学習する指導の形態であり，すべての教科・領域の内容を取り扱うものである。

　作業学習の種目には，農耕，園芸，紙工，木工，縫製，織物，窯業等があるが，選定にあたっては，多様な児童生徒の実態に合わせた指導がしやすく，かつ，そこに教育上の意義ある活動が含まれ，活動の成果や意義が児童生徒にとってわかりやすいものであることが求められる。

　児童生徒に活動の見通しをもちやすくしたり，参加意欲を高めたり，スキルの向上を図ったりするには定型反復活動を差し挟むことが効果的だが，活動の発展がなかったり，生産物が貯まり，役に立たなかったりするようなものであってはいけない。生産した物は地域に配布したり，地域の方や保護者等に販売したり，学校のために役立てたりする等して活動全体が意味づけられることが求められる。とりわけ販売をするということは，金銭の管理，商品の完成度

や生産物の流通の仕方や生産者としての責任等について学ぶことにつながる。配布や販売の計画や販売の実施も含めて作業学習を計画したり，生活単元学習と関連づけたりして取り組むことも考えられる。また，職業・家庭や職業で取り扱われる「産業現場等における実習」と関連づけていくことも大切である。

○教科別，領域別の指導

領域・教科を合わせた指導を行っている特別支援学校においても，一部，保健体育，音楽，図画工作・美術といったいわゆる実技教科については，教科別の指導を行っていることがある。また，生活単元学習として「宿泊学習に向けて」といった単元の中で，「食材の買い物」といった活動があり，算数で金銭計算に関する内容を取り扱うといったような，領域・教科を合わせた指導と，教科別の指導を関連づけるような教育課程編成もある。

特別支援学級や，特別支援学校（知的障害）の高等部単独設置校においては，教科別の指導で教育課程を編成していることが多い。教科別の指導においても，「地域の歴史を調べレポートを作成する」といったような具体的な活動を取り込み，含まれる内容を国語科と社会科に分けて取り扱って指導するとともに，発表会等の行事で完結させるといったように，各教科を関連づけながら指導することがある。

特別支援学校（知的障害）においては，特別な教科である道徳，特別活動，自立活動の内容の指導を日常生活の指導や生活単元学習等の指導形態の中で合わせて行う場合が多いが，これらの時間を単独に設けて行う場合もある。

○自立活動

とくに特別支援学校（知的障害）に在籍する児童生徒においては，知的障害に随伴して言語や運動，情緒等の側面において発達の遅れや偏りがある場合が少なくない。これらを自立活動の指導で取り扱うことになるが，学校の教育活動全体を通して行うとともに，とくに必要のある場合は，「自立活動の時間」を設けて指導を行う。

3　障害の種別と教育課程

(1) 障害の種別と特別支援学校の教育課程

　近年，視覚障害，聴覚障害，肢体不自由と一部の病弱虚弱の特別支援学校小学部，中学部においては，知的障害を伴う児童生徒の割合が増えている。認知面での発達の遅れがある場合は，知的障害の教育課程をベースとすることが多い。また，より居住地に近い学校に通えるということからも，近年では特別支援学校の再編が進み，障害種別の併置，もしくは総合制の特別支援学校を設置する自治体も増えてきた。障害種別の教育課程編成を行うことによって，より高い専門性に基づく指導を提供できるという考え方もあるが，視覚，聴覚，肢体不自由，知的障害のすべてが重複し，継続的に医療面での関わりが必要で，病弱である児童生徒は少なくない。総合制の特別支援学校においては，これまで知的障害と肢体不自由といった見方から教育を行ってきた児童生徒に，視覚障害や聴覚障害といった視点からもアプローチしていくことで教育効果を高め，さらに，教職員の専門性を高めている。

　一方で，高等部段階においては，重複の教育課程のほかに，職業的自立を目指して，「主として専門学科に開設される各教科」を中心とした教育課程を編成しており，中学校からの進学者が多い。

(2) 障害の種別と特別支援学級の教育課程

　視覚障害（弱視），聴覚障害（難聴），肢体不自由，病弱虚弱，言語障害特別支援学級においては，少人数クラスで障害に対するきめ細かな配慮を行いながら，基本的には通常の教育課程で指導が行われる。一部には，自立活動を取り入れている場合がある。特別支援学級の指導においては，全体の半分を超えない程度に，交流学級での学習として通常の学級で指導を受けている場合がある。また，知的障害あるいは知的障害とみなして教育を行うことが適切な児童生徒を対象に，知的障害の特別支援学校と同様に，下学年の内容を取り扱ったり，

特別支援学校（知的障害）の教育課程を参考にしている場合もある。

(3) 通級指導教室

通級指導教室には弱視教室，ことばときこえの教室（難聴，言語障害），LD（学習障害）等発達障害通級指導教室等があり，近年においては，LD 等発達障害のある児童生徒の通級指導教室が増加している。校内に設置された教室に通う場合と，他校の教室に通う場合，他校の教室より担当教員が対象児童生徒の学校に巡回する場合がある。

通級による指導は，障害による学習上または生活上の困難の改善・克服を目的とする「自立活動」が中心となるが，とくに必要がある場合は各教科の補充指導も行うことができる。指導時間は，週1単位時間から8単位時間以内が標準的である。通級の指導の開始にあたっては，校内でケース会議をもつなどして指導の必要性や期待される指導効果等を吟味し，個別の指導計画を作成する。指導効果を得るためには，通級指導教室担当と在籍する通常学級担任との連絡・連携が不可欠であり，通級指導教室での指導効果が，通常の学級での学習活動や集団生活，家庭生活に反映されているのか常に検証する必要がある。

指導にあたっては，構造化された教材・教具の配置と，一定のパターンがありテンポよく指導を切り替えていく流れを用意し，児童生徒が時間内での見通しをもち，集中をきらさないようにする。自ら取り組もうとする意欲を高めることが大切である。

通級による指導を長期間にわたって受ける児童生徒もいる。指導効果を維持するために行われる場合もあるが，知的障害がある等の状況にあり，目指す指導効果が得られない場合もある。基本的には，可能な限り早期の終了を目指すものであり，長期にわたる場合は通級による指導が適切であるかどうか見直すことが必要である。

引用文献

菅原伸康編著 (2011)『特別支援教育を学ぶ人へ』ミネルヴァ書房。
菅原伸康・渡邉照美編著 (2015)『エピソードで学ぶ 障碍の重い子どもの理解と支援』(障碍のある子どものための教育と保育③) ミネルヴァ書房。
全国特別支援学校知的障害教育校長会 (2012)『一人一人の活動と参加を高める領域・教科を合わせた指導——知的障害児の自立を目指して』明治図書出版。
独立行政法人国立特別支援教育総合研究所 (2015)『特別支援教育の基礎・基本[新訂版]』ジアース教育新社。
文部科学省ホームページ「学校教育法施行規則」第126, 127, 128, 129, 138, 139, 140条（http://www.mext.go.jp/a_menu/shotou/kenkyu/htm/06_ref/06-02.htm 2018年2月12日アクセス)。
文部科学省ホームページ「文部省告示」第7号（http://www.mext.go.jp/b_menu/hakusho/nc/k19930128001/k19930128001.html 2018年2月12日アクセス)。

学習の課題

(1) 特別支援学校の教育課程について調べてみよう。
(2) 特別支援学校の自立活動について調べてみよう。

【さらに学びたい人のための図書】

菅原伸康 (2012)『エピソードでみる障碍の理解と支援』(障碍のある子どものための教育と保育①) ミネルヴァ書房。
　⇨障害のある子どもの支援のあり方が, エピソードを交え, 詳細に記されている。
菅原伸康 (2012)『写真でみる障碍のある子どものための課題学習と教材教具』(障碍のある子どものための教育と保育②) ミネルヴァ書房。
　⇨障害のある子どもの学習について, 教材を紹介しつつ, 詳細に記されている。

（菅原伸康, 芝山泰介）

第4章 障害種別による発達特性と関わりについて
——視覚障害／聴覚障害・言語障害

この章で学ぶこと

　第1節では盲児・弱視児それぞれの障害特性と指導法の基礎を理解した上で，教科の指導や自立活動における具体的な指導内容，留意事項等について学習する。

　第2節では聴覚障害および言語障害の定義や特性，教育的背景と関わりの指針に関して学ぶ。聴覚・言語に障害がある場合，言語関連能力における発達の遅れとともにコミュニケーションに問題が生じることがあり，聴覚・言語障害教育では，言語指導に加えてコミュニケーションスキルの指導が重要である。

1　視覚障害

(1) 視覚障害とは

① 視覚障害の定義

　視覚障害とは，病気や事故などが原因で起こる「見えない」または「見えにくい」状態を指す。学校教育において何らかの配慮が必要かどうかを考える際には，視覚障害を対象とする特別支援学校（以下，盲学校）の就学基準が参考となる。なお，ここでいう「視力」とは，眼鏡やコンタクトレンズを使用した矯正視力である。

> 学校教育法施行令第22条の3
> 　両眼の視力がおおむね0.3未満のもの又は視力以外の視機能障害が高度のもののうち，拡大鏡等の使用によつても通常の文字，図形等の視覚による認識が不可能又は著しく困難な程度のもの

第 4 章　障害種別による発達特性と関わりについて——視覚障害／聴覚障害・言語障害

② 視覚障害の分類

　特別支援教育では、学習方法の違いに着目して、主に触覚や聴覚など視覚以外の感覚を活用し、点字を使って学習・生活する児童生徒を盲（点字使用）、主に視覚を活用して通常の文字（拡大文字を含む）を使って学習・生活する児童生徒を弱視（墨字使用）のように分類している。

③ 視覚器の構造と視覚障害の原因

　眼球、視神経、脳の視覚中枢などを合わせて視覚器という。外界の光は、まず眼球の一番外側の前方にある角膜から眼球内に入り、水晶体、硝子体などの部位を通って網膜に達する。電気信号に変換された視覚情報は、視神経を通って視覚中枢である後頭葉の大脳皮質へと伝達される。視覚障害とは、この視覚器のどこかが何らかの理由によって障害を受け、見えないまたは見えにくくなっている状態を指す。

　全国の盲学校の実態調査によれば、視覚障害幼児児童生徒が示す主な疾患は、多い順に未熟児網膜症、網膜色素変性症、小眼球・虹彩欠損、視神経萎縮、緑内障となっている（柿澤, 2016）。視覚器のどの部分に障害を受けたかという視点でみると、眼球の網膜の疾患が最も多い。

④ 視機能とその評価

　視機能には、視力（細かいものの区別）、視野（同時に見える範囲）、光覚（暗順応・明順応）、色覚（色の区別）、眼球運動（視線の移動）、調節（焦点合わせ）、両眼視などの能力が含まれる。

　このうち視力は、通常は 1.0, 0.1, …のように小数視力で表される。ランドルト環（アルファベットの「C」に似た視標）を用いた検査が一般的であるが、弱視児は、たくさんの視標の中の一つを見分けるのが困難なため、一つのランドルト環だけを提示する単独視標を用いて検査する。

　視野は、片眼で一点を固視するときに見える範囲のことである。視野の障害には、部分的に見えない場所ができる「暗点」や、視野が狭くなる「狭窄」などがある。図 4-1 のように視野が狭くなると、歩行の際に左右や足元の安全が確認できない、読書の際にごく限られた文字しか視界に入らないなどの困難

図4-1 視野狭窄の見え方のイメージ（左：通常の見え方，右：視野狭窄の見え方）
出典：青柳・鳥山編著（2015）25頁。

が生じる。

（2）視覚障害児の学びの場

① 特別支援学校（盲学校）

　視覚障害者を主な対象とした特別支援学校は全国に67校（柿澤，2016）あり，その多くは幼稚部，小学部，中学部，高等部からなる。高等部には，通常の高等学校に準じた教育課程のほかに，あん摩マッサージ指圧，鍼（はり），灸（きゅう）などの職業課程を主とした専攻科もある。盲学校は，通常の幼稚園や学校に通う視覚障害児の支援や0歳からの早期教育相談など，地域の視覚障害教育のセンターとしての役割も担っている。

② 特別支援学級（弱視学級）

　近年，弱視学級には，弱視児だけでなく盲児の在籍も増えている。弱視学級では，教科の一部や自立活動の内容を個別に指導し，それ以外の時間は通常の学級の授業に参加するという方式が一般的である。

③ 通常の学級

　通常の学級に在籍する視覚障害児も増えている。通常の学級で視覚障害児を指導する場合には学級担任や教科担任の理解と配慮が不可欠であるが，専門的な技術を要する指導や支援に関しては，近隣の盲学校や弱視学級との連携も重要である。

第 4 章　障害種別による発達特性と関わりについて——視覚障害／聴覚障害・言語障害

なお通常の学級に在籍する視覚障害児の中には，数は少ないものの「通級による指導」の制度を利用している者もいる。

（3）盲児童生徒の指導
① バーバリズムと直接経験

　視覚障害児の言語能力は，晴眼の子どもと同等またはそれ以上に発達していると誤解されがちである。しかし実際には，単語の意味が制限されていたり誤っていたりする場合がたびたびある。これは，視覚情報が不足した中で，多くの言葉を，実体験と結びつけることなく機械的に覚えていくためである。このような，体験的な裏づけを伴わない言語をバーバリズムという。

　このバーバリズムを防ぐために必要となるのが，直接的な「経験」である。具体物に直接触れさせる，日常生活に必要な動作や技術を手とり足とり教えるなどの積み重ねによって，適切な概念やイメージの形成を促し，「地に足のついた言葉」を育てていく。実体験に裏打ちされた言語は，具体物のない何かをイメージしたり抽象的なことを思考したりするための大切な手段となりうるからである。

② 触察の指導

　盲児は，指・手・腕などの筋肉の動き，手首・肘・肩などの関節の動きといった「触運動」によって得られる総合的な感覚を手がかりとして，形，質感，大きさ，曲線や直線などの様々な情報を得ている。

　ただし，触覚は決して万能ではない。視覚は同時に非常に多くの情報を取り込むことのできる感覚であるのに対して，触覚は，指先に触れたわずかな情報を次々に取り入れ，それを頭の中でつなぎ合わせて情報の全体像を理解しなければならない。そのため指導場面では，じっくり触る時間を十分に確保すること，効率的に触れるような環境整備をすること，「記憶」や「整理整頓」を習慣づけることなどが求められる。

　ところで，触覚を通して外界の情報を理解するためには，手指を能動的・探索的に動かして，正確な情報を効率的に受け取る必要がある。そのような能力，すなわち触察の力は，学習や遊びの様々な場面で系統的に育てていく。上手な

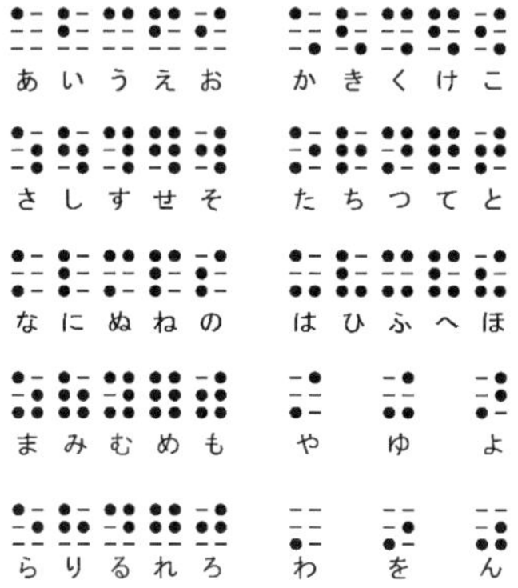

図4-2 点字五十音表

触察のポイントとしては，両手で触る，すみずみまでまんべんなく触る，基準点を設けて触る，触圧をコントロールして触る，繰り返し触りながら全体像を構築する，温度や重さを意識して触る，触って感じたことを言葉で表現するなどがある。

③ 点　字

点字は，6つの点の組み合わせからなる表音文字である（図4-2）。パリ盲学校の生徒ルイ・ブライユにより，1825年に考案された。1890（明治23）年，東京盲啞学校の教師であった石川倉次が，これを日本語点字に翻案した。

点字は，日本語や英数字のほか，化学式や楽譜などの様々な文字や記号を表現できる優れた文字体系であり，学習に必要な思考の助けとなる大切な道具である。小学校1年生頃から，系統的に読み書きを指導していく。

（4）弱視児童生徒の指導

① 弱視児にとって見えにくいもの

弱視児の見え方は人それぞれであるが，以下に示す特徴を理解しておくと，教材の提示や環境整備の際の助けとなる。

- 細かい部分が見えない：画数の多い漢字を似ている字と間違える。
- 大きな物の全体把握が困難：目の前にあるビルの形がわからない。
- 全体と部分の同時把握が困難：地図帳の中に書かれた文字と地図全体の形を同時に見られない。
- 境界がはっきりしない：段差に気づかない，原稿用紙の罫線が見えない。
- 立体感に欠ける：奥行きがわからない。
- 動いている物が見えない：飛んでいるボールの動きが追えない。
- 遠くにある物が見えない：景色や看板の文字が見えない。

第4章　障害種別による発達特性と関わりについて──視覚障害／聴覚障害・言語障害

近用レンズを持ち，傾斜机を使って
資料を読んでいる

遠用レンズを使って遠くを見ている

図4-3　弱視レンズの使用例

出典：青柳・鳥山編著（2015）53頁。

- 知覚の速度が遅い：知っている人の顔でも，ぱっと見て誰か判別できない。
- 目と手の協応動作が難しい：紙をはさみで線に沿って切るのが苦手である。

② 視覚補助具

弱視レンズは最も手頃で役に立つ道具である（図4-3）。手元のものを見る近用レンズ（ルーペ）と，黒板など遠くの物を見る遠用レンズ（単眼鏡）がある。

拡大読書器は，文字や図などをカメラで捉え，モニターに拡大表示する装置である。拡大率，照度，コントラストなどを変更でき，白黒反転など色を調整する機能もある。

③ 学習環境の整備

弱視児が保有する視覚を十分に活用できるようにするためには，まず照明環境の整備が大切である。明るい照明が必要な弱視児に対しては，窓側の席に座らせたり，机上に個別の照明器具や書見台を設置したりする。逆に明るい場所が苦手な弱視児に対しては，壁や机を反射の少ない塗料で塗装したり，遮光カーテンを利用するなどの工夫が有効である。遮光眼鏡を着用してまぶしさを軽減する方法もある。

このほか，拡大教材の利用，見やすく使いやすい学用品の選定，色使いやコントラストを工夫したシンプルな教材の提供，視覚以外の感覚（触覚など）の補助的な活用，目の疲労への配慮等が必要である。

(5) 教科の指導
① 準ずる教育

視覚障害児童生徒に対する教科の指導で最も大切な考え方は，通常学校に「準ずる教育」を行うということである。

「準ずる」とは「基本的に同じ」という意味である。すなわち教員には，通常の学校で教える教科の内容を，視覚に依存することなく理解させる力量が求められる。新特別支援学校学習指導要領には，各教科の指導における視覚障害児童生徒への配慮事項が以下のように示されている。

> (1) 児童が聴覚，触覚及び保有する視覚などを十分に活用して，具体的な事物・事象や動作と言葉とを結び付けて，的確な概念の形成を図り，言葉を正しく理解し活用できるようにすること。
> (2) 児童の視覚障害の状態等に応じて，点字又は普通の文字の読み書きを系統的に指導し，習熟させること。なお，点字を常用して学習する児童に対しても，漢字・漢語の理解を促すため，児童の発達の段階等に応じて適切な指導が行われるようにすること。
> (3) 児童の視覚障害の状態等に応じて，指導内容を適切に精選し，基礎的・基本的な事項から着実に習得できるよう指導すること。
> (4) 視覚補助具やコンピュータ等の情報機器，触覚教材，拡大教材及び音声教材等各種教材の効果的な活用を通して，児童が容易に情報を収集・整理し，主体的な学習ができるようにするなど，児童の視覚障害の状態等を考慮した指導方法を工夫すること。
> (5) 児童が場の状況や活動の過程等を的確に把握できるよう配慮することで，空間や時間の概念を養い，見通しをもって意欲的な学習活動を展開できるようにすること。
>
> (「特別支援学校小学部・中学部学習指導要領」第2章第1節第1款1)

② 指導法の例
○算　数

点字では筆算ができないため，盲児は計算にそろばんを用いる。しかし，通常のそろばんでは珠が簡単に動いてしまい，また，珠が動く幅も小さく指で読

第4章　障害種別による発達特性と関わりについて——視覚障害／聴覚障害・言語障害

図4-4　視覚障害者用そろばん
出典：青柳・鳥山編著（2015）124頁。

魚を自分と同じ向きにして観察し，泳ぐ姿を確認している

エラの仕組みを指で確認している

図4-5　アジの触察
出典：青柳・鳥山編著（2015）37頁を一部改変。

み取るのが難しいため，視覚障害者用のそろばんを使って計算する（図4-4）。
○理　科
　盲学校では，実験や観察を多く取り入れた理科の授業が行われている。図4-5は，触察に適したアジを使って，魚の基本形を学習している様子である。
○弱視児の漢字指導
　漢字の学習につまずいている弱視児は多い。これを克服するための指導のポイントとして，以下のことが指摘されている。
- 筆順の指導：本人の近くで書字動作の手本を示す，本人の手をとって一緒に書いてみるなどして，自己流の誤った筆順の定着を避ける。
- 漢字の部首に注目した指導：漢字の部首（部品）を強調し，その組み合わせとして漢字を理解させる。
- 文字の見えにくさへの配慮：新出漢字は，はっきり，大きく示し，正確な

字形を理解させる。自書した文字もきちんと確認できるように，見やすいノートや筆記用具を工夫する。
- 丁寧に書かせる指導：文字の構造を理解した上で，心を込めて間違いなく，少ない回数だけ書かせる。

（6）自立活動の指導
① 視覚障害児に対する自立活動の指導内容

盲学校の自立活動では，手指の使い方や探索の力を育てる指導，歩行指導，点字の初期指導，日常生活動作（ADL）の指導，弱視児の効率よく見る力を育てる指導，コンピュータの指導などが行われている。

② 指導法の例

○歩行指導

視覚障害児に対する歩行指導の目的は，「一人で，安全に，能率よく目的地に行って，そこに行った目的を達成するための能力を養うこと」（東京都盲学校自立活動教育研究会編，2006）である。ここでいう「目的地」とは，自分の教室からトイレや保健室へ行くこと，近くのコンビニへ買い物に行くこと，電車やバスに乗って家に帰ることなど，その子どもの発達段階や歩行技術によって様々である。

目が見える人は，目の前に広がる景色を見て自分が進んでいく方向を無意識に確認することができるが，盲児の場合は，周囲の地図イメージを頭の中にしっかりと思い浮かべてから一歩を踏み出す必要がある。そのため歩行指導では，自分と周囲の環境との関係性を理解する力と，様々な手がかりを活用しながら白杖を使って安全に目的地へ移動する力の両方を育てている。

○コンピュータの指導

盲の人は，スクリーンリーダーと呼ばれる画面音声化ソフトを頼りに文字の入力や確認を行う。マウスを使うことはできず，通常のキーボードのみを使用する。一方，弱視の人はOS標準の拡大機能や専用の画面表示拡大ソフトを使っている。自立活動では，より効率的にパソコンを操作して情報を処理する

スキルを身に付けるための指導が行われている。

2　聴覚障害・言語障害

(1) 聴覚障害とは

　音刺激に対する聴覚処理の流れを耳の解剖構造図（図4-6）をもとに概観する。顔側面の突起物は耳介（じかい）と呼ばれ、外耳道とともに外耳を構成する。耳介に到達した音波は外耳道を経て鼓膜を振動させ、3つの耳小骨（つち、きぬた、あぶみ骨）を経由し蝸牛（かぎゅう）に伝えられる。鼓膜と耳小骨を含む中耳は、音波

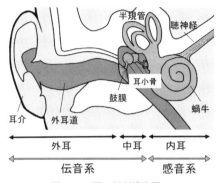

図4-6　耳の解剖構造図

の空気振動を内耳の蝸牛内のリンパ液へと効率よく伝える機能をもち、外耳と合わせて伝音系と呼ばれる。内耳に音波が伝わると蝸牛内の基底板（膜）が振動し、有毛細胞に電位変化が生じ聴神経から中枢へと神経インパルスが流れる。このように、音波振動を電気信号に変換して中枢へ伝達する内耳は感音系と表現される。その後、神経インパルスは、聴覚神経伝導路を経て大脳皮質へと至り、音の知覚や音声認識が生じる。

　聴覚障害は、音や音声の聞こえが悪くなる、あるいは聞きわけができない等の症状を呈し、聴覚処理経路の障害位置により、伝音難聴、感音難聴、混合難聴に分類される。伝音難聴とは、外耳から中耳の障害により音の機械的な伝達が阻害される難聴である。原因として、外耳道の閉鎖や中耳炎、耳小骨連鎖離断等があげられるが、原因の治癒や手術、あるいは補聴器の装用により聞こえが改善されることも多く難聴に関する予後は比較的良好である。感音難聴とは、内耳以降の経路の障害で生じ、単に聞こえが悪いだけでなく、快適に聞き取れる範囲が狭まる、また、音声や音の弁別が困難になることもあり、補聴器によ

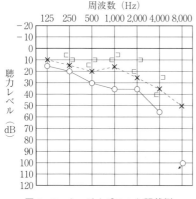

図4-7 オージオグラムと記載例

横軸は検査で聴取する音の周波数（高さ、単位：Hz ヘルツ）、縦軸は各周波数音の聴力レベル（聴取可能閾値、単位：dB デシベル）を表し、測定された聴力レベルがオージオグラムの下方にいくほど聞こえが悪い（大きい音でないと聞き取れない）ことを示す。左右耳ごとに気導・骨導聴力閾値が測定され、右耳の気導聴力は○印（実線）、左耳の気導聴力は×印（破線）で記載され、骨導聴力はかぎ括弧（⊏：右耳、⊐：左耳）で記載されるが線では結ばない。オージオメータの最大出力でも音が検知されない場合、矢印で結果を記すことでスケールアウトを表す。

出典：日本聴覚医学会編（1999）；宮崎・山本編（2011）。

る効果が比較的少ない。感音難聴の原因には、内耳奇形や騒音暴露、薬物やウィルス感染等があるが、感音難聴は神経に障害を負うため、原因が除去されても人工内耳等の処置を除いて聞こえが改善されず、聴覚障害児教育の対象となることも多い（東京学芸大学特別支援科学講座編，2007；宮崎・山本編，2011）。伝音系と感音系の両方が障害された場合に混合難聴となる。

聴覚障害は医療機関における診察および聴力検査の結果をもとに診断される。聴力検査には数種類あるが、学校教育法や身体障害者福祉法で用いられる平均聴力レベル（4分法）はオージオメータを用いた標準純音聴力検査をもとに算出される。図4-7に純音聴力検査の結果を記載するオージオグラムと検査結果例を示す。各周波数と聴力レベルとの関係や気導聴力と骨導聴力の差分結果は、聴覚障害型（水平型、高音急墜落型等）の診断や伝音難聴と感音難聴の鑑別に寄与する。上述の平均聴力レベルは、会話音聴取に重要な500，1000，2000 Hz（ヘルツ）の測定閾値（それぞれ、a，b，c とする）を、$(a+2b+c)/4$ の式で算出する（宮崎・山本編，2011）。

dB（デシベル）による聴力レベルと音の大きさの関係を例示すると、ささやき声が約20 dB、普通の会話が約60 dB、電車のガード下や叫び声が約90～100 dB に相当する。聴覚障害の障害程度等級表では、高度難聴（6級）で両耳の聴力レベルが70 dB 以上、重度難聴（ろう：3級以上）で90 dB 以上と

の規定がある。また，学校教育法施行令第22条の3で示される特別支援学校（聴覚障害）の対象となる障害の程度は「両耳の聴力レベルがおおむね60デシベル以上のもののうち，補聴器等の使用によつても通常の話声を解することが不可能又は著しく困難な程度のもの」とされている。

（2）聴覚障害児の学びの場

　聴覚障害児教育の公的な取組みの開始は，1760年頃のド・レペによる学校設立と手話法による教育とされる。日本では古河太四郎による京都盲啞院の設立（1878（明治11）年）が組織的聴覚障害児教育の開始とされ，初期には手話表現が用いられたが，世界的な広がりをみせつつあった口話法による教育が後に進んでいった。しかし，2010年の第21回聴覚障害教育国際会議にて「すべての言語とあらゆるコミュニケーション形式を教育プログラムが受け入れ，尊重すること……」（宮崎・山本編，2011，59〜64頁）が要求され，個人に適したコミュニケーション法や教育法が教育現場で用いられつつある。日本でも私立明晴学園にて日本手話を第一言語とした教育が展開されており，その取組みが期待・注目されている。

　特別支援学校（聴覚障害）は全国に約100校あり，原則小学部と中学部が置かれ幼稚部・高等部を設置している学校もある。また，聴覚障害が比較的軽度で「補聴器等の使用によっても通常の話声を解することが困難な程度のもの」を対象とした難聴特別支援学級や，「補聴器等の使用によっても通常の話声を解することが困難な程度の者で，通常の学級での学習におおむね参加でき，一部特別な指導を必要とするもの」（文部科学省，2013）には通級による指導（難聴）が設定されている。なお，障害の程度が軽い場合には，通常の学級に在籍する場合もある。就学前の教育機関として特別支援学校（聴覚障害）に幼稚部があり言葉や他者との関わり方が指導されている。また，0〜2歳を対象とした乳幼児教育相談も実施されており，早期支援のための環境が整備されている（吉田・鳥居編，2011）。

（3）聴覚障害の特性および指導・教育的関わり

　聴覚障害教育では言語およびコミュニケーションの特性を踏まえた教育的関わりが重要である。言語面の特性として，語彙的知識の不足，文・文章の意味理解の困難，あいまいな表現・抽象的な表現の誤解釈等があげられる。また，助詞や副詞の習得が遅れ，とくに文章作成に困難を示すことも多い。"9歳の壁"とは抽象的な内容の増加により学習がつまずくことを指すが，もともと聴覚障害児教育において指摘された問題であり，言語概念の形成や操作による抽象的事象の理解が聴覚障害児教育においても学習のポイントとなる。また，聴覚障害に起因する発話の不明瞭さや意思疎通の困難性から集団参加経験が乏しくなる場合があり，適切な対人コミュニケーションを習得する機会が少なく，相手に不適切な言動や態度をとる，独自のこだわりを相手に押し付ける，といった行動特性が中学生以降でも継続することがある（宮崎・山本編，2011）。この指導において，聴覚以外の感覚も活用したコミュニケーションスキルの向上を促す関わりが大切となる。

　特別支援学校（聴覚障害）における教育課程は小中学校，高等学校に準じた教育課程を中心に，障害の特性に配慮した指導が実施される。なお，聴覚障害に関する新特別支援学校小学部・中学部学習指導要領による配慮事項として下記があげられており，各教科の指導において留意する事項となる。

- 体験的な活動を通して，学習の基盤となる語句などについて的確な言語概念の形成を図り，児童の発達に応じた思考力の育成に努めること。
- 児童の言語発達の程度に応じて，主体的に読書に親しんだり，書いて表現したりする態度を養うよう工夫すること。
- 児童の聴覚障害の状態等に応じて，音声，文字，手話，指文字等を適切に活用して，発表や児童同士の話し合いなどの学習活動を積極的に取り入れ，的確な意思の相互伝達が行われるよう指導方法を工夫すること。
- 児童の聴覚障害の状態等に応じて，補聴器や人工内耳等の利用により，児童の保有する聴覚を最大限に活用し，効果的な学習活動が展開できるようにすること。

- 児童の言語概念や読み書きの力などに応じて，指導内容を適切に精選し，基礎的・基本的な事項に重点を置くなど指導を工夫すること。
- 視覚的に情報を獲得しやすい教材・教具やその活用方法等を工夫するとともに，コンピュータ等の情報機器などを有効に活用し，指導の効果を高めるようにすること。

　最近では，補聴器の技術的進歩また人工内耳の普及により，聴者と円滑に音声コミュニケーションをとれる児童生徒も存在する一方，両親とも聾者（ろうしゃ）の場合には日本手話を獲得している場合もある。したがって，児童生徒間の言語能力・コミュニケーション能力およびその手段に差が大きい際には，個々人の特性を把握したきめ細やかな指導が必要となる。なお，外国語活動では，アメリカ手話の活用等（宮崎・山本編，2011），ユニークな取組みがなされる場合もある。

　特別支援教育では，自立活動が設定されており，聴覚障害教育では「聴覚活用」「発音指導」「言語指導」「コミュニケーションに関する指導」等の内容が中心であるが，最近は「障害認識」に関する指導もなされている（独立行政法人国立特別支援教育総合研究所，2017）。日本では聾者のコミュニティに入ることも可能であるが，大多数が聴者である社会で生活することが必要になる。そこで必要な言語能力を身に付けるだけでなく，聴覚障害によって生じうる問題や克服すべき課題に対処するためにも，自分の障害に向き合い肯定的に受容することが必要である。

（4）言語障害とは

　「言語障害とは発音が不明瞭であったり，話し言葉のリズムがスムーズでなかったりするため，話し言葉によるコミュニケーションが円滑に進まない状況であること，またそのため本人が引け目を感じるなど社会生活上不都合な状態である」（文部科学省，2013）とされる。ただし言語障害の症状や原因は多岐にわたり，言語障害種別にその特性を捉え支援する必要がある。言語障害特別支援学級，あるいは通級による指導にて教育の対象とされる障害として，「口蓋裂，構音器官のまひ等器質的又は機能的な構音障害のある者，吃音（きつおん）等話し言葉

におけるリズムの障害のある者，話す，聞く等言語機能の基礎的事項に発達の遅れがある者，その他これに準じる者（これらの障害が主として他の障害に起因するものでない者に限る。）……」（文部科学省，2013）と規定されている。本項では，口蓋裂を含む器質的・機能的構音障害，吃音，言語発達遅滞の3つを主に扱う。下記にこれらの症状と特性を示す（加藤ほか編，2012；宮崎・山本編，2011）。

- 構音障害とは，発音の誤りや不明瞭性が一過性でなく，習慣的に生じる障害のことで，たとえば，「さかな」が「たかな」あるいは「しゃかな」と発音される。構音障害は，口唇，舌，歯等の構音器官の構造や機能に異常があって生じる器質的構音障害と器質的な異常がみられない機能的構音障害に分類される。器質的構音障害を引き起こす口蓋裂は，口腔と鼻腔を分離している口腔上壁である口蓋に裂傷がある症状で，口腔内の空気が鼻に漏れるため共鳴障害が生じたり，適切な構音運動をなし得ず構音に異常が出現したりする。機能的言語障害は発達の途上で出現する構音障害であり，誤った音の学習が固着化したものと考えられており，明確な原因は不明だが，発話のための構音器官の運動能力，語音弁別能力等が関与しているとされる。小児の構音検査評価法として「新版構音検査」があり，会話の観察や単語検査等の項目がある。

- 吃音は，神経学的疾患に伴う獲得性吃音と，主に幼児期に発症し原因がはっきりしない発達性吃音に分類される。吃音の言語症状には，とくに発話開始における音や音節の繰り返し（連発性，例：「ぼ，ぼ，ぼ，ぼくは…」）や引き伸ばし（伸発性，例：「ぼーくは…」），声が詰まるブロック症状（難発性，例：「(…空白)っ，ぼくは…」）がある。発達性吃音の好発出現時期は2〜5歳であり男児に多く出現する。吃音が発症しても，永久的に症状が続くとは限らず，治療を受けずに自然治癒したり，症状が軽減したりすることもある。吃音の評価・検査には，「吃音検査法」や「吃音重症度評定尺度」が用いられる。

- 言語発達遅滞は読む，話す等の言語機能の基礎的事項の発達の遅れを指す。評価法として語彙の検査や発達検査，知能検査が用いられることがある。

（5）言語障害児の学びの場

　言語障害教育の開始は，明治期の伊沢修二による「楽石社」における吃音指導とされる（独立行政法人国立特別支援教育総合研究所，2017）。1955（昭和30）年前後に「ことばの教室」や言語障害特殊学級の開設が進み，各教科の指導は通常の学級で受け，障害の改善に関わる指導を言語障害特殊学級で行う，いわゆる「通級方式」「通級性」と呼ばれる指導形態が発展した。文部科学省教育支援資料では，言語障害を対象とした教育・指導の場として，言語障害特別支援学級と通級による指導（言語障害）が設定されている。対象となる障害の程度として，言語障害特別支援学級では，前述の言語障害の「程度が著しいもの」とあり，通級による指導（言語障害）では，「通常の学級での学習におおむね参加でき，一部特別な指導を必要とする程度のもの」とされている。また，言語障害の程度が軽い場合には，通常の学級で留意して指導することもある（文部科学省，2013）。

（6）言語障害の特性および指導・教育的関わり

　いずれの言語障害にも概ね当てはまる特性として，対人コミュニケーションに問題が生じることがあげられる。たとえば，言語を上手く活用できないために，自分の意思・意図を適切に相手に伝えることができずに発話意欲が低下することがある（東京学芸大学特別支援科学講座編，2007）。それに伴い，集団内で孤立し，対人関係の構築が遅れる場合があり，指導において注意を要する問題となる。また，周囲との円滑なコミュニケーションを図れるよう心理的な面の改善も視野に入れた指導も展開される。

　各教科の指導では教材や題材内容の理解を深めるために別途写真や絵・図を用意したり，具体的に表せる事項は物体を用いたり動作で示す等，具体的な例示が有効である。その際，パソコンやタブレットの情報機器を使用することで，繰り返しの使用や記録も簡単となり指導の効率化も進む（独立行政法人国立特別支援教育総合研究所，2017）。

　自立活動においては言語指導が中心となるが，コミュニケーションの改善，

心理的側面，障害認識に関する指導も実施されることとなる（独立行政法人国立特別支援教育総合研究所，2017）。構音障害に対しては，音の聴覚認知機能に関する指導や実際に正しい発音を実施するための指導が実施されている。吃音の指導においては，流暢な発話を促進させるため，たとえば，集団で一斉に音読する斉唱法，あるいはメトロノーム等に合わせた音読が効果的である。また，症状が重く一人での音読が困難である場合，通常学級では一人での音読を避ける，あるいは他者と同時に読む等の対応をすることで，心理的に落ち着き通常学級での学習参加がより可能となる。また，吃音のセルフヘルプグループ（言友会）への参加を促し，吃音をもつ同世代の子どもや先輩との交流を通して悩みを共有し経験談を聞くことで，吃音と向き合う機会の増加が期待される。言語発達遅滞では，ほかの障害を伴っている場合に，その障害に対する支援や指導を考慮しながら，言語指導にあたることとなる。言語障害特別支援学級では言語障害の「程度が著しいもの」が対象となるため，時間をかけた丁寧な指導がさらに必要となる場合がある。

引用文献
青柳まゆみ・鳥山由子編著（2015）『視覚障害教育入門［改訂版］』ジアース教育新社。
柿澤敏文（2016）『全国視覚特別支援学校及び小・中学校弱視学級児童生徒の視覚障害原因等に関する調査研究 2015年度調査報告書』筑波大学人間系障害科学域。
加藤正子・竹下圭子・大伴潔編（2012）『構音障害のある子どもの理解と支援』学苑社。
東京学芸大学特別支援科学講座編（2007）『インクルージョン時代の障害理解と生涯発達支援』日本文化科学社。
東京都盲学校自立活動教育研究会編（2006）『私たちの考える歩行指導 Q&A』読書工房。
独立行政法人国立特別支援教育総合研究所（2015）『特別支援教育の基礎・基本［新訂版］』ジアース教育新社。
日本聴覚医学会編（1999）『聴覚検査の実際』南山堂。
宮崎英憲・山本昌邦編（2011）『特別支援教育総論』放送大学教育振興会。
文部科学省（2013）「教育支援資料」。
文部科学省（2017）「特別支援学校小学部・中学部学習指導要領」。
吉田昌義・鳥居深雪編（2011）『特別支援教育基礎論』放送大学教育振興会。

第 4 章　障害種別による発達特性と関わりについて——視覚障害／聴覚障害・言語障害

> **学習の課題**
> (1)　小学校の通常の学級に，弱視の児童が在籍しているとする。その弱視児の実態把握の観点，担任として実行可能な環境の整備や教材・教具の工夫等について，具体例をあげながら説明してみよう。
> (2)　聴覚障害・言語障害の児童が通常学級に参加した際，具体的にどのような配慮をすべきか，教室環境，教科ごとの学習，特別学習ごとに考えてみよう。

【さらに学びたい人のための図書】

青柳まゆみ・鳥山由子編著（2015）『視覚障害教育入門［改訂版］』ジアース教育新社。
　⇨視覚障害の特性に配慮した指導・支援について，その意義と具体的な方法をわかりやすく解説している。

ボーデン，C. J., ハリス，K. S. 著，廣瀬肇訳（1984）『ことばの科学入門』MRC メディカルリサーチセンター。
　⇨言葉の生成・知覚に関する基礎事項が網羅されている。

加藤正子・竹下圭子・大伴潔編（2012）『構音障害のある子どもの理解と支援』学苑社。
　⇨構音障害の症例・評価法・指導法が詳しく説明され，実際の現場で役立つ内容が豊富に掲載されている。

（青柳まゆみ，佐藤　裕）

第5章 障害種別による発達特性と関わりについて
――知的障害

この章で学ぶこと

> この章では，知的障害について多面的に学習する。知的障害は様々な原因によって引き起こされ，また，他のいくつかの障害をあわせもつ場合も多いゆえに，「知的障害とは何か」を定義づけることは非常に難しい。最近ではアートや演劇の世界などで目覚しい活躍をみせる知的障害者がたびたびメディアに取り上げられているが，そうした当事者はほんの一部であり，その他の多くの知的障害児者は，私たちにとって「見えない」存在になっている。この章で知的障害の定義や発達特性，関わりのあり方等について学習することで，彼らにとって当たり前の暮らしが保障される社会のあり方についても検討してほしい。

1　知的障害とは

（1）知的障害の定義と評価

　知的障害とは何か。この問いに端的に回答することは非常に困難である。そもそも知的障害とは法令上の用語であり，医学的には精神（発達）遅滞という。日本では知的障害を明確に定義したものはないが，たとえばアメリカ精神遅滞学会（American Association on Mental Retardation：AAMR，後に American Association on Intellectual and Developmental Disabilities：AAIDD に名称変更）では，2002年に知的障害を以下のように定義づけている。

> 「知的障害とは，知的機能（推論，学習，問題解決能力など）および概念的，社会的，実用的スキルによって表される適応行動の著しい制約のある状態をさす。なお，この障害は18歳までに発現することとする。」

（AAIDD のホームページより筆者訳出）

また、アメリカ精神医学会が発行している精神疾患・精神障害のマニュアル（DSM-5）では、以下のように定義されている。

> 「知的能力障害（知的発達症）は、発達期に発症し、概念的、社会的、および実用的な領域における知的機能と適応機能両面の欠陥を含む障害である。以下の3つの基準を満たさなければならない。
>
> A　臨床的評価および個別化、標準化された知能検査によって確かめられる論理的思考、問題解決、計画、抽象的思考、判断、学校での学習、および経験からの学習など、知的機能の欠陥。
>
> B　個人の自立や社会的責任において発達的および社会文化的な水準を満たすことができなくなるという適応機能の欠陥。継続的な支援がなければ、適応上の欠陥は、家庭、学校、職場、および地域社会といった多岐にわたる環境において、コミュニケーション、社会参加、および自立した生活といった複数の日常生活活動における機能を限定する。
>
> C　知的および適応の欠陥は、発達期の間に発症する。」

（『DSM-5　精神疾患の分類と診断の手引き』より）

さらに、WHO（世界保健機関）が作成しているICD-10（国際疾病分類）においては、知的障害は「精神および行動の障害」として分類されており、知的機能の制約が学習面のみならず精神面や行動面など様々な困難を引き起こすと考えられるため、「知的障害とはこのような障害です」と断定することが非常に困難なのである。

日本においては、これらの定義を踏まえ、たとえば文部科学省では、「知的障害とは、記憶、推理、判断などの知的機能の発達に有意な遅れがみられ、社会生活などへの適応が難しい状態をいいます」（文部科学省ホームページ「特別支援教育について」）と定義しており、厚生労働省では「知的障害児（者）基礎調査」の中で「知的機能の障害が発達期（おおむね18歳まで）にあらわれ、日常生活に支障が生じているため、何らかの特別の援助を必要とする状態にあるもの」と定義している。また、この調査の中では障害の程度についても言及されている（図5-1参照）。

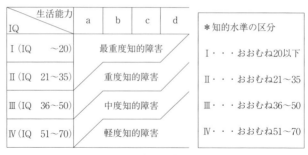

図 5-1　知的障害の程度
出典：厚生労働省「知的障害児（者）基礎調査」。

　ここにある IQ とは，精神年齢（MA）／生活年齢（CA）×100で求められるものであり，平均を100としている。このように，知的能力や知的発達の度合いを客観的に測定する方法として，知能検査がある。認知能力をはじめとして年齢尺度を用いて全体的な IQ を測定するビネー式知能検査（鈴木ビネー，田中ビネー）や，言語理解，知覚推理，ワーキングメモリ，処理速度などの知能構造に着目し，言語性 IQ と動作性 IQ の測定により個人内差を診断するウェクスラー式検査（WPPSI：幼児用，WISC：児童用，WAIS：成人用），認知尺度と習得尺度を分けて情報処理能力を測定するカウフマン式検査（K-ABC，KABC-Ⅱ）などがある。また最近では乳児期の子どもを対象とした新版K式発達検査などの発達指数を測るものもある。ウェクスラー式検査は原則的に IQ 40 以下を測定不可としているため，いわゆる重度の知的障害のある児童生徒には適用できないと考えられており，そうした場合，描画により知能の水準を推測する「グッドイナフ人物画知能検査（DAM）」等の検査法を用いることもある。

　知的障害のある児童生徒は，言葉の理解は年齢相応であっても発語が極端に少なかったり，日常生活の様々な事柄について一定程度理解できているが数の理解が著しく困難であったり，運動面の不器用さが目立つなど，非常に個別性が高い。教育計画の設定にあたっては，これら知能検査や発達検査などの検査に加え，面接による直接的な実態把握や観察，生育歴の確認など，総合的なアセスメントが必要である。

(2) 知的障害の原因，種類や合併症など

　知的障害の原因としては，内因性と外因性とに大別することができる。内因性とはいわゆる遺伝性の原因を有することを意味し，外因性とは感染症や薬物などによる中毒，栄養障害や代謝異常，その他物理的な影響などによる環境性または獲得性の原因によるものである。また，病理の有無という観点から，生理型と病理型という分類の仕方もできる。生理型とは病理的な根拠をもたない遺伝性の知的障害群（知的障害を規定するような遺伝子多型の組み合わせを有する）を示し，障害の程度は比較的軽度といわれ，人数としてもこちらのほうが多い。病理型とは文字どおり病理的要因を有した知的障害であり，こちらについては出生より前に発現する先天性と，病因が出生前にあっても障害の発現が出生後に起こるような後天性の病理がある。以下，代表的な病理型知的障害について紹介する。

① 常染色体異常による知的障害
- ダウン症候群…21番染色体が3染色体（21トリソミー）。心疾患を合併することが多く，筋緊張の低下，眼障害や難聴などを伴うことが多い。知的障害の度合いは重度から軽度まである。
- エドワーズ症候群…18番染色体が3染色体（18トリソミー）。知的障害のほか，小頭症や心疾患，耳介低位や特徴的な顔貌を有する。
- アンジェルマン症候群…15番染色体の欠損による。重度の知的障害，てんかん，言語障害，失調性運動障害などを伴う。行動異常としての笑い（笑いが容易に引き起こされる）がある。
- プラダーウィリー症候群…15番染色体の異常。知的障害のほか，筋緊張の低下や肥満を有することが多い。
- ウィリアムズ症候群…7番染色体の欠損による。心臓疾患，聴覚過敏，視空間認知の障害などがある。
- 猫なき症候群…5番染色体の欠陥による。小頭症，筋緊張の低下などがある。てんかんや心疾患の合併もみられる。

② 性染色体異常による知的障害
- ターナー症候群…女性のみに発現。X染色体の全体または部分的欠損によって引き起こされる症候群。知的障害のほか，低身長，肥満や心疾患，腎機能や甲状腺の疾病を合併しやすい。
- クラインフェルター症候群…男性のみに発現。男性の性染色体にX染色体が1つ以上多いことで生じる症候群。四肢細長，二次性徴不全のほか，悪性腫瘍，骨粗しょう症などを合併することもある。
- 超女性症候群…トリプルX症候群ともいう。女性がX染色体を1つ多くもって生まれる。知的障害の度合いは比較的軽度のものが多く，言語障害や運動機能の遅滞などがある。
- XYY症候群…男性のみに起こるもので，YY症候群，超男性症候群などとも呼ばれる。Y染色体を1つ多くもって生まれ，知的障害の度合いは比較的軽度であるといわれる。高身長，言語障害を伴う場合がある。
- 脆弱X症候群…X染色体の異常によるもので，女性より男性のほうが数が多く，また知的障害も男性の場合のほうが重度となりやすい。長い顔，大きな耳などの身体的特徴をもつ。

③ 代謝異常による知的障害
- フェニルケトン尿症…必須アミノ酸であるフェニルアラニンをチロシンに代謝する酵素の欠乏によって引き起こされる。常染色体性劣性遺伝形式を示す遺伝性疾患でもある。食事療法を必要とすることが多い。
- レッシュ・ナイハン症候群…尿酸の代謝酵素の不全によって引き起こされる。知的障害のほかアテトーゼ，筋硬直，自傷行為などがある。原因となる遺伝子がX染色体の上にあることが確認されており，圧倒的に男性が多い。

④ その他，知的障害に関連する障害や疾病など
- 小頭症…子宮内感染症や中毒，遺伝的異常やその他の環境因子などにより頭部が著しく小さく生まれる。知的障害の程度は様々で，難聴や視覚障害を伴うこともある。

- 結節性硬化症…常染色体優性（顕性）遺伝による。知的障害のほかにてんかん，顔面の血管線維腫などが多くみられる。出生後，成長に伴っていろいろな障害や病気を発現する。
- クレチン病…先天性の甲状腺機能低下（ホルモン代謝異常）であるが，成長に伴い，低身長，難聴などの障害がみられるようになる。
- 水頭症…髄液の生産過剰，髄液の吸収障害，髄液循環路の閉鎖などにより脳質が通常より拡大し，脳を圧迫する。症状は原因（先天異常，染色体異常，感染症など）や罹患の時期によって様々である。
- 二分脊椎…脊椎骨の形成不全による神経管閉鎖障害。水頭症を合併することで，非言語性学習障害や知的障害を伴う。二分脊椎については第8章も参照のこと。
- てんかん…種々の成因によってもたらされる慢性の脳疾患であって，大脳ニューロンの過剰な発射に由来する反復性の発作がある。脳の障害や機能不全等による症候性てんかんと，原因不明の突発性てんかんがあり，後者の場合は知的障害が認められないことが多い。

このように，知的障害の原因は様々であり，その障害の程度や特性もまた多様であるが，加えて，知的障害のある児童生徒の中には，自閉症をあわせもつ場合があることにも注意を払っておく必要がある。詳細については第6章を参照されたいが，自閉スペクトラム症といわれる人の約5割がいわゆるカナー型という知的障害を伴うケースとなっている。

2　知的障害のある児童生徒の教育について

（1）知的障害の教育課程

　特別支援学校の学習指導要領について，知的障害のある児童生徒の教育課程は通常の小中学校のそれに準ずるとしながらも，学校教育法施行規則第130条第2項に「特別支援学校の小学部，中学部又は高等部においては，知的障害者である児童若しくは生徒又は複数の種類の障害を併せ有する児童若しくは生徒

を教育する場合において特に必要があるときは，各教科，特別の教科である道徳，外国語活動，特別活動及び自立活動の全部又は一部について，合わせて授業を行うことができる」とある。
① 各教科等について

　知的障害教育の各教科については，小学部では「生活」「国語」「算数」「音楽」「図画工作」「体育」の6教科で構成されており（学校教育法施行規則第126条第2項），中学部では，必修科目として「国語」「社会」「数学」「理科」「音楽」「美術」「保健体育」「職業・家庭」の8教科（状況に応じて「外国語科」を設定することも可能）となっている（同第127条第2項）。高等部では，共通教科として「国語」「社会」「数学」「理科」「音楽」「美術」「保健体育」「職業」「家庭」（および必要に応じて「外国語」「情報」），専門教科として「家政」「農業」「工業」「流通・サービス」「福祉」が設けられている（同第128条第2項）。

　また，新特別支援学校学習指導要領からは，知的障害の程度に応じて小学部で3段階，中学部で2段階に内容を分けている。たとえば，小学部の算数科「数と計算」の分野の具体的な目標の一部をみてみると，1段階で「ものの有無や3までの数的要素に気付き，身の回りのものの数に関心をもって関わることについての技能を身に付けるようにする」，2段階で「10までの数の概念や表し方について分かり，数についての感覚をもつとともに，ものと数との関係に関心をもって関わることについての技能を身に付けるようにする」，3段階で「100までの数の概念や表し方について理解し，数に対する感覚を豊かにするとともに，加法，減法の意味について理解し，これらの簡単な計算ができるようにすることについての技能を身に付けるようにする」となっている。また，中学部の国語科の目標では，1段階では「日常生活や社会生活に必要な国語の知識や技能を身に付けるとともに，我が国の言語文化に親しむことができるようにする」，2段階では「日常生活や社会生活，職業生活に必要な国語の知識や技能を身に付けるとともに，我が国の言語文化に親しむことができるようにする」などとなっている。

　これらに，「特別の教科である道徳」「特別活動」「自立活動」などの領域別

第5章 障害種別による発達特性と関わりについて──知的障害

表5-1 領域・教科をあわせた指導

日常生活の指導	児童生徒の日常生活が充実し，高まるように日常生活の諸活動を適切に指導する形態。この指導では，広範囲に各教科等の内容が扱われる。たとえば，衣服の着脱，洗面，手洗い，排泄，食事，清潔など基本的生活習慣の内容や，あいさつ，言葉遣い，礼儀作法，時間を守ること，きまりを守ることなどの日常生活や社会において必要で基本的な内容である。
遊びの指導	遊びを学習活動の中心に据えて取り組み，身体活動を活発にし，仲間との関わりを促し，意欲的な活動をはぐくみ，心身の発達を促していく指導の形態。この指導では，各教科等に関わる広範囲の内容が扱われる。児童が比較的自由に取り組むものから，題材や集団構成などに一定の条件を設定し活動する比較的制約性が高い遊びまで連続的に設定される。また，遊びの指導の成果が各教科別の指導等につながることもある。
生活単元学習	児童生徒が生活上の目標を達成したり，課題を解決したりするために，一連の活動を組織的に経験することによって，自立的な生活に必要な事柄を実際的・総合的に学習する指導の形態。この指導では，広範囲に各教科等の内容が扱われる。また，児童生徒の学習活動が，生活的な目標や課題に沿って組織される。指導にあたっては，必要な知識や技能の獲得とともに，生活上の望ましい習慣・態度の形成を図り，身に付けた内容が生かされるようにすることなど，考慮されている。
作業学習	作業活動を学習活動の中心にしながら，児童生徒の働く意欲を培い，将来の職業生活や社会自立に必要な事柄を総合的に学習する指導の形態。この指導は，単に職業・家庭科（高等部は職業科および家庭科）の内容だけではなく，各教科等の広範囲な内容が扱われる。作業学習で取り扱われる作業種目は，農耕，園芸，紙工，木工，縫製，織物，金工，窯業，セメント加工，印刷，調理，食品加工，クリーニング，販売，清掃，接客等と多種多様である。また，指導にあたっては，生徒にとって教育的価値の高い作業活動等を含み，それらの活動に取り組む喜びや完成の成就感が味わえることなど，考慮されている。

の指導が加わり，さらに中学部からは「総合的な学習の時間」も設けられている。
② 領域・教科をあわせた指導について
　領域・教科をあわせた指導とは，「日常生活の指導」「遊びの指導」「生活単元学習」「作業学習」を指し，これは特別支援学校の教育課程の大きな特色の一つである。それぞれの内容については表5-1に示すとおりである。
③ 自立活動について
　自立活動も，特別支援教育の教育課程の大きな特徴である。2009（平成21）年改訂の特別支援学校学習指導要領の解説の自立活動編第2章2の「(4) 知的

障害者である幼児児童生徒に対する教育を行う特別支援学校の自立活動」の中には、「知的障害者である幼児児童生徒に対する教育を行う特別支援学校に在学する幼児児童生徒には、全般的な知的発達の程度や適応行動の状態に比較して、言語、運動、情緒、行動等の特定の分野に、顕著な発達の遅れや特に配慮を必要とする様々な状態が知的障害に随伴して見られる。そのような障害の状態による困難の改善等を図るためには、自立活動の指導を効果的に行う必要がある」とある。

　自立活動は、「健康の保持」「心理的な安定」「人間関係の形成」「環境の把握」「身体の動き」「コミュニケーション」の6区分からなる（教育課程については第3章を参照のこと）。知的障害のある児童生徒について、「健康の保持」では、基礎的な生活習慣を身に付けることに加え、てんかんや心疾患などを合併している児童生徒については、安定した生活リズムの確保、また体力づくりなども重要である。「心理的な安定」に関しては、気持ちのコントロールや環境への適応（状況の理解や変化に柔軟に対応できることで心理的な安定をはかる）など、「人間関係の形成」については、自身の得意不得意を知った上で活動を選択するような自己理解や、達成感のもてる活動によって自信をもって行動できる（自尊感情の向上）ことを目指すような取組みが必要となる。知的障害により感覚と運動が未分化な場合もあるため、「環境の把握」では、環境との相互作用で自身の行動を選択することを意識化させ、様々な感覚を用いて外界と接触する活動を促進させることが望まれる。「身体の動き」では、日常生活に必要な基本的動作の習得や、作業能力の育成、「コミュニケーション」では、まずは身近な人との関係づくりから、非言語コミュニケーションも含めた多様なコミュニケーションの愉しみを体験させることが重要となる（巻末資料234頁の表参照）。

　知的障害教育においては、この「自立活動」を障害の程度や個々の教育目標に応じてときに独立して設定し、また別のときには各教科等とあわせて設定する必要がある。すなわち、自立活動の大きな目的である「障害による学習上又は生活上の困難を主体的に改善・克服する」ことは、学校生活の中のあらゆる場面において実践可能であり、自立と社会参加を大きな目標とする「自立活

動」の時間を意図的に設定する必要がある場合もあれば，各教科の学習成果をより効果的にするために，授業時間内に自立活動の諸要素を導入する必要もあるのである。

　知的障害のある児童生徒のカリキュラム設定においては，個別性に応じた柔軟な教育課程の工夫が重要であることはもとより，個々の発達の状態に常に注意を払いつつ，PDCAサイクル（第10章図10-2参照）を活用した，細かなカリキュラムの見直しが必要となる。また，近年では情報機器等の発達により，学習上の特性に応じたより細かな学習支援が可能となっていることにも注目してほしい。個々の障害の程度や能力に応じた様々な技術的支援を「アシスティブ・テクノロジー」というが，「テクノロジーでカバーできることについては，もはや"障害"ではない」という認識のもと，そうした技術的支援の積極活用について常に情報を収集しておく必要がある。

（2）知的障害のある児童生徒との教育的関わりについて

　一般に，知的障害のある児童生徒の学習上の特性として，「学習によって得た知識や技能が断片的になりやすく，実際の生活の場で応用されにくいことや，成功経験が少ないことなどにより，主体的に活動に取り組む意欲が十分育っていないこと」などがあげられる。また実際的な生活経験が不足しがちであることから，実際的・具体的な内容の指導が必要であり，抽象的な内容の指導も効果的であるとされている。

　したがって，検討すべき支援のあり方としては，そうした特性に留意しつつ，生活に根ざした具体的，体験的な指導をスモールステップで実施していくことや，教育課程の中に多様な生活経験を含み込むことなどが重要となる。新しいことにチャレンジさせることも重要だが，ルーティンとして馴染みのある活動を適宜取り入れることも大切である。意欲への働きかけとしては，「もっとやりたい」「次もやりたい」と思えるような活動内容の工夫が重要なのであるが，留意すべきはむしろ教員側の姿勢である。成功体験の少なさは，知的障害の特性というよりも環境設定の問題であるからである。多様な経験を含み込むこと

の中に，個々の特性に留意しつつ「成功体験をさせる」ことを大きな目的として設定していれば，おのずとそうした経験は積み重なっていく。結果的に自信がもて，自ら積極的に行動できることにつながるのである。また，指導のあり方としては，それぞれの発達の状況に依拠しつつも生活年齢にも留意する必要がある。個々の発達に応じたわかりやすく的確な指導が必要である一方で，必要以上に子ども扱いするのではなく，個々のライフステージを尊重した関わり方や教材提示の工夫が必要である。障害の程度にかかわらず，「子どもを一人の人間として尊重する」という視点を忘れてはならない。

3 知的障害児者の暮らしから，共生社会（私たちの当たり前の暮らし）を考える

（1）「平成23年生活のしづらさなどに関する調査」等からわかること

厚生労働省社会・援護局障害保健福祉部は2013（平成25）年，「平成23年生活のしづらさなどに関する調査」（全国在宅障害児・者等実態調査）を公表した。これは在宅の障害児者等の生活実態とニーズを把握することを目的としたものであり，これまでの「身体障害児・者実態調査」および「知的障害児（者）基礎調査」を拡大・統合したものである。以下に調査結果の一部を紹介するが，これを「私たちの当たり前の暮らし」というモノサシをあてながら検討してほしい。「私たちの…」の「私たち」とは，もちろんあなた自身のことである。

この調査によると，2011（平成23）年時点で知的障害児者（療育手帳所持者と手帳は所持していないが同等の障害を有する者との合計）は62万1700人（前回調査の2005（平成17）年は41万9000人）で，そのうち18歳未満は15万人程度，全体の4分の1ほどとなっている。当たり前のことであるが，学齢期にある子どもより，大人のほうが多いということである。しかし，地域の中で知的障害のある大人をどれぐらい見かけるだろうか。たとえば，この調査では「外出の状況」について問うている項目があるが，「毎日（外出する）」と回答しているのは全体の32.5%，「週に3〜6日」が25.3%となっている。ここには学校に通う子ども

第5章　障害種別による発達特性と関わりについて――知的障害

が多く含まれていることを考慮すると，大人の外出状況はどれくらいのものなのか。

　また，同調査の中で夫婦で暮らしていると回答した人は，65歳以下の回答者の中のわずか5.1％であり，また，福祉サービスを利用している人は回答者の3分の1程度で，多くの人が「毎日家族の支援を受けている」と回答している。さらに，月収について回答のあったものの中で最も多かったのが「月収6万円以上～9万円未満」（38.2％）であり，月収20万円以上と回答した人はほとんどいなかった。こうした結果は，「私たちの暮らし」のありようと同じであろうか。もし違うとするならば，それは障害特性のため，と考えてよいだろうか。

　障害者の日常生活及び社会生活を総合的に支援するための法律や障害を理由とする差別の解消の推進に関する法律といった法律の後ろ盾によって，知的障害をはじめとする障害のある人の暮らしはよりよいものに向かっていると信じたいが，先の調査結果を踏まえると，法令の成果が実生活においてはまだ十分に発揮されているといえないのではないだろうか。教育に携わる者として，こうした問題をどう捉えるべきか，是非考えてもらいたい。

　知的障害児者を対象とした調査は「平成17年知的障害児（者）基礎調査」のほうが質問数や内容も豊富であるので，こちらについても少しみてみよう。この調査は，様々な結果を学齢期（18歳まで）と，大人（18歳以上）とに分けて表しているものが多い。実際，私たちの暮らしぶり，具体的には住まい方，収入，人間関係などは，学校教育の恩恵を被っている時期と，経済的自立を図った後の時期とで大きく異なるだろう。したがって，こちらの結果の示し方のほうが，平成23年の調査より実際の生活により肉薄したものと考えることができる。

　この調査では，地域活動への参加状況について調査しているが，「ほとんど参加しない」「参加したことはない」と回答した人が18歳未満，18歳以上をあわせて67.5％であった。ただ，その中でも「いっしょに行ってくれる人がいれば参加しやすい」と回答した人が32.9％である。地域の中で自身が望む暮らしをするためには，地域の中にその人をうまく巻き込んでくれるような「誰か」が必要である。もちろん，それは親やきょうだい，あるいはヘルパーさんでも

よいのかもしれないが,「私たちの当たり前の暮らし」を考えれば,中心となるべきは「友人」ということになるのではないだろうか。そうした人間関係についての調査では,「相談相手」を問う質問がある。18歳を超えてもなお,家族に依存している人がほとんど（親,きょうだいの合計で93.1％）であり,「知人,友人」と回答した人は18歳未満で15.8％,18歳以上でも16.1％であった。

（2）「私たちの当たり前」の見直しを

　さて,上記に知的障害児者の当たり前の暮らしを支えるのは「友人」ではないかという指摘をした。では友人はいつできるのか。筆者自身の経験上,それは中学校,高等学校,大学といった教育の場で多くつくられた。思春期の葛藤を一緒に乗り越えたり,大人の養護を離れて自分たちだけで何かをやり遂げるようなプロセスの中で,自然と友人が増えていったのである。学校教育の使命としては,教育課程の中で個々に学力をつけさせるということもあるのだが,そうした営みとあわせて,当の子どもたちはほかにもたくさんの力を身に付けていく。その一つが「友人をつくる」ということである。障害のある子どもたちはその障害特性ゆえに,地域と離れた場所での学習や暮らしを余儀なくされることが多い。もちろん,それは個々の教育成果を願ってのことではあるのだろうが,生涯をともにするような友人をつくることができる大事な時期に,そのような状況に置かれることの問題性は大きいといえよう。

　そして,この問題性は当然のことながら,当事者ではない周囲の人々にも波及する。「私たちの当たり前の暮らし」の中に,障害者と呼ばれる人々を含み込んで考えることができなくなってしまうのである。特別支援教育の文脈では,「年齢相応の学習内容を十分習得できない」「年齢相応の体力がない」といった理由で通常の学校教育から分けられてしまうが,それでは,分けられなかった私たちは本当に年齢相応の学習をマスターしてきたのだろうか。

　ある研究者とこんな話をしたことがある。子どもたちは新幹線のような超特急列車に乗せられている。コンセプトとしては「車窓の景色を楽しんでください」というものであるが,景色など楽しむ余裕もなくものすごいスピードで列

車は走っている。この列車では，その景色をある程度楽しんだり，あるいは楽しんだふりができる人たちだけが目的地（それは次の超特急列車の乗り口でもあるのだが）に辿り着くことができる。他方，個別の事情で「おそらくこの電車に乗るのは無理だろう」と判断された子どもは，いわゆる普通電車のような鈍行列車に乗せ換えられる。車窓の景色をよりゆっくりと楽しみましょう，ということである。子どもの力を考慮した結果，良かれと思って乗せ換えさせるのである。

ところが，一度鈍行に乗ると，先の超特急には絶対に追いつけない。実は超特急の中では車窓どころではなく，子どもたちによるどんちゃん騒ぎが展開されているのであり，それこそが子どもたちの次の列車へのエネルギーになっているのにもかかわらずだ。子どもたちを鈍行に乗せ換えさせるのは簡単だが，その子は二度と同じ特急には戻れない……。私たちはこのことを覚悟した上で，それぞれの子どもたちをそれぞれの列車に乗せるべきなのである。

このたとえから学ぶべきことはそれだけではない。「超特急を見直す」ということである。誰かが乗られない，あるいは乗ったふりで目的地に到着させてしまうようなもので果たしてよいのだろうか。年齢相応の学校生活が送られない子どもたちや学校生活のあり方に適応できない子どもたちに問題を押し付けるのではなく，むしろ考えるべきは「簡単に学校化／社会化されてしまう私たち」のほうではないだろうか。2016（平成28）年に起こった知的障害者福祉施設での戦後最大規模の殺傷事件は，一人の変わった思想のもち主が起こしたものではなく，私たち誰にでもある「当たり前のものの見方」から起こったことなのだ。知的障害のある児童生徒の姿から，学校教育や私たちの社会のありようそのものを見直す視点を獲得してほしい。

引用文献
厚生労働省ホームページ「知的障害児（者）基礎調査」（http://www.mhlw.go.jp/toukei/list/101-1c.html 2018年9月12日アクセス）。
玉村公二彦ほか編著（2015）『キーワードブック特別支援教育』クリエイツかもがわ。
独立行政法人国立特別支援教育総合研究所（2015）『特別支援教育の基礎・基本［新

訂版]』ジアース教育新社。
文部科学省ホームページ「特別支援教育について」(http://www.mext.go.jp/a_menu/shotou/tokubetu/004/003.htm 2018年9月12日アクセス)。
AAIDD のホームページ (http://aaidd.org/intellectual-disability/definition/faqs-on-intellectual-disability#.Wk3Gq7mCjEU 2018年9月12日アクセス)。
MSD マニュアルプロフェッショナル版 (http://www.msdmanuals.com/ja-jp 2018年9月12日アクセス)。

学習の課題

(1) 「知的障害」を定義づけることは非常に難しい。種類や原因などについて自分なりにさらに調べ，整理してみよう。
(2) 知的障害教育に特徴的な自立活動のあり方について考えてみよう。

【さらに学びたい人のための図書】

佐藤美紗代 (2017)『ヒロのちつじょ』太郎次郎社エディタス。
　⇨ダウン症の兄をもつ著者が，兄の行動様式についてイラストとユニークな文面でつづったもの。「ダウン症の兄」ではなく「ヒロ」という一人称を用いて解説しているところがおもしろい。いわゆる「きょうだい児」の抱える問題もすけてみえる。

原仁監修 (2007)『ふしぎだね!? 知的障害のおともだち』ミネルヴァ書房。
　⇨知的障害の心理行動特性について専門用語を用いることなく記している。具体的な場面描写にあふれているので，知的障害についてこれから学ぼうという人や，これから関わっていこうという人に最適。

寺本晃久・岡部耕典・末永弘・岩橋誠治 (2015)『ズレてる支援！——知的障害／自閉の人たちの自立生活と重度訪問介護の対象拡大』生活書院。
　⇨知的障害がある人らの生活の側面，その中でも障害のある人を問題にするのではなく「支援」に焦点を当てている。当事者と援助者のズレについて様々に論じられており，教育にも示唆を与えてくれる。

（堀家由妃代）

第6章 障害種別による発達特性と関わりについて
―― 発達障害・情緒障害

この章で学ぶこと

　2007（平成19）年，特別支援教育の推進のための「学校教育法等の一部を改正する法律」が施行され，発達障害のカテゴリに含まれる障害群が対象として加わった。「発達障害者支援法」（2005（平成17）年施行）の2016（平成28）年での改正では，第8条において，その年齢および能力に応じて，その特性を踏まえた十分な教育を受けられるように，可能な限り発達障害児でない児童とともに教育を受けることに配慮し，適切な教育支援を行うこと，個別の教育支援計画の作成，個別指導の計画作成の推進，いじめ防止等のための対策の推進，その他必要な措置をとることが追記されている。

　まず，発達障害・情緒障害のある児童生徒たちがどのような状態を示し，どのような困難性をもっているかについて理解する。また，各障害のもつ特徴は様々な現れ方をすることを理解し，教育的支援の基礎的知識を獲得する。本章では主に発達障害について，①障害の定義，②状態像と原因論，③状態像の把握方法　④教育環境の調整，⑤二次障害を含め関連する様々な状態についての理解を深める。

1　発達障害・情緒障害の医学的定義について

（1）神経発達障害群・発達障害

　用語としての発達障害は医学的診断名であり，1960年代には知的障害を含む発達期での機能不全状態を示していた。また，2013年までは医学的な定義として診断に用いられる DSM-IV-TR（『精神疾患の分類と診断の手引き 第4版 改訂版』）において，広汎性発達障害として用いられていた。「発達障害者支援法」

表 6-1 発達障害の用語の違い

特別支援教育 (2018年時点)	発達障害者支援法	ICD-10	DSM-IV-TR (2012年以前)	DSM-5 (2013年〜)
―	―	―	―	神経発達障害群
知的障害	知的障害	精神遅滞 (知的障害)	精神遅滞	知的能力障害群 (知的発達症／ 知的発達障害)
広汎性発達障害	広汎性発達障害	広汎性発達障害	広汎性発達障害	―
自閉症および高機能自閉症	自閉症	小児自閉症	自閉性障害	自閉スペクトラム症／自閉症スペクトラム障害
アスペルガー症候群	アスペルガー症候群	アスペルガー症候群	アスペルガー障害	
―	―	―		語用の問題が主の場合：社会的（語用的）コミュニケーション症／社会的（語用論的）コミュニケーション障害
―	その他	レット症候群	レット障害	―
―	―	他の小児期崩壊性障害	小児崩壊性障害	―
―	―	非定型自閉症	特定不能の広汎性発達障害	―
注意欠陥多動性障害	注意欠陥多動性障害	多動性障害	注意欠陥多動性障害	注意欠如・多動症／注意欠如・多動性障害
学習障害	学習障害	学習能力の特異的発達障害	学習障害	限局性学習症／限局性学習障害
書字障害	書字障害	特異的書字障害	書字障害	書字の障害を伴う
読字障害	読字障害	特異的読字障害	読字障害	読字の障害を伴う
計算障害	計算障害	算数能力の特異的障害	計算障害	計算の障害を伴う

や特別支援教育の対象を示す用語としての発達障害は DSM-IV-TR の定義に基づいており，日本の法律上は現在も用いられている。なお，医学的診断にはICD（WHO による診断基準）の基準が用いられる（表6-1）。

DSM-5（2013）においては広汎性発達障害とする用語は用いられず，より上位のカテゴリ名称として発達上の障害を含んだ形で神経発達障害群が用いられている。神経発達障害群のカテゴリでは，知的能力障害群（知的能力障害：知的発達症／知的発達障害，全般的発達遅延，特定不能の知的能力障害（第5章参照）），コミュニケーション障害群（言語症／言語障害，語音症／語音障害，小児期発症流暢症／小児期発症流暢障害（吃音），社会的（語用論的）コミュニケーション症／社会的（語用論的）コミュニケーション障害，特定不能のコミュニケーション症／特定不能のコミュニケーション障害），自閉スペクトラム症／自閉症スペクトラム障害（ASD），限局性学習症／限局性学習障害（SLD）（読字で困難を伴う，書字で困難を伴う，算数で困難を伴う），注意欠如・多動症／注意欠如・多動性障害（ADHD），運動症群／運動障害群を定義している。DSM-IV-TR において自閉スペクトラム症と注意欠如・多動症との合併診断は避けられていたが，新しい基準では可能となっている。

発達障害とする用語について，本章では特別支援教育の対象として現在の医学的診断名と法律上での表現を各文脈においてそれぞれ用いる。

（2）自閉症——自閉スペクトラム症／自閉症スペクトラム障害

知的に高い場合にはその特徴が見えにくく，性格や環境の問題とされるため「見えにくい障害」といえる。特別支援教育において新たに支援対象となった自閉スペクトラム症は対人面を主として様々な問題の背景にある障害として核となる。

文部科学省の定義では，「3歳位までに現れ，①他人との社会的関係の形成の困難さ，②言葉の発達の遅れ，③興味や関心が狭く特定のものにこだわることを特徴とする行動の障害であり，中枢神経系に何らかの要因による機能不全があると推定される」となっている。また，知的障害のない場合に用いられる

高機能自閉症は上述のうちで「知的発達の遅れを伴わないものをいう」とされる。

　医学的な診断名としての自閉スペクトラム症はDSM-IV-TRにおいて広汎性発達障害のカテゴリで自閉性障害，アスペルガー障害，レット障害，小児崩壊性障害の分類とされていた。新たなカテゴリではレット障害ははずれ，残りは自閉スペクトラム症に含まれた。従来のアスペルガー障害の中で語用の問題（状況に応じた適切な言語的応対の困難等）が主な場合は，社会（語用論的）コミュニケーション障害とされ，4歳以上での診断となる。

　DSM-5において自閉スペクトラム症の特徴として，社会的コミュニケーション（多くの人が一般的に行うような会話の困難性，感情の共有が少ないなど），対人相互反応において非言語的コミュニケーション（視線を合わせる，身振りの使用や理解など）が困難であり，人間関係の発展，維持，理解に困難がある。また，行動の判定項目として，主となる障害の行動状態としての「社会的コミュニケーション」，こだわり行動として知られる「限定的で反復的な行動」により，その状態により重症度を判断する（表6-2）。

　「限定的で反復的な行動」における診断の特徴として，常同行動（手をひらひらとふる等），同一性の保持・固執（道順などが常に同じ等），偏った対象への興味および限定的な没頭（たとえば，空き缶のふた収集など），感覚過敏（軽く触れることで痛がる）と鈍感性（骨が折れていても痛がっているように見えない等）が示されている。

　知的能力は，障害レベル（知能指数70以下）から知的優秀児（知能指数130以上）まで幅がある。そのため学業成績では問題がない場合には，人間関係での問題，特異的な行動により様々な行動を手がかりとした早期発見，早期対応が必要である。各自治体の就学前指導において障害の検出は行われているが，知的能力が高い場合にはいまだ就学後においても見過ごされていることもある。約半数は知的発達症を伴い，自閉スペクトラム症の状態が診断においては優先される。行動の特徴において，後述するように発達の初期からその兆候が見られる。現在は1歳6カ月程度での検出が行われている。

第6章 障害種別による発達特性と関わりについて——発達障害・情緒障害

表6-2 自閉スペクトラム症の重症度の判定

重要度水準	社会コミュニケーション	限定的で反復的な行動
支援が必要	・他者から見て社会的なコミュニケーションの問題がわかる程度。社会場面でのコミュニケーションを始めることが難しかったり、他の人からの働きかけに不自然であったり、風変わりであったりして適切な反応ができない。文章を話すことができて、コミュニケーションに関心があってもやりとりが難しく、友達との関係は奇妙で型どおりのやり方である。	・行動での柔軟性のなさが様々な文脈において何かをするときにかなり妨害となる。行動の切り替えが難しい。自立を妨げるような何か計画をたてることや考えをまとめることに問題をもつ。
多くの支援が必要	・言語的、非言語的な社会コミュニケーションのスキルに問題がみられる。支援があっても社会的に明らかな問題がみられる。社会での通常の関わりや他者からの働きかけに反応をしない、または普通ではない反応をする。たとえば簡単な文章を話す場合には狭い範囲の特別な興味の話をしたり、非言語的なコミュニケーションにおいて非常に変わっている。	・変化への対応や限定的で反復的な行動が様々な文脈で機能不全を引き起こし、他の人々に明らかとなる程度に頻繁にみられる。物の見方を変えることまたは、行動を変更することが難しく（または）、それが悩みのもとになる。
非常に多くの支援が必要	・他者からの働きかけへの反応が乏しく、社会的な相互作用をはじめるときに非常に限定的であるなどの機能不全が著しいことからくる言語的、非言語的なコミュニケーションスキルの重い障害がある。たとえば、人との交流をほとんどもつことがなくはっきりとした話し言葉を使うことがないなどである。人に近づくときには自分の要求を満たすことのみにおいて変わった関わりをもつ、また、直接的な社会的な関わりのみに反応をする。	・変化への対応が極度に困難ですべての面において限定的で反復的な行動が顕著に機能不全を引き起こす。注意や行動を変えることには非常に困難と労力を伴う。

出典：DSM-5（2013）より筆者訳出。

（3）学習障害——限局性学習症／限局性学習障害（読字に困難を伴う・書字に困難を伴う・計算に困難を伴う）

　教育では社会生活で必要とされる技能の学習，習得は目的の一つとなる。就学で必要となる技能は「読み」「書き」「計算」である。しかし，その技能が脳の機能障害によって獲得困難な状態にある子どもたちも存在する。各領域での機能不全部位は異なるが，各状態について診断基準が示されている。

　文部科学省の定義では，「基本的には全般的な知的発達に遅れはないが，聞く，話す，読む，書く，計算する又は推論する能力のうち特定のものの習得と使用に著しい困難を示す様々な状態を指すものである。学習障害は，その原因として，中枢神経系に何らかの機能障害があると推定されるが，視覚障害，聴覚障害，知的障害，情緒障害などの障害や，環境的な要因が直接の原因となるものではない」としている。

　医学的な診断における定義（DSM-5）では，読むこと，書くこと，計算することの学業技能に困難性があり，改善のための介入が行われているにもかかわらず，6カ月以上その状態が継続するときに診断される。読むことに関しては，その正確性と速度の問題，意味理解，文章全体の把握の問題をもつ場合を示す。書くことについては，文字自体を表出できない場合，漢字などでは偏と旁(つくり)の間違い，文法の間違い（助詞の利用など），文章の構成が不適切である場合も含まれる。

　計算の困難性については，数の概念理解の問題，計算技能の学習の困難さ，数的推理の問題がある場合に診断される。知的能力障害ではなく，数についての情報処理の一部または全体での困難をもつことを意味する。

（4）注意欠陥多動性障害——注意欠如・多動症／注意欠如・多動性障害

　教育場面では，従来から落ち着きのない児童生徒は存在しており，それらの児童生徒が適応不全と考えられる場合に疑われる。

　文部科学省の定義においては，「年齢あるいは発達に不釣り合いな注意力，及び／又は衝動性，多動性を特徴とする行動の障害で，社会的な活動や学業の

機能に支障をきたすものである。また，7歳以前に現れ，その状態が継続し，中枢神経系に何らかの要因による機能不全があると推定される」とされている。

DSM-5においては，「不注意」および「多動性・衝動性」での特徴をもつ状態を示す。基準では「不注意」としての特徴は，物事の細かい部分に注意を向けること，またその持続の問題，他者からの働きかけに対する反応の問題，課題の遂行完成と計画性の問題，必要なモノをなくす，約束などを忘れてしまうなどが診断基準としてある。

また，「多動性・衝動性」については，手を動かすなどの落ち着きがなく，教室場面などでの席立ち，走り回り，落ち着きのなさ，多弁，行動や会話の途中で妨害したりするなどの特徴がある。

診断基準では発達期において12歳以前からその特徴を現すとされている。また，タイプとして，特性としての不注意と多動性―衝動性が混在するタイプ，不注意のみのタイプ，多動性―衝動性のみが見られるタイプの3つがあり，それぞれの特徴が6カ月以上見られる場合に各タイプとして位置づけられる。障害の程度は軽度，中度，重度に分けられ，社会的生活，適応の障害が著しい場合に重度とされる。自閉スペクトラム症を合併していることもあり，対応にはそれぞれの状態にあわせることが必要となる。

（5）情緒障害

文部科学省は2009（平成21）年に，それまで自閉症を含めた「情緒障害特別支援学級」という名称を「自閉症・情緒障害支援学級」に変更した。文部科学省の定義においては，情緒障害とは，「情緒の現れ方が偏っていたり，その現れ方が激しかったりする状態を，自分の意志ではコントロールできないことが継続し，学校生活や社会生活に支障となる状態をいいます」とされている。

情緒障害は主に緘黙(かんもく)などの心理的要因により社会適応が困難な状態であることを示し，自閉スペクトラム症とは別の状態を示す。緘黙とは医学的には不安障害のカテゴリに属する選択性緘黙のことを示す。ある状態では会話をまったくしなくなる状態であるが，能力として会話が不可能であるということでない。

具体的には，体が固まって見えるような状態から，反応をしているように見えても会話はまったくしない状態までを示す。また，その発症機制は小児期発症流暢障害（吃音）とは異なる。緘黙は，心理的な状態により，その場面でのコミュニケーションの不安を高める要因となる人や学校などの場所で話せなくなったり，またある境界を越えた場所ではまったく話すことがなくなる状態までを示す。

自閉スペクトラム症の合併症状として緘黙症状があり，社会的コミュニケーション能力の問題から同様の状態を示す場合もある。情緒障害とされる選択性緘黙はそれ自体が一次障害であり，その状態を示す自閉スペクトラム症における二次障害とは異なる。そのため，対応も原因を明確にした上で行うことが必要となる。

状態としての不登校の要因である情緒障害も含まれ，登校への障壁として自己評価の問題などの心理的要因が関わっている状態を示すこともある。情緒障害はいくつかの要因からくる精神的，心理的，行動的結果の状態と考えることができる。

2 障害の状態像，原因論

（1）認知・行動の状態
① 自閉症──自閉スペクトラム症／自閉症スペクトラム障害

自閉スペクトラム症は乳幼児の頃より行動に特徴が現れる。乳幼児期においては，視線が合わない，かんしゃく，無反応，抱き癖がつきにくいなどの様態を示すことがある。乳児の頃より感覚での問題があり，おでこを床にぶつけるなどの自傷行動を示すこともある。

発語および言葉の問題を主とすることで受診をすることは多い。聴覚検査（ABR：聴性脳幹反応）により脳への情報入力はあるが，言葉に反応しない場合には障害が疑われる。発語はエコラリア（音声模倣）が多く，「オウム返し」の反応が見られる。

また，光るモノを好み，水遊び，砂遊び，とびはねる，くるくると回り続けるなどの感覚的な情報入力を繰り返す。ミニカーを並べて横から眺めて楽しむこともある。言葉をもたない場合には行動の制御は困難である。常同行動としてはフラッピング（手を目の前でひらひらと動かすこと）は多く見られる。変化への抵抗は自閉スペクトラム症の主特徴であり，初めての事柄，人との関わりに慣れるには多くの時間が必要である。すべての自閉スペクトラム症児に当てはまることではないが顔認知の機能（紡錘状回^{ぼうすいじょうかい}）に不全があり，家族を含め接触頻度が高い人々の顔も覚えていない場合もある。

　知的能力が高い場合でも，行動の問題として何らかの問題が生じたときにはパニック状態となり，知的能力障害のある場合と同様の様子を見せることもある。

② 注意欠陥多動性障害——注意欠如・多動症／注意欠如・多動性障害

　状態像としては，注意の集中が困難である一方で，過集中を示すこともある。乳幼児期には，養育者が目を離すと知らぬ間にどこかに行っていたり，自分の興味のあることが優先される等の行動で適応の問題を示す。一度行動が起きるとコントロールが難しく，行き過ぎた行動となって周囲から離れてしまう状態となる。感情のコントロールも難しい状態にもなる。

　教育場面では授業中での席立ち，おしゃべり，過度な行動，結果的に暴力等として問題となる。行動の制御が困難な場合には向精神薬（ストラテラ®等）等の医療的介入が必要であることもある。保護者は，主治医がいる場合には相談をして対応することが効果的である。

③ 学習障害——限局性学習症／限局性学習障害

　読み，書き，計算での問題として現れるため，就学時に教科の学習を始めてから検出されることが主となる。総合的な知的能力の問題はないため（測定知能指数が70以上），知的能力検査での下位検査のプロフィールの偏りとして，不得意な領域がわかる。

　友達との会話や関わりは比較的可能であっても，教室場面での学習についていけないことで結果として不登校，怠学などの一次的問題として検出されるこ

ともある。情緒的には問題を示さない場合でも，劣等感を抱き，同級生との積極的な関係を築くことが難しくなることもある。逸脱行動においても専門機関などでの検査結果から障害が明らかになることもある。

（2）原因論とその対応
① 自閉症――自閉スペクトラム症／自閉症スペクトラム障害

DSM-IV-TR（2000）での広汎性発達障害のカテゴリでは，自閉スペクトラム症の様態は発症の状態および言語の発達の水準により自閉性障害（カナー型），アスペルガー障害，小児崩壊性障害（ヘラー症候群），レット障害に分類されていた。カナーおよびアスペルガーは人物名であり，1940年代にそれぞれ言語および知的な問題をもつ症状群と，言葉の問題をもたない症状群の報告を行った。その後，それぞれの名称が診断名に反映された。

自閉スペクトラム症は，心理学，精神医学専門分野において養育者との関係が原因とされてきた。しかし，現在はそれは認知と行動の問題であり，処理過程としての神経学的要因を主とする脳機能障害とされる（グランディン，パネク，2014）。そのため現在は原因論として養育者との関係を主張することはない。遺伝的な要因については1990年代より研究が始まり，複数の染色体によるとされており，現在も研究が進められている。遺伝的要因と行動様式の関連として性染色体（X染色体）に起因する Fragile X の場合に自閉スペクトラム症の行動様式をとり，遺伝的要因の一つと考えられている。

自閉スペクトラム症の有症率は，68分の1（1.5%）(Christensen et al., 2016)とされ，男女の有症比率は4～6対1で，男性が多い。また，両親の年齢が有症率と正比例しているとするデータもある。現在は約半数が知的能力障害があるとされる。有症率については，2016（平成28）年のデータにおいて2.0%以上とする報告もあり（Xu et al., 2018），今後の情報を注視する必要がある。

認知行動的な要因としては，こころの理論の問題，中枢統合性の問題，実行機能の問題，記憶特性の問題があり，それらの機能不全が行動特徴として現れている。

こころの理論（Baron-Cohen et al., 1985）とは，他者の心的状態を適切に推測することの問題である。そのためにこころの理論の発達の問題では，立場を変えて他者の気持ちを「察する」ことに困難をもつ。結果的に状況の文脈を読むことが難しくなる。乳幼児の頃には，養育者の指さしに反応しないなど共同注意の問題としてみられる。

　中枢統合性（Shah and Frith, 1993）とは，全体として物事を処理することである。自閉スペクトラム症の認知特性としては部分の集まりとしての処理は優れている。そのためジクソーパズルなどは得意な場合もあり，能力の高さが環境との関わりで不全に働くことが障害の特徴となっている。

　実行機能（Ozonoff et al., 1991）とは，認知機能の中で物事の計画性，心的柔軟性，行動のコントロールを行う前頭葉機能である（バークレイ，1999）。実行機能の不全状態はこだわりなどの行動特徴として示される。作業記憶と呼ばれる同時処理を行う記憶においても困難性をもつため，一度に多くのことを行うことで感情的なパニックに陥ることもある。

　特定のエピソード記憶（時間と場所に定位した記憶）の想起も特徴的である。感情が高ぶった文脈や環境に類似した状況，とくに否定的な感情が伴う場合には，経過時間とは関係なく認知的にタイムスリップをして，そのエピソードが再生されてパニックを示すことがある。対応として一般的なものは，気分が高揚した場合に環境を切り替えることで落ち着くために子どもたちにあわせた，気分を落ち着かせるための場所（カームダウン・エリア）をつくり，その場所で時間を過ごすなど，特性にあわせた対応を行う。

　また，自閉スペクトラム症の場合には学習における般化の問題があり，学校でできることが家ではできない，またその逆もある。そのため，場所に定位した学習，訓練が必要となる。

② 注意欠陥多動性障害——注意欠如・多動症／注意欠如・多動性障害

　脳機能障害であり，主に自閉スペクトラム症の原因と同じく実行機能の問題がある。実行機能は前頭葉前野の内側部での機能と考えられている。この障害が示す衝動性は刺激への反応の問題であり，実行機能の中でも行動の抑制，心

的柔軟性が問題となる。結果として作業記憶や感情のコントロールが難しくなり，自分自身の行動のコントロールができない状態となる。

　遺伝的要因による前頭葉機能の不全が主な要因と考えられ，他に環境因子による原因もある。とくに虐待などの養育環境，妊娠期間中の養育者のアルコールやたばこの摂取，早産，出生時の低体重など，後天的な要因による脳の変化が注意欠陥多動性障害の行動の状態をつくり出すことも指摘されてきている（National Resource Center on ADHD, 2017）。有症率は成人以前では5％程度であり，12歳以降からは減少し始め成人では2.5％程度と，成長に伴い診断からはずれることがある。男女比は小児時期において2：1，成人期で1.6：1とされ，男性の割合が自閉スペクトラム症と同様に高い。

③　学習障害——限局性学習症／限局性学習障害

　限局性学習症における読み，書字，計算の障害の原因のすべては明らかではない。読字での困難を伴う場合には，表象としての文字と音韻を結びつける脳の部位の働きが弱いことが示されている（Shaywitz et al., 2006）。

　DSM-5（2013）での限局性学習症の有症率は5～15％とされるが，基準が変わったことにより日本のデータは明確ではなく，今後疫学的データが提出されることにより正確な有病率が出されると思われる。発症要因としては遺伝的要因および早産，低体重出生，出性前にニコチンを間接的に摂取することなどが考えられている。

3　状態像の把握——査定の道具

　障害の有無の診断に関しては就学以前からなされる。障害のある子どもたちは，保育所，幼稚園などでは「気になる子ども」として存在している。1歳6カ月健診，3歳児健診などの乳幼児健診で検出されることが理想である。その時点で検出された場合には療育の対象となり，地域の発達支援センターでの対応が行われるためである。言葉の表出の遅れにより検出された場合には，主に言語聴覚士（ST）による訓練が行われる。行動レベルの特徴により検出された

場合には，地域の発達センター等で個別，集団での関わりの訓練がなされる。診断は医師により行われる。

　発達障害は就学後に検出される場合もある。その場合に障害をスクリーニング・査定して診断につなげるためのツールについて紹介する。

　一般的な能力の水準を知るための道具としては知能検査，発達検査がある。診断用に用いられている知能検査は田中ビネー式知能検査，ウェクスラー式知能検査（WIPPSI, WISC）があげられる。知的能力の査定，知的能力のプロフィールパターンを知るためには，主にウェクスラー式知能検査が用いられている。また，限局性学習障害のある子どもたちの特徴を調べるための K-ABC も利用される。能力検査の多くは検査者が課題を実施する。

　知能検査では能力の水準と偏りを知ることができる。とくに学習障害のある場合には下位検査から偏りを明らかにすることができる。しかし，自閉スペクトラム症は能力ではなく行動の問題であるため，行動そのものを評価する基準により査定を行うことが適当である。

　発達検査については，養育者への聞き取り式の津守・稲毛発達質問紙，遠城寺式分析的発達検査法が用いられることが多い。また，Vineland-Ⅱ適応行動尺度などは，一般的な発達状態との比較および障害の特徴を検出することができる。新版K式発達検査は地域によっては療育手帳の支援などの判定に用いられている。

　自閉スペクトラム症の検出に関しては，乳幼児期においては，共同注意を調べる聞き取り式の M-CHAT があり，質問紙が用いられる。ほかには知的に高い自閉スペクトラム症が検出可能な PARS-TR（親面接式自閉スペクトラム症評定尺度 テキスト改訂版），TEACCH で知られるショプラーによる CARS（小児自閉症評定尺度）がある。知的に高い発達障害の場合には行動特徴を判断することができる道具を利用する。また，自閉スペクトラム症の状態を養育者へのインタビューにより検査を行う ADI-R があるが，研修により一定の査定資格を有する専門家が査定を行う必要がある。その他，ADOS-2, ASSQ（Autism Spectrum Screening Questionnaire）（伊藤ほか，2014）等がある。自閉スペクトラ

表6-3 特別支援教育において用いられる主な検査一覧

	検査名	検査実施	項目チェック	適用年齢	検査内容	結果
知能検査	田中ビネー知能検査V	✓		2歳～成人	4領域:結晶性、流動性、論理推理、記憶	知能指数(2歳～13歳11カ月)、偏差知能指数
	ウェクスラー式知能検査　WIPPSI-Ⅲ / WISC-Ⅳ / WAIS-Ⅳ	✓		2歳6カ月～7歳3カ月 / 5歳0カ月～16歳11カ月 / 16歳0カ月～90歳11カ月	言語理解・知覚推理・ワーキングメモリ/処理速度	知能偏差値
	DAM グッドイナフ人物画知能検査	✓		3歳～8歳6カ月	人物描画による能力診断	知能指数
認知機能検査	新ストループ検査Ⅱ	✓		色の呼称ができる年齢	実行機能:注意の切り替え	ストループ干渉率、逆ストループ干渉率
	フロスティッグ視知覚発達検査 尺度修正版	✓		4歳0カ月～7歳11カ月	視覚と運動の協調/図形の素地/図形の恒常性/空間における位置/空間関係	知覚指数
	ベンダーゲシュタルトテスト			児童用 5歳～10歳(コピッツ法) 成人用 11歳～	図形模写による判定	模写の正確性に対する年齢点得点
発達検査(発達全般)	津守・稲毛式発達検査	✓	✓	0歳～7歳	運動、探索、社会、生活習慣の各領域	発達年齢
	新版K式発達検査	✓		0歳～成人	3領域:姿勢・運動、認知・適応、言語・社会	発達指数
	遠城寺式乳幼児分析的発達検査	✓		0歳～4歳7カ月	運動(移動運動・手の運動)、社会(基本的習慣・対人関係)、言語(発語・言語理解)の各領域	発達指数
	Vineland Ⅱ適応行動尺度		✓	0歳0カ月～92歳11カ月	コミュニケーション領域・日常生活スキル領域・社会性領域・運動スキル領域・不適応行動領域	各領域のプロフィール
	S-M 社会生活能力検査 第3版		✓	乳幼児～中学生	6領域:身辺自立/移動/作業/コミュニケーション/集団参加/自己統制	社会生活年齢、社会生活指数
	M-CHAT : Modified-Checklist for Autism on Toddlers		✓	乳幼児	共同注意/対人関心・情動的反応性	ASDスクリーニング

第6章 障害種別による発達特性と関わりについて——発達障害・情緒障害

分類	検査名	検査実施	項目チェック	対象年齢	内容	評価
発達障害関係（自閉スペクトラム症：ASD）	ADOS-2：Autism Diagnostic Observation Schedule second edition	✓		1歳〜成人	自閉症行動特徴／表出性言語／生活年齢／味・能力に適するモジュール、言語意思伝達・相互的対人関係・遊び／想像力・常同行動と限定的興味・他の異常行動	ASD症状のレベル
	PARS-TR：親面接式自閉スペクトラム症評定尺度 テキスト改訂版	✓		3歳以上	自閉症特性・自閉症の行動的運動、社会的遊びなど	ASD可能性
	CARS：小児自閉症評定尺度	✓		小児期	自閉症行動特徴・人との関係／模倣／情緒反応・視覚への反応等	ASD可能性／重度判定
	PEP 3：自閉症・発達障害児 教育診断検査	✓		2歳〜12歳	認知・前言語・表出言語・理解言語・微細運動・粗大運動・視覚－運動の模倣・身辺自立	発達年齢プロフィール
	ADI-R：Autism Diagnostic Interview Revised		✓	2歳以上	自閉症特性（対人関係、限定的・反復的行動、意思伝達の質的異常）	ASD可能性
	SCQ日本版：Social Communication Questionair		✓	暦年齢：4歳0カ月〜 精神年齢：2歳0カ月〜	社会的コミュニケーションの特性 今まで「現状」の2種類	ASD可能性
	精研式CLAC-Ⅱ自閉症行動チェック（一般用） 精研式CLAC-Ⅲ自閉症行動チェック（行動療法用）		✓	幼児〜13歳	行動特徴・行動自律、表現活動、言語、対人関係、遊び、着衣、排泄等	各領域のプロフィール
	SP 感覚プロフィール		✓	3歳〜82歳	感覚過敏性、鈍感性	知覚特性
注意欠如・多動性障害：ADHD	Conners-3 聴き取り	✓		6歳〜18歳	DSM-5準拠 ADHD（不注意、多動／衝動性）、素行症、反抗挑戦症および不安、うつ傾向	ADHD可能性
	Conners-3 本人用		✓	8歳〜18歳		
限局性学習症：SLD	K-ABCⅡ	✓		2歳6カ月〜18歳11カ月	認知尺度（継時／同時／学習・計画）、習得尺度（語彙、読み・書き／計算）	各能力プロフィール
	LDI-R LD判断のための調査票		✓	小学校1年生〜中学校3年生	基礎学力（聞く、話す、読む、計算、推論など）／行動・社会性	領域プロフィール

注：検査実施：検査者により対象児への検査。
項目チェック：養育者への半構造化面接、または保護者による評価。

ム症の感覚過敏については，感覚プロフィールの日本版が標準化されており，各年齢での状態を把握することができる。注意欠陥多動性障害についてはConners-3日本語版があり，児童期でのスクリーニングに用いることができる。

　検査の実施は主として心理学の専門家が行うが，基本的な検査について熟知していることが必要である。少なくとも検査結果については状態像と合わせての理解と解釈をする技能が求められる。検査結果の情報は個別の支援計画においても重要な手がかりとなる。とくに知能指数が高いことで問題がないと評価され，支援などの適応の予後を保証しない場合には，複数の検査を総合して見立てる必要がある。たとえば，知能検査の結果，知能指数が高い値となっても行動や感覚のレベルでの問題があれば，それらを優先した支援を考慮すべきである。

　就学指導時に障害が診断されていない場合もあり，その場合には他職種の専門家と協力して診断，養育者への告知などが必要となる。個別の教育計画においても必要な情報となる。表6-3に代表的な知能検査，認知機能検査，発達検査，発達障害についてのスクリーニング検査の一覧を記す。

4　障害を取り巻く教育環境

（1）感覚的環境設定

　発達障害は脳機能の障害であり，環境からの刺激の処理の方法が異なることが行動の特徴として表出している。

　とくに自閉スペクトラム症では感覚的・認知的要因の負担ができるだけ少ない設定とすることが適当である。実行機能，作業記憶の問題があるため並行処理が困難であることが特徴である。そのため一度に多くの刺激が与えられる場合には，その経験そのものがネガティブな経験となる。

　視覚構造的環境としては，TEACCH（Treatment and Education of Autistic and related Communication handicapped Children）で提案されている構造化の考え方

が1つの手がかりとなる。とくに言葉をもたない場合には状況を視覚的に判断することも多いため，雑然とした環境は認知の混乱の要因となり，行動に影響を与える。できるだけシンプルな視覚的環境を整えることが適当である。

また，過敏性の結果として蛍光灯などのフリッカーに反応する子どももおり，集中を妨害することとなる。近年はLEDライトに変わりつつあるが，子ども本人は意識していない場合でも，気分の高揚やイライラの原因が視覚刺激の状態によることもある。テレビなどの視聴においても注意が必要で，支援者は，保護者や主治医からの情報を考慮しての対応が適当である。また，逆に暗闇は多くの不安を与えることもある。

視覚優位の処理を行うタイプの場合には，課題を知覚的に整理することが効果的であり，視覚的区分と課題の手続きの明確性がその遂行をうながす。知的能力が高い場合においても子ども本人は気がつかないものの刺激の影響を受けていることもあり，視覚的な刺激を子どもたちの許容量以上に与えないことが必要である。限局性学習症など読字の問題がある場合などは，視覚的に注意を向ける箇所のみを表示するなどの工夫が支援になる。

注意欠陥多動性障害の場合も同様であるが，実行機能の障害のため，一度に1つの課題を遂行できるように設定することが効果的である。具体的な1つの手がかりに注目させ，その後に次の手がかりを示すことで成功経験をつなげる努力が必要である。

聴覚的環境について，自閉スペクトラム症の場合には聴覚過敏により学習に必要な情報が入力されないこともある。音知覚により音圧レベル，知覚周波数の状態によって耳をふさぐなどの行動として現れる。ときには人の声においても高い音声を嫌うこともある。環境音の中から音声を抽出して反応することが難しい場合には，聞いているようで聞こえていない場合もある。嫌悪刺激となった経緯にもよるが，ある音や声に対する特別な拒否反応が形成されることもある。その場合にはそれらの刺激を除去，漸進的に弛緩させる対応が必要となる。

嗅覚は人にとって重要な環境認知の手がかりである。自閉スペクトラム症の

子どもたちは何でも臭いを嗅いだり，ときに自分の唾液を手につけて臭いを嗅いで一人で微笑んでいることがある。自分の臭いを嗅ぐことで安心を得ていると考えられる。本人が気にする臭いがある場合には，その刺激により集中が困難，または嫌悪刺激として形成された状況のエピソードが想起されることでパニックになることがある。感覚過敏をもつ場合にはできるだけ子どもたちの状態に合うような教室設定とすることで，子どもたちのストレスを減少させる工夫が必要である。

　現在は様々な日常場面において，情報機具が用いられている。スマートフォンなどのディバイスは，障害のある子どもたちにコミュニケーションツールとしての役割をもちつつある。その流れの中で，それぞれの子どもたちの状態に合わせた学習ツールとして ICT（Information and Communication Technology）の活用がなされ始めている。発達障害の場合には，そのすべての障害において実行機能や作業記憶の機能不全があるが，情報器具がそれらを補完することでスキルの獲得，適応的な行動の手助けをすることが期待される。学習を促すアプリも無料配布されている場合もあるため，子どもたちの状況に合わせての利用が自立，適応をうながすツールとなると考えられる。

（2）教育・心理的関わり
　特別支援教育では教育・心理的な関わりが学習を補う。発達障害のある子どもたちは，定型の子どもたちが容易に適応できる環境への適応が困難である。そのため，他者と比較をされることで自己否定的，被害的な反応をすることが少なくない。基本的には否定的な態度は避けることが大切である。また，感情のコントロール不全も特徴である。そのため支援者側が感情的になることで状態はさらに悪化する。冷静に行動の特徴を観察した上で論理的な対応が効果的である。

　自閉スペクトラム症の場合には感情と表情の不一致の問題も特徴としてある。表情認知の問題から自分自身の表情表出においても不一致が起きることがある。周りから見て機嫌がよさそうに見えても，本人は非常に多くの怒りの感情を内

在していることがある。そのため本人の状況，文脈を考慮した対応が必要となる。

偏食などの場合，家庭で食べているご飯が白いため，給食で色のついた「味ご飯」はご飯ではないと考えることが行動面で表現されることもある。たとえば，そのご飯の呼び名を変えることで受け入れることもあり，それぞれの児童生徒のこだわりどころを考慮して対応することで解決する場合もある。

自閉スペクトラム症をふくむ発達障害への具体的な状態改善のための多くは，行動環境調整が主な方法の原理である。それらは発達障害のもつ認知的特徴の組み合わせを考慮した場面での応用行動分析（Applied Behavioral Analysis）と呼ばれるものもその一つである。

こだわり行動は認知能力の反映である。ただし，対象が個人の好みによることが対応の困難性となる。どのような場面で何にこだわっているのかをしっかり観察して対応を考えることが，適切な行動を導く手がかりとなる。

強度行動障害がある場合には医療的対応が必要であることが多く，他領域（医療，福祉）の専門家の介入が望まれる。

5　思春期での問題，二次障害に関わる要因

（1）思春期における問題

思春期は，定型発達の児童生徒においても生物学的な変化が行動に影響を及ぼす時期であり，適応での困難性がみられる。性的逸脱行動として，自慰行為などを公の場で行うこともあるため，行為のための場所を教えることは必要である。他者への抱きつき行為なども行動の制御の観点から対応を行う必要がある（性教育に関しては第12章を参照）。

二次性徴に伴い，体格および身体の変化を受け入れることに抵抗をもつ場合もある。具体的には，男児の場合には体毛の変化を受け入れることができず，すべて抜くことを試みることがある。行動的には抜毛症ではあるが，自閉スペクトラム症の変化への抵抗が要因となっている。次第に治まることが多いが，

衛生的な管理が必要である。
　また，発達とともに幼少期の関わりをそのまま行うことは結果的に問題になることがある。力の制御が困難な場合には，人や物に対して粗暴な扱いをすることもあり，低年齢児より行動を変換する訓練を行うことが適当である。カームダウン・エリアの設置の利用など，低年齢から行うことも手がかりとなる。

（2）合併および二次障害について

　自閉スペクトラム症，注意欠陥多動性障害，限局性学習症に関わる二次障害，合併症は，従来，教育場面で問題行動とされていた状態の多くに関わることがあるため，合併診断がある場合には，その障害の特徴を考慮しての対応が望まれる。

　自閉スペクトラム症の場合には，知的能力障害を合併する場合にてんかんを合併することがある。また，てんかんが思春期に遅発する特徴もある。テレビ視聴などにおける光過敏性の発作などについても，注意が必要である。さらに，てんかんの結果として問題行動が現れることもある。

　不登校およびその後のひきこもり，いじめおよびいじめられ，教室での席立ちなどの問題行動については，特別支援教育が始まる契機にもなった状態である。自閉スペクトラム症，限局性学習症，注意欠陥多動性障害に共通してリスクのある状態である。

　睡眠障害は従来から自閉スペクトラム症の特徴とされており，その改善が自閉スペクトラム症の症状そのものを治すことはないが，情動，行動の困難性を軽減する。睡眠障害に関しては医療的処置が効果的であり，受療が勧められる。多くの二次障害については医療的な支援が必要な場合が多い。

　ぐ犯・触法の一般用語としての非行などは，その背景としての一次的要因として自閉スペクトラム症，注意欠陥多動性障害などが関わることがある。反抗挑戦症／反抗挑戦性障害を合併していることが状態を複雑にしていることもある。さらに精神科医療の対象としての摂食障害，思春期でのうつ症状，不安障害，強迫性障害なども，一次的には発達障害を疑うことも必要である。

その他，自閉スペクトラム症の場合に発達性協調運動障害の合併があり，多くの場合に不器用である。字を上手に書けないなど不器用であることが多く，運動面での苦手さもあり，縄跳びなどが苦手なことから体育の授業ではとくに対応が必要である。

　また，チック症のカテゴリのトゥレット障害，チック障害も合併症として知られている。自閉スペクトラム症で強度行動障害をもつ場合には異食を行うこともあり，入院・施設入所が必要な場合もある。さらに，統合失調症を合併することもあり，思春期に発症した場合には両者の判別が難しいため，より専門性の高い児童精神科医への受療が必要となる。

　注意欠陥多動性障害，自閉スペクトラム症においては，極端な行動を表出する障害のもつ特徴が，結果的に問題行動として表出することも多く，軽度の状態から緊急の対応が必要な状況，結果として触法行為となることもあるため，他領域の専門家（公認心理師，スクール・ソーシャルワーカー等）との情報交換などが必要となる。

　現在は各障害とその対応についての情報，知識が氾濫している。また，それらの情報の中には一部のカルト的治療を行うことを売りにする場合もある。合併症，二次障害の多くは医療的な支援が必要であり，各領域の専門家の対応と連携によって解決する手がかりを得ることができる。また，1つの療法や対応法ですべてが解決するかのような記述，研究発表や事例を示されていることがある。しかし，すべての問題に効果を示す1つの療法は存在しない。

　様々な専門知識を前提に児童生徒に対応する過程でそれぞれの個性が子どもたちにあることを理解し，支援することが重要である。そのため介入の方法は子どもたち個人の特徴に合わせて実施することが適当である。

引用文献

伊藤大幸ほか（2014）「ASSQ 日本版の心理測定学的特性の検証と短縮版の開発」
　『心理学研究』第85巻第3号，304～312頁。
グランディン，T., パネク，R. 著，中尾ゆかり訳（2014）『自閉症の脳を読み解く

――どのように考え,感じているのか』NHK出版 (Grandin, Temple and Panek, Richard (2013) *The autism brain : Thinking across the spectrum*, Houghton Mifflin Harcourt)。

バークレイ,R. A. 著,石浦章一訳(1999)『集中できない子供たち――注意欠陥多動性障害』日経サイエンス(Barkley, R. A. (1998) "Attention Deficit Hyperactivity Disorder," *Scientific American September*, 279, pp. 66-71)。

American Psychiatric Association (2000) *Diagnostic and Statistical Manual of Mental Disorders : DSM-IV-TR*, American Psychiatric Publishing, Inc.(高橋三郎・大野裕監訳(2002)『DSM-IV-TR 精神疾患の分類と診断の手引[第4版 改訂版]』医学書院).

American Psychiatric Association (2013) *Diagnostic and Statistical Manual of Mental Disorders : DSM-5*, American Psychiatric Publishing, Inc.(高橋三郎・大野裕監訳(2014)『DSM-5 精神疾患の分類と診断の手引』医学書院).

Baron-Cohen, S. Leslie, A. M. and Frith, U. (1985) "Does the autistic child have a "theory of mind"?" *Cognition*, 21, pp. 37-46.

Christensen, D. L. et al. (2016) "Prevalence and Characteristics of Autism Spectrum Disorder Among Children Aged 8 Years : Autism and Developmental Disabilities Monitoring Network, 11 Sites, United States, 2012, Morbidity and Mortality Weekly Report center for disease control and prevention," *Surveillance Summaries*, Vol. 65, No. 3, April 1, pp. 1-23.

National Resource Center on ADHD (2017) "About ADHD," A Program of Children and Adults with Attention-Deficit/Hyperactivity Disorder : CHADD. Fact sheet, pp. 3-4.

Ozonoff, S., Pennington, B. F. and Rogers, S. S. J. (1991) "Executive function deficits in high-functioning autistic children : relation ship to theory of mind," *Journal of Child Psychology and Psychiatry*, 32, pp. 1081-1106.

Shah, A. and Frith, U. (1993) "Why do autistic individuals show superior performance on the block design task?" *J. Child Psychol. Psychiatry*, 34, pp. 1351-1364.

Shaywitz, S. E. et al. (2006) "Neural Mechanisms in Dyslexia," *Current directions in psychological science*, Vol. 15, No. 6, pp. 278-281.

Xu, G. et al. (2018) "Prevalence of autism spectrum disorder among US children and adolescents, 2014-2016," *Journal of American association*, Vol. 319, No. 1, pp. 81-82.

第 6 章　障害種別による発達特性と関わりについて——発達障害・情緒障害

> 学習の課題
> (1) テレビや雑誌では子ども本人や家族がそれぞれの状態について語っているので，できれば偏りのない情報でそれらの情報に積極的にアクセスしてみよう。
> (2) 発達障害のある人へのボランティアなどをすることで，細かな対応の必要性を知ろう。
> (3) 関係する様々な分野の最新の情報を専門学会が発行している学術誌から常に得てみよう。

【さらに学びたい人のための図書】
辻井政次編（2011）『特別支援教育——実践のコツ』金子書房。
　⇨特別支援教育の現場における具体的な応対について事例を含めてわかりやすく解説している。
ウィリアム，D. 著，河野万里子訳（2000）『自閉症だったわたしへ』新潮社。
　⇨自閉症者本人が記した著書であり，当事者の世界の見方を理解するためにはわかりやすく書かれている。

（原　幸一）

第7章 障害種別による発達特性と関わりについて
──病弱・身体虚弱

この章で学ぶこと

　病弱・身体虚弱と聞いて何をイメージするだろうか。おそらく誰もが風邪や腹痛といった病気になったことがあり，病気は身近なものであるはずだが，病弱・身体虚弱というとそのイメージは途端に乏しいものになる。また誰もが病気になるため，病気の子どもが特別支援教育の対象なのだろうかという疑問も湧くのではないだろうか。そのような病弱・身体虚弱の子どもは，どこで学んでいるのだろうか。本章では，病弱・身体虚弱教育の変遷や現状を踏まえた上で，病気の子どもとその家族の心理，学校教育上の配慮事項，現在の病弱・身体虚弱教育が置かれている課題について検討する。病弱・身体虚弱教育が身近に存在することを感じてほしい。

1 病弱・身体虚弱教育とは

(1) 特別支援教育における病弱・身体虚弱の特性──病気＝障害!?

　2017（平成29）年度学校基本調査（文部科学省，2017）によると，特別支援学校の病弱・身体虚弱の在学者数は1万9435人であり，知的障害12万8912人，肢体不自由3万1813人に続いて3番目に多い。ところで，おそらく誰もがこれまでの人生で病気になったことがあるだろう。しかし，大学で病弱・身体虚弱の講義を行うと，「『病弱・身体虚弱』という言葉を初めて知った」「病気＝障害なのか」「病弱教育の対象疾患の範囲がわかりづらい」といった疑問が出てくる。病気は身近であるにもかかわらず，病弱・身体虚弱教育（以下，病弱教育）は遠い存在である。

　なぜ病弱教育は遠い存在なのだろうか。一つは，視覚障害，聴覚障害，知的障害，肢体不自由の子どもたちの特性は，一人ひとりの違いはあるが，障害特

性に関する大きな概念の枠を設定することができるのに対し、病弱教育は、それが難しい。また、特別支援教育の対象である子どもたちの障害は、短期間では大きく変化しないが、病弱の子どもは病気の状態が短期間で変化することがほとんどであることも病弱教育の特性の一つであろう。さらに、西牧・植木田（2010）が指摘するように、概念の捉え方により、教育現場の対応に差が生じる場合がある。たとえば、筋ジストロフィーは、都道府県により、国立病院機構の筋ジス病棟という医療資源の有無で、肢体不自由の対象となったり、病弱の対象となったりする。また、てんかんは小児の神経疾患で最大のものであり、長期投薬を受けながら小中学校で生活規制もなく通学が可能な子どもがいる反面、特別支援学校（知的障害）や特別支援学校（肢体不自由）では、医療的配慮を必要とする最大の合併症である。このように同じ病気であっても、状況によって学校種が異なることがあるのも、病弱教育の理解を難しくさせている。

しかし、重要なことは、病気か障害かを区別することでも、学校種を区別することでもなく、その子どもの病気や障害に配慮しながら、その子どもに合った教育を行うことである。ほかの章も参照にしながら、病弱教育についての理解を深めてほしい。

（2）病弱教育の歴史的変遷

わが国における病弱教育の始まりは明治時代といわれている（加藤、1997）。1872（明治5）年の学制制定により国力増強のために過酷な教育が行われ、健康を損なう学生が続出した。1889（明治22）年三重尋常師範学校では全生徒の約60％が脚気にかかり、山に転地して教育を実施したところ、健康状態が改善され成果を上げた。これがわが国最初の病弱教育とされる。大正時代には、身体虚弱は結核にかかりやすいという理由から、休暇集落や林間学校などで強固な身体づくりが盛んに進められた。そして1917（大正6）年に神奈川県茅ヶ崎市にわが国最初の病弱養護学校である社団法人白十字会附属林間学校が設置された。

昭和に入り、1941（昭和16）年に国民学校令が制定された。その中で、初等

教育における目的が明確化され，伝染性疾患のある児童などは出席を禁じられることとなった。その児童などのために養護学校，養護学級を編成した。戦後，1947（昭和22）年に学校教育法が制定され，第71条に，盲学校，聾学校および養護学校が位置づけられた。これにより，原則的には盲学校，聾学校および養護学校の義務制が確立されたといえるが，ただちに実行されたわけではない。同附則第93条の但し書きにおいて「施行期日は，勅令で，これを定める」と規定したことで延期され，また，病弱児は結核などの感染症治療には安静が必要との考え方から，就学猶予・免除の対象とされることもあった。学校教育法が制定されてから30年あまり後の1979（昭和54）年にようやく養護学校義務制に至り，訪問教育や巡回指導の実施についても定められた。つまり，1979年に，本当の意味ですべての病弱児が学校教育の対象となったといえる。

（3）対象疾患の推移からみる病弱教育の現在

病弱教育は，かつて結核やハンセン病などで入院していた子どものための教育として始まったが，その後，小児疾患の種類は時代とともに大きく変化している。昭和30年代の病弱教育の対象は，身体虚弱と結核性疾患に大別することができるが，この時代は教育よりもむしろ治療に重点が置かれる傾向にあった。しかし，医療技術の進歩により，昭和40年代には結核の占める割合は激減し，気管支喘息と腎臓疾患の割合が増加した。また，1965（昭和40）年前後からは，国の医療政策として，筋ジストロフィー児および重症心身障害児に対する療育＝治療・教育が始められたことで，病弱教育の対象児童生徒として一定の割合を占めるようになり，今日に至っている。平成に入ってからは，病弱教育の多くを占めていた気管支喘息や腎臓疾患は入院治療の短縮化が進み，かわって心身症や神経疾患が増加した。それに合わせ，現在の特別支援教育（病弱）の就学基準は，「一 慢性の呼吸器疾患，腎臓疾患及び神経疾患，悪性新生物その他の疾患の状態が継続して医療又は生活規制を必要とする程度のもの 二 身体虚弱の状態が継続して生活規制を必要とする程度のもの」（学校教育法施行令第22条の3）となっている。

第7章　障害種別による発達特性と関わりについて——病弱・身体虚弱

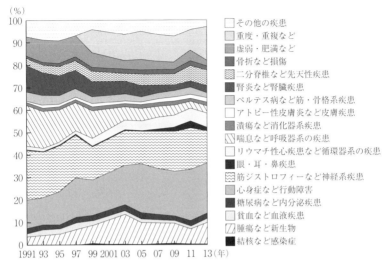

図7-1　病類別にみた特別支援教育学校（病弱）等在籍者数の推移（相対比）
出典：日下（2015）14頁。

　図7-1に示したように病弱教育の対象疾患は，きわめて多様化していることがわかる。高度医療技術を必要とする病気から，発達障害による二次障害，児童虐待による反応性愛着障害，精神疾患，不登校への対応といったものまで幅広い。心身両面からのアプローチが求められている。

（4）病気の子どもの学びの場

　病弱教育はどこで行われているのだろうか。病気の子どもの学びの場としては，ほかの障害種と同様に，特別支援学校，特別支援学級，通級による指導，通常の小中学校があげられる。ただし，病弱教育で特徴的なのは，病院の中に学校・学級がある場合があることであろう（図7-2）。病院に入院している子どもに対し，可能な限り教育を行えるよう，院内学級での教育や訪問教育が実施されている。また在宅療養をしている子どもに対しては，特別支援学校から教員を派遣する訪問教育が行われている。

　病気はほかの障害と異なり，状態が短期的に変化するため，教育の場の移動

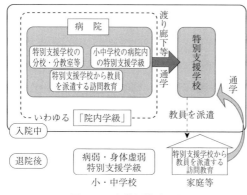

図7-2 多様な学びの場
出典：満留（2014）21頁。

が頻繁に起こる。「病気を治療するのが先で勉強はその後で」という考え方は病気の子どもたちの学びの権利を尊重することにはならない。もちろん治療することは大切であるが，それと同程度，教育を行うことも大切である。そして，医療の発展により，入院治療は短期化し，予後も良好な子どもたちが増えてきていること，また病弱教育の対象疾患の多様化に伴って，心の病気や二次障害の子どもも病弱教育の対象であることを考え合わせると，病弱教育は特別支援学校だけで行われているのではなく，むしろ通常の学級の中で行われることが多いことを理解しておく必要がある。

2　病気の子どもと家族の心理

（1）病気の子どもの心理

　病気になった子どもは不安や恐怖，憂うつな気持ちを抱え，いろいろな制限を受けながら日々過ごしている。「なぜ私だけが病気になったの？」「たくさんのことを我慢する生活はいつまで続くの？」といった感情を抱く。病気になったことは誰のせいでもないが「自分のせいだ」「自分が悪いことをしたから，これは罰だ」と考える子どもも少なくない。病気を治すことは努力でどうすることもできない。どうしようもできないことを，それでも病気を治そうと治療を継続していく大変さを想像しながら，子どもと関わることが大切である。

　とくに，児童期は，家庭外の生活が多くなる時期であり，学校というものが大きな意味をもつ。治療や入院のために，学校を欠席しがちになると，学習に遅れが出たり，クラスで孤立したりといったことが起こり，友人関係での不安

や悩みが大きくなりやすい。また，病気が感染すると思われていじめの対象になることもある。対応方法としては，医療者，保護者，教員などがお互いに情報を共有しながら，本人が何を望んでいるのかを把握していくことである。病気について，本人が理解すること，その上で，周囲に説明するのかどうか，どう説明するのかといったことを丁寧に話し合う必要がある。また，思春期は，心身の成長・発達が著しい時期であり，他者から自分がどのように見られているかが非常に気になる時期である。心理的に自立しようと試み，将来のことを考え，試行錯誤する時期といえる。この時期，病気の有無にかかわらず，自分の理想と現実の葛藤に悩む子どもが多いが，とくに病気の子どもの場合，薬の副作用や手術の跡がある場合は，ボディイメージに関する劣等感を感じる。また児童期までは周囲の大人の言うことに素直に従っていたとしても，アイデンティティの形成が始まるこの時期には，「なぜ自分ばかりが治療しなければいけないのか」という気持ちから治療に専念できなくなることもある。児童期同様に学習空白や欠席など学校生活上の課題も抱えながら，複雑な心理状況になりやすい。思春期は一般的に反抗する時期であり，それは心理発達的視点からみて大切なことである。周囲の大人は，その気持ちを受け止め，病気と共生しながら，どう自立し，どう生きていくのかをともに考えたい。

　医療の発展により，以前に比べると，生命の危機を防げるようになった現在であるが，入院期間は短期化しても，入院の頻度は増加する場合や予後が良好な子どもが増えたとはいえ，人生を病気とともに歩まなければいけない場合もあり，心身面での負担は減ってはいない。またがんの場合は，命を取りとめても，抗がん剤や放射線治療によって，成長後に「晩期合併症」と呼ばれる重い後遺症や障害を発症する実態が明らかになってきている。キャリーオーバーやがんサバイバーといわれる病気だった子どもが大人になって，どう生きるのかということを視野に入れた心理支援，教育が今後より必要になってくる。子どもの気持ちや存在すべてを受け止めた上で，「病気だからしなくていい」ではなく，それぞれの発達段階で身に付けたい力は身に付けられるよう，家族や医療者，教員が関わっていくことが大切である。

（2）病気説明に対する子どもの心理

 あなたが病気になったとき，自分の病気のことを知りたいだろうか。もしくは，自分の病気なのに，自分は説明から除かれて，家族にだけ説明があったとしたら，どんな気持ちになるだろうか。生きる権利，守られる権利，育つ権利，参加する権利の4つが柱となる「児童の権利に関する条約（子どもの権利条約）」が日本で批准されたのは1994（平成6）年である。これによって，子どもの人権の尊重がいっそう求められるようになった。また現在，子ども自身が容易に情報を得られる時代になり，病気のことを隠したとしても隠しきれないという状況や，小児がんを例にとれば治癒率は70％と上昇していることなどから，「告知をするかどうか」の時代から病気の説明をする時代になってきている。病気説明を行うことによって，子どもの権利や主体性を尊重することにつながり，闘病意欲の維持，治療への協力が期待できる。子どもにとって病気説明がなされることは，大人が考えている以上に大切なことではないかと考える。ただし，病気について知りたい子どももいれば，知りたくない子どももいることを念頭においておかなければいけない。教員は医療者ではないので，直接子どもに病気説明はできないが，保護者に，医療者に，子どもの意向や考えを伝えることはできる。病気の子どもは自分を責めている場合が少なくないので，家族に迷惑をかけないように自分の素直な気持ちを家族に言えないことがある。その思いを吐露できる場として学校や教員が必要であろう。病弱教育に携わる教員は，家族や医療者といった大人と子どもをつなぐ仲介役として存在することに意義がある。

（3）終末期の子どもの心理

 以前であれば死の病であった病気の治療成績は向上しており，病気と共存しながら生活していくことが多くなった。しかし，残念ながら治癒率100％という状況にはないため，死と直面しながら生活をしている子どもがいることも事実である。周りが真実を伝えなかったり，質問を否定したり無視したりすると，その子どもは死の不安や恐怖を胸にしまい込んだまま，一人で死の恐怖と闘い

ながら，死を迎える危険性があることを肝に銘じておく必要がある。

　重篤な病気の子どもは，同年齢の健康な子どもよりも年少で死を理解し，周囲の大人がいかに隠そうとしても自分の病気のことを悟り，死を予感するといわれている（美馬，2010）。そして，大人が思う以上に子どもは自らの状況を理解し，深く生と死について考えている。「死」について語りたいと考えている子どもは存在しているが，死に逝く子どもを前にして，大人が尻込みしてしまうのではないだろうか。周囲の大人が日頃から自ら生や死に対して真摯に考え，入院時から子どもと素直に向き合って話し合うことが必要であろう。答えがないことに対して考えを巡らせることはたやすいことではないが，子どもの思いを傾聴し，大人が感じたことを素直に伝えるコミュニケーションを大切にしたい。

（4）親の心理

　子どもが病気になったとき，親が大きなショックを受けるだろうことは容易に想像できる。病気の子どもの親は，子どもの病気の経過，学校生活，進学や就職，結婚などの将来の社会生活について不安を感じたり，長期の治療に伴う経済的問題や疲労，社会生活の制限，不和などの問題を生じたりしやすい。とくにケアの中心になりやすい母親はストレスを抱えやすいため，その労をねぎらい，気持ちや行動を認め理解することが大切である。

　院内学級は子どものためだけではなく，保護者にとっても大切な存在である。ある院内学級の教員は，保護者からの「子どもが病気になって，病院の中ばかりにいると気が滅入ってしまうけど，院内学級で先生と話ができると，子どもも私も日常生活を送れているんだという気になれる」という声を励みに，保護者にも寄り添える教育を目指していると話してくれた。前田ほか（2004）の調査でも，院内学級への評価として，患児・保護者ともに90％以上の者が概ね満足できると回答していることからも，病弱教育は子どもだけでなく，保護者にとっても重要な教育といえよう。

（5）きょうだいの心理

　病弱教育に限らず，障害のある子どもが家族の中にいると，とくに幼いときは家族の生活はその子ども中心になる場合が多く，近年，きょうだい支援の重要性が認識されるようになった。病気の子どもとそのきょうだいに焦点化すると，慢性疾患児のきょうだいを対象とした分析では，きょうだいは健康なきょうだいをもつ子どもに比べて心理的問題を抱えていることが多く，とくに抑うつや不安といった内在化の問題を有している。藤村ほか（2004）のきょうだいへの調査においても，きょうだいは我慢をしてきたことがうかがえ，親に心配をかけずにいい子になろうとしており，その後の人生に様々な形で影響を与えていることが明らかになっている。一方，病気の子どもとともに生活することによるきょうだいの肯定的な変化も報告されている（藤原・川島，2011）。

　その中で注目したいのは，きょうだいに対して，病気の説明をしているかどうかという視点である。きょうだいは正確な情報を十分に与えられていない現状であり，きょうだいは親の代わりに病弱児の面倒をみているにもかかわらず，家族や医師から何の説明もないことがほとんどである（山中，2006）。病弱児の病名を知っているきょうだいは，知らないきょうだいよりも，友人からのソーシャルサポートを知覚していたという研究（尾形ほか，2011）が示すように，きょうだいに対して，家族で情報を共有することにより，阻害感を感じずに，病弱児に向きあえるようになるのではないかと考える。教員としては，家庭では本当の自分を隠しているきょうだいに対して，学校では「子ども」として振る舞えるような配慮が必要であろう。

　3　病気の子どもの教育的配慮

（1）病気の子どもの教育課程

　病気の子どもは，病状，療養の長期化，入退院により，学習の遅れ，学習時間の空白，授業時間の制約，授業内容の制限，身体活動の制限，生活規制，生活経験の不足と偏り，集団生活の不足，社会性の欠如，人間関係の成立など

様々な教育上の課題をもつ（土橋, 2010）。だからこそ, 病気の子どもには教育が必要である。「病気療養児の教育について」（文部科学省, 1994）では, 病気療養児の教育の意義として, ①積極性・自主性・社会性の涵養, ②心理的安定への寄与, ③病気に対する自己管理能力, ④治療上の効果などの4つをあげている。病気を治してから教育を行うのではなく, 病気療養中に教育を受けることで, 社会とつながっていることや生きがいを感じることができるのである。

病弱教育において, その教育課程は, 小学校学習指導要領, 中学校学習指導要領に準じたものである。知的障害をあわせ有する場合には, その障害や特性に合わせた教育が行われている。病弱者である児童生徒に対する教育を行う場合の配慮として, 新学習指導要領では, 以下の6つがあげられている。

(1) 個々の児童の学習状況や病気の状態, 授業時数の制約等に応じて, 指導内容を適切に精選し, 基礎的・基本的な事項に重点を置くとともに, 指導内容の連続性に配慮した工夫を行ったり, 各教科等相互の関連を図ったりして, 効果的な学習活動が展開できるようにすること。
(2) 健康状態の維持や管理, 改善に関する内容の指導に当たっては, 自己理解を深めながら学びに向かう力を高めるために, 自立活動における指導との密接な関連を保ち, 学習効果を一層高めるようにすること。
(3) 体験的な活動を伴う内容の指導に当たっては, 児童の病気の状態や学習環境に応じて, 間接体験や疑似体験, 仮想体験等を取り入れるなど, 指導方法を工夫し, 効果的な学習活動が展開できるようにすること。
(4) 児童の身体活動の制限や認知の特性, 学習環境等に応じて, 教材・教具や入力支援機器等の補助用具を工夫するとともに, コンピュータ等の情報機器などを有効に活用し, 指導の効果を高めるようにすること。
(5) 児童の病気の状態等を考慮し, 学習活動が負担過重となる又は必要以上に制限することがないようにすること。
(6) 病気のため, 姿勢の保持や長時間の学習活動が困難な児童については, 姿勢の変換や適切な休養の確保などに留意すること。

（「特別支援学校小学部・中学部学習指導要領」第2章第1節第1款4）

新学習指導要領では, (5)にあるように必要以上に制限することがないようにすることと(6)の項目が新たに加えられた。病気があるからという理由で, とか

く制限を受けやすいが，制限が不要なことも多い。その状況を的確に見極め，教育を行っていくことが，子どもの主体性を高めることにつながる。

（2）疾患別の学校生活上の配慮
① 小児がん

　小児期（15歳以下）に発症する悪性腫瘍を小児がんと呼び，1年間におおよそ子ども1万人に1人の割合で発症する。つまり，20歳までの間に500人に1人の割合で，何らかの小児がんになる。白血病，リンパ腫，神経芽腫，骨の悪性腫瘍（骨肉腫など），脳腫瘍などたくさんの種類がある。最も多いものは白血病である。治療は一人ひとり異なるが，手術，抗がん剤治療，放射線治療などがある。学校生活上での配慮事項としては，病名告知の問題（本人への告知・他者への告知），治療の副作用の問題として，骨髄への抑制，脱毛，脳への障害などがあげられる（稲田，2014）。

② 糖尿病

　糖尿病は血糖をコントロールしているインスリンが何らかの原因により，分泌されない，量が少ない，働きが悪いといったことにより起こる病気であり，生活習慣は関係のない1型糖尿病と生活習慣と関係のある2型糖尿病がある。

　学校生活上の配慮事項は，1型糖尿病の場合，教職員・クラスメイトが生活習慣は無関係であるという正しい病気の認識をすること，血糖測定，インスリン注射など，安心して行える場所を確保することなどである。2型糖尿病の場合，肥満の程度と密接に関連していることが指摘されており，家族が同様の健康問題を抱えていることもあるので，家族も含めて病気を理解することがあげられる。それ以外に両者に共通する事項として，低血糖への適切な対応と学校生活は通常どおりで問題のないことが多いので，連絡表や学校生活管理指導表を参考に必要以上に制限をしないことがあげられる（全国特別支援学校病弱教育校長会，2009）。

③ 気管支喘息

　2017（平成29）年の学校保健統計速報では，小学校で全体の3.87％，中学校

で2.71％の児童生徒が気管支喘息であると報告されている。気管支喘息は，気道の慢性的な炎症によって反応性が高まり，空気の通り道である気管支が急激に収縮し，咳や喘鳴（ゼーゼー，ヒューヒュー）を伴う呼吸困難の発作を繰り返す病気である。発作が起こる原因として，ダニやハウスダスト，カビ，花粉といった特異的刺激因子（アレルゲン：アレルギー反応を起こす原因物質）と天候や気温の変化，強いにおいや煙，風邪等の感染症，ストレスや過労といった非特異的刺激因子がある。また特定の化学物質に反応したり，激しい運動によって発作が起きたりすることもある（運動誘発喘息）。治療としては，アレルゲンの除去といった「発作を起こさないようにする予防」と気管支拡張作用を有する内服薬や吸入薬の使用といった「発作が起きたときに重症化しないようにする対処や治療」がある。

　学校生活上の配慮事項としては，夜間睡眠の障害や欠席などを余儀なくされている子どもも多いため，日頃から健康状態を把握しておく必要がある。また運動の制限については，学校生活管理指導表（アレルギー疾患用）を活用し，病状に沿った配慮を心がけることが大切である（文部科学省，2013）。

④　心身症

　心身症とは，診察や検査で詳細に調べると異常が見出される身体の病気であって，その病気の始まりと経過にその人の心理的な問題や社会的問題が密接に関係しているものであり，身体的治療のほかに心理社会的問題へも対応しなければ完全には治らない。症状としては，腹痛や頭痛，疼痛などが認められる。心身症には様々なものがあるが，子どもの訴えとして多いものに，反復性腹痛がある。反復性腹痛とは活動に支障を来すほどの腹痛が，1日3回以上，3カ月以上にわたり反復するものをいう。原因不明のものが多いが，不安や緊張感によって症状が出たり強くなったりする傾向が認められ，この点が心身症として考えられる理由である。

　心身症は「身体の病気」だが，その発症や経過に「心理社会的因子」が大きく影響しているものであるため，学校生活上の配慮事項としては，身体と心の両方の治療が必要であることを理解すること，教員としては背景の心理社会的

問題へのアプローチが有効であること，保健室など，安全で安心な環境の提供があげられる。その子どもの思いを受け止め，存在を認めるという姿勢で関わることが大切である（文部科学省，2013）。

この項では，4つの病気と学校生活上の配慮事項について紹介した。紙数の関係上，限られた病気のみの紹介になっているため，「教育支援資料」（文部科学省，2013）や全国特別支援学校病弱教育校長会の「病気の児童生徒への特別支援教育——病気の子どもの理解のために」などを参考にして，学びを深めてほしい。

4 病弱・身体虚弱教育の課題

（1）復学支援

病弱教育の場合，病気が治癒したり，病状が安定したりすると，以前通っていた学校（前籍校）に戻ることになる。これを復学と呼ぶ。復学がスムーズに進むことが理想だが，そうはいかないこともある。

病気になり入院をしたばかりの頃には，治療が最優先で，学校のことを考える余裕はないが，安定してくると徐々に学校のことが気になり始める。そして，退院が近づくと，子どもも保護者もうれしい反面，前籍校に戻ることに不安を感じる。そして前籍校でも受け入れに対して不安を感じることが少なくない。子どもの不安は，学習の進度や自分の病気のこともあるが，それ以上に，外見の変化に対する周囲の反応や入院前の自分のように，いまの自分の変化を受け入れてくれるだろうかといったものである。入院中にも前籍校とつながりのある場合は比較的スムーズに復学できるが，前籍校とつながりが途切れている場合が難しい。これを防ぐためにも，復学支援は入院した時点で開始することが望ましい。前籍校の教員に対しては，入院中・転籍中の子どもにとって，前籍校とのつながりが心の支えになることを伝え，可能であれば，実際に転籍中の学校に来てもらうとイメージが湧きやすい。

復学のもう一つの課題として，前籍校で課題を抱えて，病弱教育を受けてい

る子どもたちである。病弱教育においては心身症や精神疾患の子どもが増加しており，前籍校には通えないが，入院先の学校・学級には通えるようになり，復学するとまた通えなくなり，入退院を繰り返すケースも少なくない。前籍校や家族間の問題や不安をどう解決していくかが，今後より重要になる。

（2）義務教育段階ではない子どもの教育

　義務教育段階の児童生徒に対する病弱教育にも課題はあるが，それ以上に就学前の子どもの保育・教育，高校生への教育には課題が山積している。病弱の特別支援学校で考えれば，幼稚部はほとんど設置されていない（文部科学省，2016）。また病棟に保育士を配置することも進められているが，それほど多くはない。病気とともに生きていく子どもが増えている中で，病気療養をしている「いま」は非常に大切であるが，その後の長い生活を見通した「将来」のための教育が必要であるといえる。そのためにも，就学前からの保育・教育は定型発達児と同様に重要である。

　高等学校段階においても同様の課題がある。2015（平成27）年に発表された文部科学省の調査結果によると，30日以上の長期入院をした小学生・中学生の40％が学習支援を受けていないのに対し，高校生は68％であった（文部科学省，2015）。そのような中，大阪府や神奈川県といったいくつかの地域では長期入院中の高校生への支援制度が始まっている（涌井，2016）。また2015年4月に全日制・定時制課程の高等学校における遠隔教育が可能となったことにより，療養中の生徒がICTなどの通信機器を活用し36単位を上限として単位認定を行うことが制度化されたりと，少しずつ病気の高校生への教育は進んではいるが，地域間格差がまだまだ大きく，今後早急に解決すべき課題といえる。

　以上，病弱教育についてみてきたが，現在，病弱教育の対象疾患は，高度医療技術を必要とする病気から，発達障害による二次障害，児童虐待による反応性愛着障害，精神疾患，不登校への対応といったものまで幅広い。病弱教育の専門性といっても，担当する子どもの実態に応じて必要な力が異なることは事

実である。しかし，必要なときに必要な情報を収集し実践する力や他職種と連携する力は，病弱教育のみならず，すべての教員に共通して求められる力といえる。そして，高度専門医療の成果により，8割の子どもは通常学級で生活をしていることや不登校の背景に病気が隠れている場合があることも考えれば，病弱教育は病院や特別支援学校の中だけで行われている教育ではなく，すべての教員に関係の深い教育であり，すべての教員に病弱教育への理解が求められるのである。

引用文献

稲田浩子（2014）「小児がんの子どもの学校生活」満留昭久編『学校の先生にも知ってほしい慢性疾患の子どもの学校生活』慶應義塾大学出版会，126～139頁。

尾形明子・瀬戸上美咲・近藤綾（2011）「きょうだい児におけるストレス反応とソーシャルサポートおよびセルフエスティームの関連」『広島大学心理学研究』第11号，201～213頁。

加藤安雄（1997）「病弱教育の変遷と21世紀に向けての課題」『育療』第7号，2～11頁。

日下奈穂美（2015）「平成25年度全国病類調査にみる病弱教育の現状と課題」『国立特別支援教育総合研究所研究紀要』第42巻，13～25頁。

全国特別支援学校病弱教育校長会（2009）「病気の子どもの理解のために――糖尿病」（http://www.nise.go.jp/portal/elearn/shiryou/byoujyaku/pdf/diabetes.pdf 2017年10月10日アクセス）。

土橋圭子（2010）「病弱・身体虚弱児の学校教育」宮本信也・土橋圭子編『病弱・虚弱児の医療・療育・教育［改訂2版］』金芳堂，187～193頁。

西牧謙吾・植木田潤（2010）「特別支援教育の対象疾患と病気の子どもの就学基準の運用について」独立行政法人国立特別支援教育総合研究所『小中学校に在籍する「病気による長期欠席者」への特別支援教育の在り方に関する研究――子どもの病気と教育資源の実態把握を中心に（平成20～21年度）研究成果報告書』7～27頁。

藤村真弓・金城芳秀・石川ちえみ（2004）「長期入院児のきょうだいに対する支援の視点」『日本小児看護学会誌』第13巻第2号，40～45頁。

藤原紀世子・川島美保（2011）「小児慢性疾患の同胞をもつ青年期のきょうだいが得る糧」『日本小児看護学会誌』第20巻第1号，1～8頁。

前田貴彦・杉本陽子・宮﨑つた子・堀浩樹・駒田美弘（2004）「長期入院を必要とする血液腫瘍疾患患児にとっての院内学級の意義――院内学級に在籍した患児・保護者の調査から」『小児保健研究』第63巻第3号，302～310頁。

満留昭久編（2014）『学校の先生にも知ってほしい慢性疾患の子どもの学校生活』慶應義塾大学出版会。

美馬里彩（2010）「終末期の子どものスピリチュアルニーズ——ソーシャルワークの視点から家族へのケアを含めたトータルケアを目指して」『関西学院大学社会学部紀要』第10号，119〜145頁。
文部科学省（1994）「病気療養児の教育について」(http://www.mext.go.jp/b_menu/hakusho/nc/t19941221001/t19941221001.html 2017年9月30日アクセス)。
文部科学省（2013）「教育支援資料」(http://www.mext.go.jp/a_menu/shotou/tokubetu/material/1340250.htm 2017年10月1日アクセス)。
文部科学省（2015）「長期入院児童生徒に対する教育支援に関する実態調査の結果」(http://www.mext.go.jp/a_menu/shotou/tokubetu/1358301.htm 2017年10月1日アクセス)。
文部科学省（2017）「平成29年度学校基本調査　特別支援学校：障害種別学級数及び在学者数」(https://www.e-stat.go.jp/stat-search/files?page=1&toukei=00400001&tstat=000001011528 2018年11月18日アクセス)。
山中久美子（2006）「慢性疾患の子どもの家族・きょうだいへの看護支援」『育療』第35号，2〜5頁。
涌井剛（2016）「長期入院する高校生の教育支援の実態」『小児看護』第39号，1568〜1572頁。

──学習の課題──

(1) 病弱教育に携わる教員の専門性とはどのようなものだろうか。またその専門性を身に付けるために，いま，できることは何か考えてみよう。
(2) 本章では紹介しきれなかった病気がたくさんある。全国特別支援学校病弱教育校長会が作成している病類別の支援冊子（ダウンロード可）などを参考にしてどのような病気があるのか，配慮事項は何かを調べてみよう。

【さらに学びたい人のための図書】

全国病弱研究会編（2013）『病気の子どもの教育入門』クリエイツかもがわ。
　　⇨病気の子どもの保育と教育の実例，病気の子どもの心理，病弱教育の歴史がわかりやすく書かれている。
満留昭久編（2014）『学校の先生にも知ってほしい慢性疾患の子どもの学校生活』慶應義塾大学出版会。
　　⇨病気の基礎知識，学校や家庭での配慮事項が病気ごとに解説されている。
丹羽登監修，全国特別支援学校病弱教育校長会編（2015）『病弱教育における各教科等の指導——合理的配慮の観点から各教科等の指導と配慮を考える』ジアース教育新社。
　　⇨病弱教育の基礎的な理論と解説が述べられた上で，授業実例が示されている。

（渡邉照美）

第8章 障害種別による発達特性と関わりについて
――肢体不自由／重度・重複

この章で学ぶこと

　教育的ニーズを的確に把握するためには，幼児児童生徒一人ひとりの発達特性を理解することが必要となる。そのため障害種における障害特性や生じやすい二次的障害についての理解も必要となる。とくに重度化・重複化がますます顕著な肢体不自由児や重度・重複障害児においては，障害特性が複雑多岐にわたるだけに重要なものとなる。また，多様な教育的ニーズに対応するために教育制度も整備されつつある。これらの制度を幼児児童生徒一人ひとりの障害の状態や発達の状況に合わせて活用していくことが，適切な指導・支援につながるものとなることも理解する必要がある。

1　肢体不自由とは

(1)「肢体不自由」という用語の枠組みと概念

　文部省（現在の文部科学省）は，1953（昭和28）年6月の文初特第303号文部事務次官通達「教育上特別な取扱いを要する児童生徒の判別基準について」で，肢体不自由者を「肢体（体幹と四肢）に不自由なところがあり，そのままでは将来生業を営むうえに支障をきたす虞のあるもの」として，初めて定義をした。この定義は，「肢体不自由」という用語を創案した高木憲次の案（村田，1998）を採択した日本整形外科学会の1950（昭和25）年の定義である「肢体の機能に不自由なところがあり，そのままでは将来生業を営む上に支障をきたすおそれがあるものを，肢体不自由児とする（但し著しき知能低下者を除く）」の「但し著しき知能低下者を除く」を削除して規定したものである。

　303号通達による定義は，1962（昭和37）年3月の学校教育法施行令の改正に伴い失効した。現在では「肢体不自由とは，身体の動きに関する器官が，病気

やけがで損なわれ，歩行や筆記などの日常生活動作が困難な状態をいう」が文部科学省で用いる定義であり，この枠組みと概念を特別支援学校の就学基準として具体的に示したものが，学校教育法施行令第22条の３に示されている次の規定である。

> 一　肢体不自由の状態が補装具の使用によつても歩行，筆記等日常生活における基本的な動作が不可能又は困難な程度のもの
> 二　肢体不自由の状態が前号に掲げる程度に達しないもののうち，常時の医学的観察指導を必要とする程度のもの

ここでは，肢体不自由における障害の程度を上肢の障害では筆記（書字）の困難さ，下肢の障害では歩行の困難さを目安としている。

（２）肢体不自由の原因となる疾病

肢体不自由の起因疾患は，中枢神経の異常（脳原性疾患や脊椎脊髄疾患）によるもの，末梢神経や筋肉の異常（神経原性疾患や筋原性疾患）によるもの，骨や関節の異常（骨系統疾患や骨関節疾患），その他（弛緩性まひ，代謝疾患，四肢の形態異常）に大別される。

① 中枢神経の異常によるもの

◯脳原性疾患

　脳形成異常，脳梗塞，髄膜炎，脳血管障害，低酸素性脳症，頭部外傷　等々
　特別支援学校（肢体不自由）の在籍数において最も多い「脳性麻痺」は，疾患名ではなく，胎生期から新生児期までの脳原性疾患に起因する肢体不自由の症状診断名である。

◯脊椎脊髄疾患

　二分脊椎，脊髄損傷，脊髄腫瘍，脊髄梗塞，脊髄炎，脊柱側弯　等々

② 末梢神経や筋肉の異常によるもの

◯神経原性疾患（筋肉を動かす神経の異常による疾患）

　脊髄性小児まひ，ホフマン病，筋萎縮性側索硬化症　等々

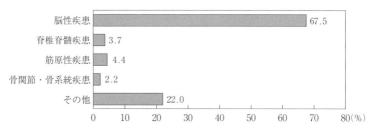

図8-1　全国特別支援学校（肢体不自由）在籍児童生徒の病因別割合
出典：全国特別支援学校肢体不自由教育校長会（2017）の数値をもとに筆者作成。

○筋原性疾患（筋肉の異常による疾患）

　進行性筋ジストロフィー症，重症筋無力症　等々

③　骨や関節の異常によるもの

○骨系統疾患（骨や軟骨の発生や発達過程の異常による疾患）

　先天性骨形成不全症，軟骨異栄養症，モルキオ病　等々

○骨関節疾患（骨や関節の異常や変形による疾患）

　先天性股関節脱臼，ペルテス病，先天性内反足　等々

④　その他

○代謝疾患

　ハーラー症候群，マルファン症候群　等々

○四肢の形態異常

　フォコメリア，上肢・下肢切断　等々

　特別支援学校（肢体不自由）の在籍児童生徒数において最も多いのは脳性疾患（脳原性疾患）で，次いで筋原性疾患，脊椎脊髄疾患，骨関節・骨系統疾患，代謝疾患である（図8-1参照）。

（3）肢体不自由児の発達特性

　肢体不自由は，運動障害を有しているという共通の特徴があるが，脳原性疾患，脊椎脊髄疾患，神経原性疾患，筋原性疾患，骨系統疾患，骨関節疾患で，その状態は異なる特徴を示す。それぞれの疾患から代表的なものを取り上げ，

発達特性に関与する症状について以下に述べる。
① 脳性麻痺（分類カテゴリー：脳原性疾患）
　運動障害の様相を病型分類すると，以下の5つのタイプに大別される。
○痙直型
　発症率は70％程度である。麻痺部の突っ張りやこわばりにより円滑な動作が困難である。障害が現れる部位によって片麻痺，対麻痺，四肢麻痺，両麻痺などに分類される。視覚・認知障害，斜視を合併することが多い。
○アテトーゼ型
　発症率は20％程度である。低緊張と異常な筋緊張亢進状態を不随意に行き来し，安定した姿勢保持や正確な動きができない。四肢麻痺を示す。知的障害を合併することは少ない。
○強剛型
　発症率は典型的なこのタイプはきわめて低い。痙直型と異なり，屈筋，伸筋ともに持続的に筋の収縮が続く。
○失調型
　発症率は典型的なこのタイプはきわめて低い。身体の平衡機能の障害で，上肢・下肢とも小刻みに震える状態で正確な動きができない。自立歩行ができても不安定で転倒しやすい。四肢麻痺を示す。
○混合型
　異なる病型が混在しているタイプである。多くの場合，痙直型とアテトーゼ型の混合型であり，どちらかの型が優位を示している。
　このように脳性麻痺の運動障害の様相はきわめて多様である。また，脳原性疾患であるがゆえに，運動および姿勢の異常だけにとどまらず，言語，知覚，感覚等の随伴障害をきたすことが多く，てんかんを合併することも多い。
② 二分脊椎（分類カテゴリー：脊椎脊髄疾患）
　椎骨の後方部分の椎弓が閉鎖せずに左右に二分したままとどまっている先天的な疾病である。主に下肢の麻痺や膀胱直腸障害が生じる。また，しばしば水頭症を合併し，このことによって知的障害を生じることがある。

③ 筋萎縮性側索硬化症（ALS）（分類カテゴリー：神経原性疾患）

　筋肉そのものの疾患ではなく，筋肉を動かし，かつ運動をつかさどる神経だけが障害をうける。四肢・喉・舌の筋肉や呼吸に必要な筋肉が徐々に萎縮し，筋力低下をおこす。その一方で，知覚神経や自律神経は障害を受けないので，体性感覚，視力や聴力，内臓機能などはすべて正常に保たれるのが通常である。

④ 進行性筋ジストロフィー症（分類カテゴリー：筋原性疾患）

　筋線維の破壊・変性（壊死）と再生を繰り返しながら，次第に筋萎縮と筋力低下が進行して運動に困難をきたすだけでなく，長期的には呼吸筋の筋力低下によって呼吸も困難になる。

⑤ 先天性骨形成不全症（分類カテゴリー：骨系統疾患）

　骨の形成に重要なたんぱく質（Ⅰ型コラーゲン）の異常のため，先天的に骨折しやすく，変形しやすい。骨折に伴う変形によって，低身長となることがあるが，知能の低下はない。眼の青色強膜，難聴，関節のゆるみ，などを伴うことがある。

⑥ ペルテス病（分類カテゴリー：骨関節疾患）

　成長期に大腿骨頭虚血性壊死を生じる疾病で，骨頭変形などによって股関節や膝関節の痛みや可動域の制限，跛行（はこう）などの障害を残すことも多い。

　このように肢体不自由児には，運動機能障害に加えて知的発達の遅れや視覚や聴覚などにも障害を併せ有することがある。その結果，運動機能障害それ自体がもたらす問題（一次的な障害）のほかに，この障害のために不自然な形で学習してしまったことにより，認知発達の遅れや自立心の獲得の遅れなど数々の問題（二次的な障害）が多々存在する。特別支援学校に数多く在籍する脳性疾患に起因する肢体不自由児にとくに顕著である。

2　肢体不自由教育における指導上の留意点

(1) 教育課程の編成

　特別支援学校に在籍する肢体不自由児に対する教育は，新特別支援学校幼稚

部教育要領や新特別支援学校小学部・中学部学習指導要領および特別支援学校高等部学習指導要領に基づき行われる。重複障害でない肢体不自由児の場合，教育目標や内容は，幼稚園・小学校・中学校・高等学校の教育目標や内容のほかに，一人ひとりの肢体不自由に起因する学習上または生活上の困難を主体的に改善・克服するために必要な知識，技能，態度および習慣を養い，心身の調和的発達の基盤を培うことを目標とする「自立活動」の内容となっている。ここで留意しなければならないことは，学校教育法第72条で規定されているところの「幼稚園，小学校，中学校又は高等学校に準ずる教育を施すとともに」にある「準ずる教育」とは幼稚園，小学校，中学校または高等学校と異なるものではなく，同様の教育目標や内容ということである。また，特別支援学級在籍者（補装具によっても歩行や筆記等日常生活における基本的な動作に軽度の困難がある程度の者）や通級による指導の対象者（肢体不自由の程度が，通常の学級での学習に概ね参加でき，一部特別な指導を必要とする者）の場合は，在籍校における教育課程に沿って教育を行うことになるが，とくに必要がある場合は特別支援学校の教育課程を参考にしたり，一部用いたりして特別の教育課程を編成できることにも留意し，個々の児童生徒の障害の状態や特性および心身の発達の段階等に適した教育を行うことが大切である。

（2）教科指導

新特別支援学校小学部・中学部学習指導要領においては，これまでの教育経験の蓄積から見出された肢体不自由児の障害の状態や特性に応じた教科指導に関する配慮事項が示されている。その内容は以下の5つの事項である。

> (1) 体験的な活動を通して言語概念等の形成を的確に図り，児童生徒の障害の状態や発達の段階に応じた思考力，判断力，表現力等の育成に努めること。
> (2) 児童生徒の身体の動きの状態や認知の特性，各教科の内容の習得状況等を考慮して，指導内容を適切に設定し，重点を置く事項に時間を多く配当するなど計画的に指導すること。
> (3) 児童生徒の学習時の姿勢や認知の特性等に応じて，指導方法を工夫すること。

> (4) 児童生徒の身体の動きや意思の表出の状態等に応じて，適切な補助具や補助的手段を工夫するとともに，コンピュータ等の情報機器などを有効に活用し，指導の効果を高めるようにすること。
> (5) 各教科の指導に当たっては，特に自立活動の時間における指導との密接な関連を保ち，学習効果を一層高めるようにすること。
> （「特別支援学校小学部・中学部学習指導要領」第2章第1節第1款3）

　これらの事項に十分に配慮した指導を行うためには，個々の児童生徒における障害の状態や特性および心身の発達の段階等の的確な把握と，それに基づいた教材教具の工夫や，児童生徒に負担過重にならないような授業時数の設定をも含めた指導内容・方法の工夫が求められることに留意しなければならない。

（3）自立活動の指導

　新特別支援学校小学部・中学部学習指導要領において，自立活動は「個々の児童又は生徒が自立を目指し，障害による学習上又は生活上の困難を主体的に改善・克服するために必要な知識，技能，態度及び習慣を養い，もって心身の調和的発達の基盤を培う」ことを目標として示されている。内容としては「健康の保持」に関すること5項目，「心理的な安定」に関すること3項目，「人間関係の形成」に関すること4項目，「環境の把握」に関すること5項目，「身体の動き」に関すること5項目，「コミュニケーション」に関すること5項目の6区分27項目が示されている（巻末資料234頁の表参照）。これらの中で，肢体不自由教育では「身体の動き」に関する指導はとくに重視されていて，そこでは座位の保持や起立・歩行など姿勢と運動・動作における基本的技能や，移動のための杖や歩行器の活用，書写や筆記のためのIT機器の活用など，不自由さを軽減するための補助的手段の活用の指導，日常生活の基本的動作の指導，作業に必要な動作の指導などが行われることが多い。しかし，肢体不自由児は運動機能障害だけではなく，このことによって認知発達の遅れや言語発達の遅れ，自立心の獲得の遅れなどの二次的な障害が生じる場合があることに留意し，運動以外の諸側面の発達がなおざりにならないように，他の5区分の内容からも

指導内容を適切に選定し，指導を行う必要がある。

3　重度・重複障害とは

(1)「重度・重複障害」という用語の枠組みと概念

　「重度・重複障害」という用語は，1979（昭和54）年4月に実施された養護学校教育の義務制との関連で学校教育の分野において頻繁に使用されるようになった。その要因の一つとしては養護学校教育の義務制が実施されると，当時の特殊教育諸学校でさえも就学対象としなかった重い障害を有する児童生徒や複数の障害を有する児童生徒が，養護学校に就学してくることが予想され，これら児童生徒に適切に対応（教育の提供）できるように養護学校教育の整備・充実が当面の急務とされていたことがあげられる。このようなこともあって「重度・重複障害」は，法的措置を実施する場合に用いられる「重複障害」をも含めた用語として使用されることが多い。

　今日の「重度・重複障害」という用語の枠組みと概念は，1975（昭和50）年3月に文部省「特殊教育の改善に関する調査研究会」（会長：辻村泰男）が文部省初等中等教育局長に報告した「重度・重複障害児に対する学校教育の在り方について（報告）」で初めて規定された。この報告書では，「重度・重複障害児」の判定に当たっての検査項目例を示し，その検査に従って「重度・重複障害児」を判定している。具体的には，重度・重複障害児の範囲を学校教育法施行令第22条の2（現在の第22条の3に該当）に規定する障害，すなわち盲・聾・精神薄弱（現在の視覚障害・聴覚障害・知的障害に該当）・肢体不自由・病弱を複数有する者，発達的側面からみて「精神発達の遅れが著しく，ほとんど言語を有しない者，自他の意思の交換及び環境への適応が著しく困難であって，日常生活において常時介護を必要とする程度の者」，行動的側面からみて「破壊的行動，多動傾向，異常な習慣，自傷行為，自閉性，その他の問題行動が著しく，常時介護を必要とする程度の者」としている。

（2）重度・重複障害児の発達特性

　重度・重複障害といってもどのような障害の種類を有するかは様々で，たとえば視覚障害がある者であっても，重複する障害が聴覚障害である場合もあれば知的障害である場合もある。また，肢体不自由や病弱である場合もある。そして視覚障害・聴覚障害・知的障害を有するというように3つ以上の障害が重複している場合もある（図8-2参照）。

　さらに重複している障害の程度が比較的軽度の場合も重度の場合もある。このように有する障害の種類と程度は多様であり，当然のことながら教育的ニーズも様々である。つまり幼児児童生徒の障害特性や発達特性を「重度・重複障害」と一括りにして述べることは，教育的対応を考えていく上では，大きな意味を有しない。基本的には個々の重度・重複障害児が主としてあわせ有するそれぞれの障害特性と，それに伴う二次的要因に起因して発達特性は大きく異なるといえる。2018（平成30）年現在，特別支援学校に在籍する重度・重複障害児の実態は，ほとんどのものが2歳以下の発達水準にあり，かつ健康面においては濃密な健康管理を必要とする者である。具体的に示すと以下の特性をあげ

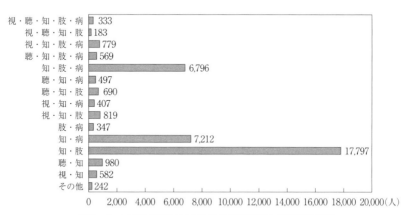

図8-2　特別支援学校における重複障害別在籍児童生徒数

注：対象全児童生徒数は3万8233人である。
　　100人以下の重複障害はその他とした。
　　特別支援学校が設置されている学級の障害種別を基準に分類しているものである。
出典：文部科学省（2018）をもとに筆者作成。

ることができる。

① 発達的・行動的側面

○運動発達

　特別支援学校の重複学級に多く在籍する脳原性疾患に起因する重度・重複障害児においては、通常、生後6カ月頃までに抑制・統合される原始反射に、6カ月以降も継続して支配され、座位保持や寝返りや腹ばい移動も困難な場合が多い。また、手と目の協応動作やつまみ動作も困難な場合がほとんどである。肢体不自由の状態がきわめて重度の場合は、定頸（ていけい）もなく姿勢変換もできないために日常生活のほとんどを臥位（が い）で過ごしている。

○コミュニケーション

　知的障害が重度の場合、話し言葉をもたず、理解のできない者が多い。したがって、コミュニケーション手段としては、身振りサインや写真・シンボルカードを用いている場合が多い。また、知的障害が最重度の場合においては、表情や仕草を受け手が読み取って意思を推測するという受動的で不確実な伝達手段しかもたない。

○日常生活基本動作・習慣

　運動障害や知的障害が重度である場合、空腹や便意が伝えられなかったり、摂食動作・用便動作・着脱動作が行えなかったり、衣服の表裏の弁別や用便後の後始末が困難であったりして、全介助を要する者が多い。

② 健康的側面

　脳原性疾患に起因する重度・重複障害児においては、次のことが顕著である。

- 環境温の急激な変化に対して一定範囲の体温保持が困難な体温調節機能不全の者が稀ではない。
- てんかんを合併している者が多い。
- 摂食機能（咀嚼（そしゃく）・嚥下（えんげ）・吸引等の機能）に障害がある者が多い。
- 長期間同一姿勢での生活が継続している場合、身体の変形や関節の拘縮（こうしゅく）等の二次的障害を引き起こしやすい。

以上のことなどから、総じて病弱性を伴っている場合が多い。

4 重度・重複障害教育における指導上の留意点

　重度・重複障害教育においては，対象児の複雑多岐にわたる障害特性等によって教育ニーズも多様である。そのため指導上の留意点についても，一括りにして述べることはできない。しかし，今日では重度・重複障害児のために多様な教育課程や医療的ケアの制度が用意されている。したがって指導にあたっては，個々の重度・重複障害児に対して，どのような教育課程を用いて指導を行うか，医療的ケア制度のどの内容を活用するかを適切に選定することが指導を行う上での重要なこととなる。

(1) 教育課程の編成と指導上の留意点

　新特別支援学校小学部・中学部学習指導要領においては「重複障害者等に関する教育課程の取扱い」として，教員を派遣して教育を行う場合のものを除き，大別すると4種類の教育課程が示されている。指導を計画するにあたっては，対象となる児童生徒の実態に即して，この弾力的な取扱いを適切に活用することが必要である。特別支援学校に在籍する重度・重複障害児のほとんどが，2歳以下の発達水準にあることは，先に述べたとおりである。このような場合「重複障害者のうち，障害の状態により特に必要がある場合には，各教科，道徳科，外国語活動若しくは特別活動の目標及び内容に関する事項の一部又は各教科，外国語活動若しくは総合的な学習の時間に替えて，自立活動を主として指導を行うことができるものとする」と示されており，したがって「自立活動を主とする教育課程」を適用することが多い。これまでの教育経験の蓄積からこの教育課程を活用した指導内容と指導上の留意点を例示すると次のようなものがあげられる。

① 健康状態の保持と増進

　重度・重複障害児の健康状態は，日によって大きく異なったり，午前と午後で異なったりして，変動が激しく，きわめて不安定な者が多い。また，体調を

崩しやすく、体調を崩すとその回復に長期間かかる者も多い。健康状態が悪いと学習の機会が少なくなるため、体力の向上を目指した課題の設定が必要となる。乾布摩擦や冷水摩擦、空気浴・日光浴・水浴等の自然の諸要素を用いた方法が効果的である。また、摂食機能の問題で必要な栄養量を確保することが困難な者が多い。この場合、食事形態を工夫したり、摂食機能の向上を図ったりすることも重要な課題となる。さらに無理のない日課で、食事時間や睡眠時間等を固定して習慣化を図り、生活リズムを整えることも必要である。この際には、光や音の環境刺激をコントロールしたり、定めた時刻に食事を促したりすることが有効である。加えて、重度の肢体不自由を有する場合には、変形や拘縮、褥瘡(じょくそう)等の二次的障害や疾病を生じやすいので、体位転換や異常な筋緊張の抑制を図ることも必要となる。

　これらのことは、日常的に継続して実施しなければ効果が上がらないことに留意すべきである。したがって、保護者と協働して取り組むことがとくに必要となる。また、負荷がかかりすぎると逆に体調を崩してしまうので、指導にあたっては、学校医や主治医から助言を得ることは欠かせない。

② コミュニケーション能力の向上

　自己の感情や欲求を何らかの手段によって、意思表示したり、他者の意思を理解したりすることは、質の高い生活をしていくために必要なものである。また、教師の意図を理解し、学習課題に主体的に取り組むためにもこの課題は重要なものである。対象児の認知能力や運動能力に即して、話し言葉以外の「身振りサイン」「写真や絵等を活用したシンボルカード」「トーキングエイド」「現物」等を用い、これらと事物・事象との対応を日常的に図ることが重要である。形・色・大きさ・重さ・長さ・厚さ・温かさなどの弁別学習は、高次のコミュニケーション手段の獲得と密接な関係があるので、その習得状況を的確に把握していく必要もある。

　発達がきわめて初期の段階にある場合、先述した手段さえ使えず、何を手がかりにすればよいかわからないことがある。どんなに障害が重く発達が初期の段階の人であっても、いろいろな状況で何らかの状態変化があるといわれてい

る。それに気づかないのは関わり手の問題であるとされている。コミュニケーション障害は，送り手だけに問題があるのではなく，受け手の問題でもあるといわれるゆえんがここにある。どのようなときにどのような表情の変化や仕草があるか，またどのような行動をとるかなどをつぶさに観察し，把握しておくことが効果的な方法につながる。このことにとくに留意しておく必要がある。

③ 自発的な行動と人間関係の促進

　モノや人に自発的に働きかける力が弱い重度・重複障害児は稀ではない。このような子どもの自発的な行動を促進させるためには，安定した対人関係の中で探索活動が発現・拡大していくことに留意する必要がある。つまり拠点となる安心できる人が存在することによって，未知のものへの探索活動が誘発しやすいという例があるからである。関わり手は，まず対象児と共感関係を深める中で，安心できる存在となる信頼の絆づくりを目指す必要がある。信頼の絆が構築されたならば，安全をおかされる場合を除いて，探索活動を見守る姿勢で関わることが重要である。むやみに干渉すると，発現した自発的な行動も信頼の絆も消失する恐れがあることに留意する必要がある。また，障害によっては，探索活動を促すために，眼鏡や補聴器，身体を支える装具，電動車椅子等の補装具の活用も効果的な方法である。

(2) 医療的ケアと指導上の留意点

　2011（平成23）年6月に公布された「社会福祉士及び介護福祉士法」の改正前までは，たんの吸引や経管栄養は「医行為」と整理されており，医師または看護師などの免許をもたない者が反復継続する意思をもって行うことは法律上禁止されてきた。一方で，医療技術の進歩や在宅医療の普及を背景に，当時の盲・聾・養護学校の在籍者の中にも医療的ケアを必要とする児童生徒等が増加してきた。このことに対応するため1998（平成10）年度から文部科学省は「盲・聾・養護学校における医療ニーズの高い児童生徒等に対する教育・医療提供体制の在り方に関する調査研究及びモデル事業」を開始した。その結果，看護師が常駐し，看護師の具体的な指示のもとに教員が一部医行為を実施する

方式においては，医療安全が確保されるほか，授業の継続性の確保，登校日数の増加，児童生徒等と教員との信頼関係の向上等の意義が観察され，さらに保護者が安心して児童生徒等を学校に通わせることができるようになるなど，保護者の負担の軽減効果も観察された。このようなこともあり，これ以降，実質的違法性阻却の考え方に基づいて，医療的ケアを実施してきた特別支援学校の教員についても，制度上実施することが可能となった。2011年12月の「特別支援学校等における医療的ケアへの今後の対応について」によると実施可能な行為は，①口腔内喀痰吸引，②鼻腔内の喀痰吸引，③気管カニューレ内部の喀痰吸引，④胃ろうまたは腸ろうによる経管栄養，⑤経鼻経管栄養の5つの行為である。

　最近の傾向として，児童生徒等に対する医療的ケアの内容が，より熟練を要し複雑化している状況にあることから，特別支援学校に勤務する教員等であれば誰でもよいということではない。この行為を実施できる教員等は，法に定められた研修を修了し，認定特定行為業務従事者の認定証の交付をうけた者に限定されること，教員等が実施するのは特定の児童生徒等の特定の行為に限られること，特定行為を実施する場所は，始業から終業までの教育課程内における校内での実施を基本とすべきであること，等々の多くの制約があることに留意しなければならない。また，特別支援学校において特定行為を実施するのは，医療機関等において治療上の目的から医行為を実施するものとは異なり，学校において児童生徒等が安全な環境で教育を受けられるようにするためである。したがって，あくまでも児童生徒等が教育を受けられる状態にあることが前提となる。このため日々の健康状態や医療的ケアにおける行為の状態を学校と保護者が共有するなど，日頃の連携協力を図ることに努めなければならない。

引用文献
昇地勝人・蘭香代子・長野恵子・吉川昌子編著（2006）『障害特性の理解と発達援助［第2版］』ナカニシヤ出版．
菅原伸康編著（2011）『特別支援教育を学ぶ人へ――教育者の地平』ミネルヴァ書房．
菅原伸康・渡邉照美編著（2015）『エピソードで学ぶ 障碍の重い子どもの理解と支

援』ミネルヴァ書房。
全国特別支援学校肢体不自由教育校長会(2017)「全国特別支援学校(肢体不自由)児童生徒病因別調査結果(平成29年5月1日現在)」。
独立行政法人国立特殊教育総合研究所(2011)『特別支援学校における障害の重複した子ども一人一人の教育ニーズに応じる教育の在り方に関する研究——現状の把握と課題の検討(平成21年度~22年度)』研究成果報告書。
村田茂(1998)『シリーズ福祉に生きる8　高木憲次』大空社。
文部科学省(2018)「特別支援教育資料(平成29年度)」。

(学習の課題)
(1) 筆記動作の困難を軽減・改善するために使用される補装具にはどのようなものがあるか調べてみよう。
(2) 重度・重複障害の類似概念である重症心身障害の概念を調べてみよう。
(3) 医療的ケアの研修内容について調べてみよう。

【さらに学びたい人のための図書】
安藤隆男・藤田継道編著(2015)『よくわかる肢体不自由教育』ミネルヴァ書房。
　⇨多様なニーズを有する肢体不自由がある児童生徒の教育の充実に資するため、肢体不自由の障害特性、特別支援教育の制度や歴史、教育課程や指導計画等が詳細に解説されている。
筑波大学附属桐が丘特別支援学校(2008)『肢体不自由のある子どもの教科指導Q＆A』ジアース教育新社。
　⇨これまでの教育経験の蓄積に基づいて、特別支援学校・特別支援学級はもちろん通常学級でも実践可能な手だてが教科別にQ＆A方式でわかりやすく解説されている。
分藤賢之編著(2015)『新重複障害教育実践ハンドブック』社会福祉法人全国心身障害児福祉財団。
　⇨「児童生徒に身に付けさせたい力を教科の視点で把握することの先には、インクルーシブな教育がある」との考えのもとに、「障害が重度で重複している場合においても、教科指導の可能性の再検討が必要である」と論じられている。

(吉川明守)

第9章 教室でであう精神疾患の理解

この章で学ぶこと

教員になる上で最低限知っておくべき精神疾患について，(1)うつ病と統合失調症，(2)情緒の障害，(3)摂食障害・解離性障害など，(4)心身症，(5)自傷・自殺の5つの分野に分け，それぞれについて①学校教育における意義，②病態について知っておくこと，③児童生徒との関わり方，④その他留意点の4つの視点から解説した。これらを通して教育現場で実際に児童生徒の精神的・心理的変調に遭遇したとき，疾患の基礎知識をもとに，その背景にあるものを想定し，どう見立て，学校でどう対応していくべきか，医療にどのようにつなげるのかを学ぶ。

1 うつ病と統合失調症

(1) うつ病

① 学校教育における意義

昨今，うつ病で教員が休職したという話がよく聞かれ，これから教員を目指す学生にとっても決して他人事ではない。ただ「うつ」という言葉は単なる気分の落ち込み，引きこもり，自傷行為なども含めて「うつ」と称されたりするなど，児童生徒に限らず成人の間でも混乱が生じている。ここでは気分障害の代表的な疾患である「うつ病」の正しい病態について学ぶ。

② 病態について知っておくこと

うつ病について知る上で，国内で広く使われている『DSM-5 精神疾患の分類と診断の手引』(APA, 2014) の診断基準をみることでおおよそ特徴がつかめる。それによると，うつ病は以下の9つの項目のうち一定数以上満たせば診断基準を満たすとされている。

(1)抑うつ気分，(2)興味または喜びの著しい減退，(3)著しい体重減少または増加（１カ月で５％以上，子どもの場合は期待される体重増加がみられないなど），あるいはほとんど毎日の食欲の減退・増加，(4)ほとんど毎日の不眠または過眠，(5)ほとんど毎日の精神運動性焦燥または制止，(6)ほとんど毎日の疲労感または気力の減退，(7)ほとんど毎日の無価値観，罪責感，(8)思考力や集中力の減退，または決断困難がほとんど毎日認められる，(9)死についての反復思考。

　これらのうち，５つ以上が２週間以上続くこと，(1)か(2)のどちらかは必ず認めること，苦痛を感じていること，生活に支障をきたしていることがあり，他の疾患を除外していること（物質による誘発や身体疾患によるもの）を満たすと，うつ病の診断基準を満たす。実際には，児童生徒の気分がいつもと違って沈んでいるように見える時期が２週間程度続き，(4)の不眠や(3)の食欲低下，また(9)の希死念慮（死にたい気持ちがあるのか？）について直接，児童生徒に訊ねてみるとよい。当てはまれば，うつ病を念頭に医療機関につなげるといった判断ができる。

③　児童生徒との関わり方

　児童生徒は大人と違って抑うつ気分を表現しにくく，不安やイライラ感で表すことが多い。このためうつ病とはわからないこともあり，以下のポイントに留意する。

〇うつ病の先駆症状を知ること

　先駆症状として比較的表れやすいのは，不安やイライラのほかに，不眠と食欲減退である。とくに不眠があれば健常者でも疲労感や思考・集中力の減退がみられるため，夜きちんと眠れているか睡眠の状況を訊ねてみるとよい。

〇うつ病の児童生徒にしてはいけないこと

　「つらいと思うけど頑張ってね」といった励ましや「最近は元気そうだね」と評価されることで，わかってもらっていないという疎外感をもちかねない。

〇うつ病の薬の副作用を理解しておくこと

　抗うつ薬の副作用で，日中の眠気やふらつき，喉の渇きなどが出やすい。またSSRIという抗うつ薬では服用開始や増量によりアクチベーション・シンド

ローム（不安・焦燥，不眠，易怒性，衝動性，躁状態などの症状）が生じることがある。

◯うつ病の回復期に注意すべきこと

回復期には意欲が回復してくるが，一方で自殺企図のリスクも高まる。

④　その他留意点

希死念慮を訊ねてよいかといった判断に迷うこともあるが，概して具体的な方法で「ずっと死ぬことを考えている」といった訴えがあった場合は緊急性が高い。児童生徒にうつ病を発症させる要因としては遺伝的な素因のほかに，いじめ被害や被虐待，不安定な養育者の存在などがあげられる。これらは児童生徒に深刻な心的ストレスを与える。児童生徒がうつ病になったときその背景に何があるかを見立てる必要もある。さらに発達障害や知的障害のある児童生徒は，対人面や学習面で失敗しやすいこと，それがきっかけでいじめ被害に遭うこともあること，成功体験が少なくかつストレス耐性が低いこと，虐待などの不適切養育を健常児に比べ受けやすいことなどから，二次障害としてのうつ病になるリスクがほかの児童生徒に比べ高いことにも注意が必要である。

（2）統合失調症

① 学校教育における意義

統合失調症の患者は調査方法によって幅があるものの，およそ100人に1人いるとされている。発症時期は15歳以下では少ないとされるものの未成年期に多く，学校教職員としては児童生徒の発症と関与する可能性は高い。

② 病態について知っておくこと

統合失調症の中核症状は明確でなく，複数の症状が集まっていると考えられている。統合失調症とは何かを理解するには DSM-5 の診断基準を参考にするとわかりやすい。DSM-5 では以下の5つの中核症状をあげている。

(1)妄想，(2)幻覚，(3)まとまりのない発語，(4)ひどくまとまりのない，または緊張病性の行動（興奮・昏迷を基本とする特徴的な症状），(5)陰性症状（情動表出の減少，意欲欠如）。

これらのうち2つ，もしくはそれ以上（上記のうち少なくとも一つは(1)か(2)か(3)である），それぞれが1カ月間持続することにより診断される。(1)の妄想には，考想伝播（自分の考えが周りの他人に知れわたってしまう）や妄想知覚（外界からの知覚に誤った妄想的な意味づけをする）といったもの，(2)の幻覚には，考想化声（自分の考えが声となって外から聞こえる），会話形式の幻声（複数の声が自分のことで話し合ったり，それに応答したりする自己の行為を批評する幻聴）などがある。それら以外に身体被影響体験（自分の身体に何かされている），思考奪取（会話の最中に突然自分の考えが抜き取られる），させられ体験（自分の思考，感情，意思，行為が外部の力によってさせられている）といったものがあり，それらの結果(3)〜(5)の症状に結びつく。原因として，もともとの遺伝的要因などの脆弱性と様々なストレスによる環境要因が組み合わさって生じるストレス・脆弱性モデルが考えられている。

③　児童生徒との関わり方

　子どもの場合の幻覚は幻視が多く幻聴は不明瞭とされるが，児童生徒がこれらのような状態にあれば，その心的負担が並大抵のことではないことが理解できる。統合失調症はその発症後，日常生活を普通に送る能力が低下していくことが多く，学業成績にも影響が出てくる。妄想の内容について詳しく聞いたりするなど，内容を否定すると混乱をきたしたり病状が悪化するので避ける。

④　その他留意点

　統合失調症は予後が良好とされるのは20％程度と，決してよいとはいえない疾患である。平均余命は自殺，事故死，自然死などの原因により短く，主な死因は自殺である。一生涯のうちで自殺企図をするのは約40％で10〜20％が遂行する。回復後早期，発症後早期の若者に多いとされる。

2　情緒の障害

（1）チック障害
① 学校教育における意義

　チック障害では意識せずに突発的に運動や音声が繰り返し発生する。音声で症状の重いものは教室中に響きわたるくらいの大きな声が出るため，いじめに遭うこともある。いじめ以外にも著しく児童の自尊心を傷つける可能性や，本人以外の周囲の子どもたちも気になってしまうため，特別な配慮が必要である。

② 病態について知っておくこと

　チックには，肩をすくめる・まばたきをするといった運動チック，咳払い・鼻をするといった音声チック，飛ぶ・跳ねるなどの複雑性運動チック，不潔・猥褻なことを言う・相手の言った言葉を繰り返すなどの複雑性音声チックなどがある。

③ 児童生徒との関わり方

　治療には心理療法や薬物治療が行われるが，現在のところ，薬物療法が主である。またチックは学校だけ，もしくは家庭だけという場合もある。チックは周囲も気になって親や教師が本人をとがめてしまうことで，本人に心理的負担をかけることがあるので，無視することも一つの方法である。

④ その他留意点

　幼児や低学年の児童では一過性に軽快することもあり，経過観察されることもある。チックと鑑別すべきものにてんかんがある。てんかんとの鑑別には脳波検査が使われる。

（2）選択性緘黙
① 学校教育における意義

　選択性緘黙では，家では普通に話せるが学校にくるとまったく話せないといった児童生徒がいて，学校では対応に苦慮する。教員は友人関係を懸念し何

とか学校でも話させようと，あの手この手を使うがそれがかえって本人に心理的負担をかける場合もある。

② 病態について知っておくこと

緘黙には話さなくても非言語コミュニケーションを用いて積極的に他者とコンタクトを求めるタイプや，そもそもまったくコミュニケーションを求めないタイプがある。緘黙の要旨は DSM-5 の診断基準によると以下のとおりである。

(1)他の状況では話すことができるが，話すことが期待されている特定の社会的状況では常に話すことができない，(2)この疾患が，学業上，職業上の成績，対人コミュニケーションを妨げている，(3)少なくとも1カ月は続いている，(4)場面に応じた話し言葉の知識や，会話の楽しさが不足していることによるものではない，(5)コミュニケーション症（例：小児期発症流暢症）ではうまく説明されず，自閉スペクトラム症，統合失調症またはその他の精神病性障害の経過中にのみ起こるものではない。

③ 児童生徒との関わり方

学校で何とか話させようとするのではなく，当面は学校で児童生徒が過ごしやすい環境になるように関係者と調整することが大切である。治療には行動療法などが用いられる。病院の一室で通常会話ができる親子で会話をしてもらい，少しずつドアを開けたり，第三者がそばに近寄っていったり，児童生徒が緊張しなければ会話にも参加していく，といった具合である。もし児童生徒が保健室では話せるようであれば，そこから少しずつ教室の雰囲気に近づけていく。

④ その他留意点

緘黙の背景に発達障害や不安障害が関係していることもあるため，緘黙がみられた場合，発達障害の一つである自閉スペクトラム症なども疑ってみるべきである。

（3）分離不安障害・社交不安症・限定性恐怖症

① 学校教育における意義

分離不安障害・社交不安症・限定性恐怖症では，児童生徒がある状況に対し

て特徴的な不安や恐怖を抱くことがある。就学時に親と離れることで不安を感じ不登校になること以外にも，ある特定場面での対人不安や恐怖，虫や動物への恐怖などがある。

② 病態について知っておくこと

分離不安障害は，愛着をもっている人物（保護者など）から離れることへの恐怖から，学校やその他の場所に出かけることについて持続的に抵抗や拒否をする，また実際に分離されたり予期されたりすると，頭痛や吐気，嘔吐などの身体症状などがみられる。社交不安症は家族などとは自然にふるまえるが，不慣れな社交場面（仲間同士の間）などで著しい恐怖や不安を抱き，泣く，かんしゃくを起こす，凍りつくなどの不安症状が生じる。限定性恐怖症は，高所，暗所，動物，注射などへの顕著な恐怖や不安を抱き，そのことで日常生活にも支障をきたすような状況が続く。

③ 児童生徒との関わり方

児童生徒がどのような対象にどのような不安や恐怖を感じているかを，本人自身の主観で理解することが大切である。学校では分離不安に伴う不登校が問題になってくる。保護者から離れられたからといって，いきなり同級生の中に入れて一緒に生活させると上手くいかない。まずは保護者の代わりに，学校で安心できる大人をいかにつくるかが大切である。そういった本人の安全基地となるような大人が学校にでき，保護者から離れることができれば，徐々に安心できる友人へと関わりを増やしていくとよい。

④ その他留意点

分離不安に関しては，実は保護者が子どもと離れることに不安を抱いていることもある。子ども自身はそれに巻き込まれていることもあるので，そういったことがないか，一度，保護者の気持ちを確認してみることも大切である。

（4）素行障害・反抗挑戦性障害

① 学校教育における意義

素行障害・反抗挑戦性障害では，学校での粗暴行為，教員や親への反抗的態

度が続けば，友人関係だけでなく勉学の継続にも支障をきたす。行動がエスカレートして非行・犯罪化すれば，児童福祉や司法領域とも密な連携を取ることが求められる。

② 病態について知っておくこと

これらは社会的に望ましくない態度や行動が半年以上続く行動上の障害であり，易怒的，口論好き，挑発的態度，執念深さ，人や動物に対する攻撃性，所有物の破壊，虚偽性や窃盗，重大な規則違反（13歳未満から始まる夜間徘徊や怠学など）といった行動がある。触法行為の繰り返しを素行障害，大人への反抗的な態度が続くものを反抗挑戦性障害と呼ぶ。多動性障害や抑うつ気分を伴うことがある。

③ 児童生徒との関わり方

学校で児童生徒がどうふるまっているか，友人関係はどうなのか，学力やクラブ活動などはどうか，保護者の状況や対応の仕方，そして本人にとって学校はどのような意味があるのかなどを観察して，児童相談所などと情報を共有していく。本人に対しては，信頼関係が構築できるまで本人の言い分に耳を傾け，決して大人の意見を押し付けないことがポイントである。

また素行障害・反抗挑戦性障害は，その原因をしつけ不足だと親を非難するケースもあるが，親もすでにどう対処していいかわからず疲弊していることや，そもそも親自身に対処能力がないことも多く，原因探しだけでは何も解決しない。

④ その他留意点

対象児が軽度の知的障害をもち合わせているような場合，そもそも善悪の判断ができない，大人からの指示が理解できず頭に入りにくい，友人関係がうまくいかずいじめ被害に遭っていた，悪友の言いなりになっているといった背景も考えられ，環境因以外にも本人の能力面を評価することが大切である。特別支援教育を考慮するなどの対応で，行動面に改善がみられることもある。

（5）抜毛症

① 学校教育における意義

抜毛症とは，頭皮が見えるほど髪の毛が少なくなり，学校では周囲からヒソヒソと陰口を言われることから，本人はヘアバンドで隠そうとしたりする。不登校の原因にもなる深刻な疾患である。

② 病態について知っておくこと

手が自然にある部位にいき，体毛を引き抜いて毛の薄い部分ができる。頭髪が主であるが，眉毛やほかの体毛が対象になることもある。頭髪がほとんどなくなることもある。DSM-5 では強迫症状や衝動制御の問題として分類されている。

③ 児童生徒との関わり方

10歳以前の発症では主に家庭内の一時的な問題が考えられ，環境調整で改善することが多いため，保護者との連携が鍵となる。一方で思春期になると攻撃性やパーソナリティの問題もみられ学校での対応は困難になるため，医療機関につなげる。学校では本人の自尊感情への配慮を念頭におく。

④ その他留意点

強迫性障害や統合失調症を発症するなど，ほかの精神障害併存の可能性もあるため，抜毛だけに気を取られないよう注意が必要である。

3　摂食障害・解離性障害など

（1）摂食障害

① 学校教育における意義

摂食障害には神経性やせ症と神経性過食症がある。とくに神経性やせ症では栄養不足から身体的リスクを生じるため，登校，体育の授業，部活動などへの制限や禁止といった行動制限が必要となる。

② 病態について知っておくこと

神経性やせ症は標準体重の−15％以下の体重（または BMI で17.5以下）で，

体重増加への強い恐怖や低体重への深刻さの欠如などを伴う。やせているにもかかわらず活動量は多く元気にも見えるが，餓死したり自殺したりして死亡率も高い。そのため身体管理がまず優先される。体重や電解質の値がある一定以下になれば入院治療が基本となる。心理的治療としては身体の危険を認識できない患者の問題を，病気の問題とおきかえるなど外在化を行っていく。

　神経性大食症はむちゃ食いを繰り返すものの，体重増加を恐れ自己誘発嘔吐，下剤乱用などを伴う。むちゃ食いの前の空腹感，その後の後悔，自己誘発嘔吐による後悔の念の解消，といったサイクルを繰り返す。このため長期間続くことや，抑うつや自傷行為，パーソナリティ障害などを併存することもある。

③　児童生徒との関わり方

　神経性やせ症は本人が望んで至る疾患でもあるため，教員としては自身の感情の理解と対処が大切である。しっかり食べてほしい，もっと体重を増やしてほしいといった言葉かけは慎重にすべきで，学校で児童生徒と話す機会があれば彼らの言い分をしっかり聞いて，少しでも理解して関係性を維持することに努める。

　神経性過食症でも基本は説教などせず話を聞くだけである。その際，過食や自己誘発嘔吐の回数，過食にかかるお金などを把握する。とくに過食のための食材購入費に困り万引きにつながることもある。

④　その他留意点

　どちらも親子関係が複雑なことが多い。親子関係が険悪になっていたり，逆に親が児童生徒の言葉を鵜呑みにしたり児童生徒の言いなりになっていたりすることもあり，保護者と話すときは親子関係が健全に機能しているかどうかをみる。

（2）睡眠障害

①　学校教育における意義

　睡眠障害のために朝起きられず，学校に行きたくても行けず，不登校の原因になるケースがある。

② 病態について知っておくこと

　睡眠障害には不眠症だけでなく、過眠症、睡眠時随伴症といったものもある。不眠症にも入眠困難、中途覚醒（覚醒後に再入眠できない）、早朝覚醒（早朝覚醒後再入眠できない）がある。子どもの場合、親が近くにいないと入眠できないこともある。就学前後の児童に多いのが夜驚（やきょう）や夢遊病、悪夢といった睡眠時随伴症である。発達段階の一時期に起きやすく自然に改善していくことが多い。過眠症の中では、日中に耐え難い眠気などが生じるナルコレプシーがある。

③ 児童生徒との関わり方

　睡眠障害に対しての治療は、睡眠専門医や児童精神科医などが薬物治療を含めてあたるが、家庭環境を含めた生活リズムが不規則なことが不眠症の原因となる場合には、教員は保護者や児童の事情を聞いてみるとよい。

④ その他留意点

　睡眠障害以外の問題で不登校傾向になっている場合は、睡眠リズムを整えることを目標にしても解決にはならない点には気をつけねばならない。

（3）解離性障害

① 学校教育における意義

　児童虐待が大きな社会問題となっている今日、虐待を受けた児童生徒に解離症状が生じることがある。逆に解離症状が疑われた場合には家庭で虐待が起きていないか考慮する必要がある。

② 病態について知っておくこと

　解離症状とは過去の記憶や自分のまとまりとしての同一性の障害である。2つ以上のパーソナリティが同一個人に存在する解離性同一性障害、重要な自伝的情報の想起が困難になる解離性健忘、自らの考え、感覚、身体などについて外部の傍観者のように感じる離人感などがある。

③ 児童生徒との関わり方

　解離症状は防衛機制の一つといえ、本人が抱えきれない強い葛藤に対して児童生徒の心を破綻から守る役割があるとされる。そのため、その背景に何があ

るのか慎重に吟味すべきであり，主治医と連携のもと，学校生活ではできる限り心因的な負担を軽減してあげること，様々な症状に対して学校でできる配慮を工夫することが求められる。

④　その他留意点

解離症状が続き，治療がうまくいかないと，周囲から演技では？　と疑念を抱かれることがある。しかしたとえそれが演技だったとしても，そう演技することでしか表現できないこと自体が，その児童生徒の心の病であり課題でもある。

（4）身体表現性障害

① 学校教育における意義

様々なストレスにより児童生徒が身体の不調を訴えることがある。腹痛を起こし学校を早退して病院を受診したが何も異常がなかったといったことを何度か繰り返すケースに対して，周囲はさぼりたいからだと疑念を抱きがちである。この障害の理解がそれらをどう捉えるかについて役に立つ。

② 病態について知っておくこと

医学的検査で身体の異常がないにもかかわらず，身体症状を訴える。腹痛や胸痛，嘔気，息切れなど複数の身体部位の不定愁訴を訴えるが，それを説明する身体的所見がなく，薬物の副作用でもない。失立・失歩・失声や視力低下，聴力低下などもみられる。概して機能不全に陥った家族など，社会的心理要因も背景にあることが多い。

③ 児童生徒との関わり方

医学的検査で異常がなくても本人にとっての身体症状は実際にあり，周囲からの「病気ではない」「気持ちの問題だ」という態度で，ますます本人を窮地に追い込んでしまう。症状の存在を認め苦痛を理解してあげること，症状を抱えながらどう学校生活を過ごすかを一緒に考えていくことが求められる。

④ その他留意点

身体表現性障害と診断されてから身体疾患がみつかる場合もある。検査を受けて異常がなかったからといって身体疾患を否定し続けるのは危険である。

（5）外傷後ストレス障害（PTSD）

① 学校教育における意義

東日本大震災などの自然災害をはじめ，大阪教育大学附属池田小学校事件のような無差別殺人事件などは，子どもたちにきわめて強い精神的，身体的ストレスを与え，その後の生活に少なからず影響が生じさせる。教員としてはPTSDの原因になりそうな出来事，PTSDの症状，学校で何ができるかについて知っておく。

② 病態について知っておくこと

PTSDはその出来事から数週間から数カ月後の潜伏期間を経て発症する。再体験（意図しない外傷体験の想起），麻痺（感情が鈍感になる，将来に希望がもちにくくなるなど），回避（外傷体験の話題を避けるなど），過覚醒の4つからなる。子どもの場合，原因となるトラウマとして，自然災害，大規模事故，性暴力被害，交通事故，人質事件，いじめ被害，被虐待などがある。これらのうち，1回のみ（交通事故や災害など）の出来事なのか（単回），いじめや虐待のように繰り返されるのか（慢性）によって，子どもの示す症状は異なり，それぞれⅠ型，Ⅱ型と呼ばれる。Ⅰ型では，当初は不安などがみられ，その後，次第に抑うつや身体化などがみられるようになる。Ⅱ型では愛着障害，多動，攻撃性，発達の遅れ，性的逸脱行動などがみられる。

③ 児童生徒との関わり方

外傷体験を話題にするとトラウマ体験を呼び起こすことにもなり，配慮が必要である。まずは保護者と面談することが大切であるが，児童生徒に対しては直接的な介入は避け，専門医や専門カウンセラーの助言に従うべきである。いじめ被害やきょうだいからの性的被害などの場合は，まず本人の安全が第一である。児童相談所とも相談の上，加害者とどう距離を取るかなど必要な措置を検討せねばならない。

④ その他留意点

PTSDに似た疾患として，急性ストレス障害と適応障害がある。急性ストレス障害はトラウマティックな出来事に遭遇しても，4週間以内に症状が消退

するケースをいう。適応障害はストレスがきっかけで抑うつや不安などが生じ，日常生活に支障をきたす。ただ通常，半年以上は続かないとされる。

4　心身症

（1）起立性調整障害
① 学校教育における意義
　朝の起床困難を主症状とし午後や夕方には軽快するため，保護者や学校からは怠けているのではないかと誤解されやすい。不登校の3分の1程度は起立性調整障害を伴うとされるため，不登校傾向にある子どもの背景を知る上でこの障害を考えることも欠かせない。
② 病態について知っておくこと
　起立直後に活発化する交感神経がうまく作動せず，血圧が低下したままになる。そのため，朝なかなか起きることができない，立ちくらみやめまい，気分の不快感，動悸や息切れなどの症状がみられる。また自律神経機能が関与するため，心理的ストレスも症状に影響する。
③ 児童生徒との関わり方
　当日の朝にならないと症状がわからないなど，本人も症状に振り回され周囲の理解も得にくい状況である。そのため，仮病扱いされやすく余計に心理的ストレスを増し悪循環となる。あくまで病気として接してあげることが大切である。学校では水分を多めに取ること，急に立ち上がらないこと，激しい運動は控えること，暑い場所を避けることなどに注意する。
④ その他留意点
　症状の日内変動がうつ病と似ていることや，日常生活がうまくいかず抑うつ症状も生じることから，うつ病と誤診されることもある。

（2）過敏性腸症候群

① 学校教育における意義

　大人の疾患として捉えられているが，小学校高学年くらいから生じる。腹痛や便秘，下痢，放屁などの症状があり，とくに便秘や放屁は女子に多く，不登校につながることがあるため，児童生徒の心理的ストレスは高い。

② 病態について知っておくこと

　レントゲンや内視鏡検査などをしても，形態的な異常や炎症性，代謝性，腫瘍性等の病変がないのに，腹部不快感や腹痛を繰り返すもので，反復腹痛型，便秘型，下痢型，ガス型の4つに分類されている。反復腹痛型は低年齢児に多く，下痢型は男子に，便秘型やガス型は女子に多い。

③ 児童生徒との関わり方

　起床時に症状が強く登校前にトイレに何度もこもったりして，遅刻の原因になることもある。心理的ストレスが原因の一つともいわれており，とくに女子に多いガス型は放屁などへの恐怖や苦痛のため，静かな教室で余計に症状が強くなることから特別の配慮が必要である。

④ その他留意点

　治療は食事療法，運動療法など生活習慣の改善や整腸剤，止痢薬，排ガス薬などの薬剤を使用するため基本的には小児科で治療すべき疾患であるが，心理的ストレスも原因になることがあるため，精神科外来の受診をすることもある。

5　自傷・自殺

① 学校教育における意義

　中学生・高校生の約1割が刃物で自らの身体を傷つけるなどの自傷行為の経験があるという。また10代後半の死因の第1位は自殺であることから，児童・青年期における自傷や自殺について学んでおく必要がある。

② 病態について知っておくこと

　自傷や自殺は病名でなく行為であるが，その背景には，いじめ被害，友人関

係や親子関係の問題，失恋，学業不振，進学の問題などのほか，気分障害や統合失調症などの精神疾患があることがある。まずは自傷や自殺の背景となる状況や疾患について理解することが優先される。

③　児童生徒との関わり方

リストカットのような自傷の場合，切るところは手首で目立つところでもあり，見せられると様々な感情が引き起こされる。「愚かな行為だ」「気を引くためだ」「切るほどつらかったのだろう」といったものから「自殺しようとしたので緊急事態だ」というものまで教員によっても捉え方がまちまちである。自傷は風邪における「熱」のようなものであり，心の状態を表すバロメーターと捉えるとわかりやすい。風邪において「熱」だけを下げようとしても意味がないのと同様に，自傷行為だけを止めさせようとしてもあまり意味がない。背景にある心の叫びにいかに気づけるかである。自傷行為は好ましいものではないが，一方でその行為を責めると行き場を失い悪化する可能性もある。

自殺に関しては，危険性が高いかどうかの見極めが大切である。「死にたい」といった発言やノートなどにそういった記載があれば，慎重に対応すべきである。原則として，精神科など専門機関につなぐが，学校でも「最近の様子を心配している」「死にたい気持ちがあったら言ってほしい」と具体的に伝えておく。

④　その他留意点

教員としてはいかなる些細なサインも見逃さないといった細心の注意が必要である。一方で当事者は一度死ぬと決めたら邪魔されたくなく周囲に決して悟られぬままこっそりと自殺に及ぶケースもあるため，防止が難しいこともある。普段から児童生徒とコミュニケーションを取り，いつもと違ったことがないかなどを観察することが最大の防止につながる。

引用文献

American Psychiatric Association (APA) (2013) *Diagnostic and Statistical Manual of Mental Disorders : DSM-5*, American Psychiatric Publishing, Inc.（高橋三郎・大野裕監訳（2014）『DSM-5　精神疾患の分類と診断の手引』医学書院）．

第 9 章　教室でであう精神疾患の理解

学習の課題

(1) うつ病や統合失調症を疑う先駆症状についてまとめてみよう。
(2) 心身症以外で子どもの身体に何らかの症状（たとえば体重減少など）が現れる心の疾患についてまとめてみよう。

【さらに学びたい人のための図書】

上島国利（2011）『これならわかる！精神医学』ナツメ社。
　⇨精神医学について正しい知識を学ぶために最適な入門書。用語をかみ砕いて説明しイラストを使ってわかりやすく図解されている。
本城秀次・野邑健二・岡田俊（2016）『臨床児童青年精神医学ハンドブック』西村書店。
　⇨児童・青年精神医学の学問的背景と臨床的問題の新しい事実や見解を結びつけ解説されている。

（宮口幸治）

第10章　特別支援教育に関わる危機管理

この章で学ぶこと

> 児童生徒等が遭遇しうる危機事態は，学校生活中や登下校時の事故だけではなく，自然災害や外部侵入者等による事件など多岐にわたる。学校管理下で危機が発生した場合は，児童生徒等の安全確保を迅速に行うことはもちろんのこと，その後の支援や信頼回復に向けた学校組織としての対応が求められる。本章では，「学校保健安全法」に基づく学校安全や学校での危機管理について概観した後，危機への対応について，①平時（リスク・マネージメント），②発生時ならびに事後（クライシス・マネージメント）の観点から概説する。

　2011（平成23）年3月11日に発生した東日本大震災で被災し，避難所生活を送っていた中学2年生の自閉症のある生徒は，震災1週間後から自分の腕を傷つけ始め，保護者の姿が見えなくなるとトイレに異物を詰め込むようになった。しかし床上浸水をして傾いた自宅を見たところ，パニックを起こすことなく，ただ立ち尽くして涙を流し，その日を境に行動が落ち着いたとのことである（田中ほか編著，2016）。

　このような行動の変化に，どのようなサポートをすることができるだろうか。本章では，主に組織としての学校が取り組むべき対策を概説するが，組織での支援体制を機能させるためには，個々人の基本的な知識および対応能力が必要である。そもそも被災後にはどのような心身の変化が起こりうるのか，また，その変化をどのように当事者に伝えるのか等，事前に知っておくべきことは少なくない。上記の生徒のように，言葉での説明ではなく実状を目の当たりにすることが，状況を把握し，落ち着くための方法になることもある。その他の伝え方として，写真や絵カードを用いる，文字で示す，身振りや手振りを用いる

等も考えられる。また五感への刺激をはじめとする環境の調整を行ったり，見通しをもてるように決まっている予定は伝えたりといったことも支援の基本である。これらは，日々の教育活動にも通ずる配慮といえるであろう。

いつ発生するかわからない危機事態には自然災害だけではなく，事件や事故なども含まれる。これらの事態が発生した際に，まずは生命を守ること，そして適切な支援を行うことの重要性はいうまでもない。もしものときに対応ができるように，日頃から学内の危機管理体制を把握するとともに，個人でも研鑽を積むことを怠らないようにしたい。

1 学校安全と学校安全計画

（1）学校安全とは

学校は，「幼児，児童及び生徒（以下「児童生徒等」とする。）の健やかな成長と自己実現を目指して学習活動を行うところであり，その基盤として安全で安心な環境が確保されていることが必要」（文部科学省，2011，2頁）である。文部科学省は，この安全を，「心身や物品に危害をもたらす様々な危険や災害が防止され，万が一，事件・事故災害が発生した場合には，被害を最小限にするために適切に対処された状態」（文部科学省，2010，11頁）と定義している。ここでの安全の定義には，危険な状態等を「防止」すること，さらには発生した危険に対して「適切に対処」すること，という側面が含まれている。

学校安全に関する取組みについては，2000（平成12）年前後に，大阪教育大学附属池田小学校事件（2001（平成13）年）等の不審者侵入による殺傷事件が立て続けに発生したこと，メンタルヘルスに関する問題やアレルギー疾患を抱える児童生徒等の増加がみられるようになったこと等の状況をうけ，それまで行われていた健康や安全対策のあり方が再検討されることとなった。その結果，「学校保健法」（1958年法律第56号）は「学校保健安全法」に改称され，2009（平成21）年4月1日から施行されている。この法律は，「学校における児童生徒等及び職員の健康の保持増進を図るため，学校における保健管理に関し必要な

事項を定めるとともに，学校における教育活動が安全な環境において実施され，児童生徒等の安全の確保が図られるよう，学校における安全管理に関し必要な事項を定め，もつて学校教育の円滑な実施とその成果の確保に資すること」（第1条）を目的としており，児童生徒等が置かれている状況を踏まえた学校安全の充実を目指している。

　また，東日本大震災での教訓を踏まえ，2012（平成24）年度から5年間にわたり学校管理下での事件・事故災害等による児童生徒等の負傷や障害を減少傾向にすること，死亡事例はゼロを目指すことを目的に，「学校安全の推進に関する計画」が策定されている（2012年4月27日閣議決定）。この計画は，「第2次学校安全の推進に関する計画」（2017年3月24日閣議決定）に引き継がれ，①すべての児童生徒等が，安全に関する資質・能力を身に付けること，②学校管理下における児童生徒等の事故に関し，死亡事故の発生件数については限りなくゼロとすることを目指すとともに，負傷・疾病の発生率については障害や重度の負傷を伴う事故を中心に減少傾向にすること，が課題としてあげられている。

（2）学校安全の構造

　学校安全は，学校保健，学校給食とならぶ学校健康教育の三領域に位置づけられ，これらは児童生徒等が心身の健康の保持増進を図るために必要な知識および態度の習得に関する教育に寄与している。さらに学校安全は，「生活安全」「交通安全」「災害安全（防災と同義）」の3つの領域からなる。「生活安全」には，日常生活で起こる事件・事故災害はもちろんのこと，誘拐や傷害といった犯罪被害の防止も含まれている。「交通安全」においては，様々な交通場面において，被害者にも加害者にもならないための危険理解と安全確保が課題である。「災害安全」については，地震，津波，火山活動，風水（雪）害のような自然災害だけではなく，火災や原子力災害も含まれていることが特徴である。これらの安全を守るため，学校安全は「安全教育」「安全管理」「組織活動」の3つの主要な活動から構成されている（図10-1）。

　「安全教育」は，「安全学習」と「安全指導」からなり，「日常生活全般にお

第10章　特別支援教育に関わる危機管理

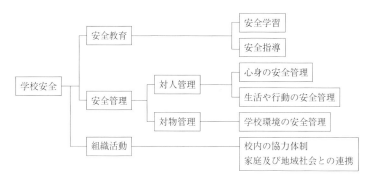

図10-1　学校安全の構造図
出典：文部科学省（2010）23頁。

ける安全確保のために必要な事項を実践的に理解し，自他の生命尊重を基盤として，生涯を通じて安全な生活を送る基礎を培うとともに，進んで安全で安心な社会づくりに参加し貢献できるような資質や能力を養うこと」（文部科学省，2010，31頁）を目標としている。

「安全管理」は，「対人管理」および「対物管理」をとおして，「児童生徒等の安全を確保するための環境を整えること，すなわち，事故の要因となる学校環境や児童生徒等の学校生活における行動等の危険を早期に発見し，それらの危険を速やかに除去するとともに，万が一，事件・事故災害が発生した場合に，適切な応急手当や安全措置ができるような体制を確立して，児童生徒等の安全の確保を図るようにすること」（文部科学省，2010，61頁）を目指している。

「組織活動」は，上記の「安全教育」や「安全管理」を円滑に進めるための活動をいう。学校安全の確立には，校内の協力体制の整備だけでなく，家庭や地域の関係機関・団体との連携を日頃から深めておくことが必要である。これらの連携活動が，地域ぐるみで安全を守り，児童生徒等が安心して学校生活を送るための土台となる。

（3）学校安全計画の策定

「学校保健安全法」第27条では，「当該学校の施設及び設備の安全点検，児童

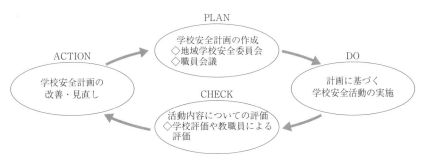

図10-2 学校安全計画における PDCA サイクル

出典：文部科学省（2010）27頁。

生徒等に対する通学を含めた学校生活その他の日常生活における安全に関する指導，職員の研修その他学校における安全に関する事項」について計画を策定し，実施することが義務づけられている。この学校安全計画の策定においては，学校安全の３つの領域（「生活安全」「交通安全」「災害安全」）の内容を踏まえた上で，３つの主要な活動（「安全教育」「安全管理」「組織活動」）のそれぞれについて，具体的事項を検討する必要がある。

　また，文部科学省スポーツ・青少年局長通知（20文科ス第522号，2008年７月９日）において，学校安全計画は，学校の状況や前年度の取組み状況等を踏まえ，毎年度作成されるべきものと位置づけられており，①学校の施設設備の安全点検，②児童生徒等に対する通学を含めた学校生活その他の日常生活における安全指導，③教職員に対する研修に関する事項，が必要的記載事項として取り上げられている。しかしながら，「第２次学校安全の推進に関する計画」（本章第１節（１）参照）では，2015（平成27）年度末時点での学校安全計画の策定率が96.5％であったこと等をうけ，すべての学校で策定することを急ぐとともに，すでに策定している学校においても，不断の検証・改善の実施を必須としている。

　学校安全計画をより効果的に実施するためには，計画（PLAN：計画の作成）－実施（DO：安全活動の実施）－評価（CHECK：活動内容についての評価）－改善（ACTION：計画の改善・見直し）の PDCA サイクル（図10-2）を確立していく必要がある。また，保護者や関係機関・関係団体等と連携協力を図るためにも，

計画内容の周知を行うための「組織活動」が望まれる。

2　学校での危機管理

(1) 危機管理とは

　「学校保健安全法」では，これまで述べてきたとおり，日常の学校生活における児童生徒等および教職員の安全の確保を図るために必要な事項が規定されている。加えて，学校の安全を脅かす事件・事故災害（以下，危機）に対する，適切かつ確実な危機管理体制の確立についても明記されている。ここでいう危機管理は，「人々の生命や心身等に危害をもたらす様々な危険が防止され，万が一事件・事故が発生した場合には，被害を最小限にするために適切かつ迅速に対処すること」（文部科学省，2003，1頁）をいう。

　上記の危機管理の定義には，事前の対策と事後の対応の2つの側面が含まれている。事前の危機管理をリスク・マネージメント，事後の危機管理をクライシス・マネージメントと呼ぶ（図10-3）。リスク・マネージメントは，「事件・事故の発生を極力未然に防ぐことを中心とした危機管理」をいい，「早期に危険を発見し，その危険を確実に除去することに重点」（文部科学省，2003，1頁）が置かれている。事後のクライシス・マネージメントについては，「万が一事件・事故が発生した場合に，適切かつ迅速に対処し，被害を最小限に抑えること，さらにはその再発の防止と通常の生活の再開に向けた対策を講じることを中心とした危機管理」（文部科学省，2003，1頁）と定義されている。文部科学省は，児童生徒等の安全を守るための取組みを進めていく際には，リスク・マネージメントにあたる，①安全な環境を整備し，事件・事故災害の発生を未然に防ぐための事前の危機管理をはじめ，クライシス・マネージメントにあたる，②事件・事故災害の発生時に適切かつ迅速に対処し，被害を最小限に抑えるための発生時の危機管理，③危機が一旦収まった後，心のケアや授業再開など通常の生活の再開を図るとともに，再発の防止を図る事後の危機管理という，三段階の危機管理に対応する必要性を指摘している（文部科学省，2010）。

図10-3　危機管理の2つの側面
出典：文部科学省（2003）1頁。

学校における危機管理では，責任者となる校長のもと，安全担当をはじめとする教職員全員が，危機発生時にとるべき対処を把握し，平時から役割を分担して連携を深めながら，準備を進めていく必要がある。また，危機は学校だけでは対応が困難な事態を含むことが多いため，教育委員会をはじめ，警察等の地域の関係機関・団体との連携を確立するとともに，保護者や地域住民にも危機管理への理解と協力を求めることが不可欠である。

（2）危機管理の対象となる事項

学校が関係する危機事態には，どのようなことが含まれるであろうか。全国に先駆けて学校危機対応の問題に取り組んでいた心の教育総合センターは，当時のアメリカでの学校危機の現状や危機対応実践プランなどをもとにまとめたハンドブックの中で，学校危機を「個人レベルの危機」「学校レベルの危機」「地域社会レベルの危機」の3つのレベルに分類している（表10-1）。「個人レベルの危機」に対しては，教職員や保護者および専門家による当事者への個別的な支援が中心となる。「学校レベルの危機」では，当事者への個別支援に加え，教職員，児童生徒等，保護者も含めた協力体制のもとでの危機対応が求められる。さらに「地域社会レベルの危機」においては，学外の救援専門機関や地域社会の人々との迅速な連携のもとに支援を要請することが望まれる。

また，ここで記載されている危機内容のほかにも，たとえばアメリカロサンゼルス市統合教育区教育委員会が作成した危機対応マニュアルの中には，航空機の墜落，猛獣の侵入，生物／化学物質の拡散，爆弾事件，電気・ガス・水道

第10章　特別支援教育に関わる危機管理

表10-1　学校危機の3つのレベル

個人レベルの危機	不登校，家出，虐待，性的被害，家庭崩壊，自殺企図，病気等
学校レベルの危機	いじめ，学級崩壊，校内暴力，校内事故，薬物乱用，食中毒，教師バーンアウト等
地域社会レベルの危機	殺傷事件，自然災害（大震災），火災（放火），公害，誘拐・脅迫事件，窃盗・暴力事件，IT被害，教師の不祥事等

出典：兵庫県立教育研修所心の教育総合センター（2002）3頁より筆者作成。

の不通などの対応についても記載されている（野坂ほか，2006）。このように，学校危機と一口にいっても起こりうる事態は様々であり，それぞれに対応可能な危機管理体制の確立が望まれる。

（3）危険等発生時対処要領（危機管理マニュアル）の作成

　学校安全計画の策定と実施を義務づけている「学校保健安全法」では，第29条第1項で「当該学校の実情に応じて，危険等発生時において当該学校の職員がとるべき措置の具体的内容及び手順を定めた対処要領（次項において「危険等発生時対処要領という。」）」を作成することも定められている。危険等発生時対処要領（以下，危機管理マニュアル）では，学校安全計画を踏まえて，危機管理を具体的に実行するための必要事項や手順等を示すことが求められている。したがって，危機管理マニュアルは，学校安全計画に含まれている「安全教育」「安全管理」「組織活動」の内容を踏まえて整備される必要がある。文部科学省では，危機管理マニュアルに盛り込むべき内容として，①危機管理に関する学校の方針，②日頃からの安全対策（日常の危機管理に関すること，安全教育・研修・訓練に関すること），③緊急事態発生時の対応（本章第3節参照），④事件・事故の事後対応（教育活動の再開，心のケア等），⑤再発防止に関する対応（事件・事故の検証体制），の5項目をあげている（文部科学省，2007）。また学校安全は，「生活安全」「交通安全」「災害安全」の3つの領域からなることを踏まえて対策をとる必要もある。たとえば，同じ通学路の安全点検でも，交通安全の視点だけでなく，防犯の視点を加えて実施する（戸田，2012）等，多様な側面からの組織的，継続的な対策が望まれる。

危機管理マニュアルは，学校安全計画と同様，作成した後も見直しや改善を行うことが必須である。その際のポイントとしては，①人事異動等による分担や組織の変更はないか，②施設設備や通学路，子どもの状況に変化はないか，③地域や関係機関との連携に変更はないか，④防犯訓練，研修会等の図上訓練（卓上訓練）で，問題点や課題の発見はなかったか，⑤先進校の事例や社会情勢の変化等から，自校に不足している項目はないか，があげられる（文部科学省，2007）。また，速やかに改善点をマニュアルに反映させるための工夫も必要であろう。たとえば先述のアメリカロサンゼルス市統合教育区教育委員会が作成した危機管理マニュアルは，更新した情報の差し替えが容易にできるようにバインダー形式となっている。PDCAサイクル（本章第1節（3）参照）を効果的に実施していくためにも，学校独自の観点や工夫を取り入れていくことが望まれる。

3　学校管理下での危機への対応

(1) 平時の準備

　特別支援学校においては，児童生徒等の安全に留意するため，まずは一人ひとりの心身の発育・発達の状態を踏まえ，支援が必要な状態を適切に把握しなければならない。その上で，関連教科並びに学級活動等での安全教育の充実を図るとともに，安全管理を徹底することが必要である。

　たとえば，平時における不審者侵入防止に関する安全管理として，文部科学省では以下の点をあげている（文部科学省，2010）。①日常の安全確保（危機管理マニュアルの作成・改善，学校への来訪者の確認等），②学校施設面における安全確保（警報装置等の作動状況の点検，警察や警備会社等への通報体制の整備等），③不審者情報にかかわる関係機関との連携，④始業前や放課後，授業中や昼休み等における安全確保の体制整備，⑤安全に配慮した学校施設の開放（開放部分と非開放部分との明確化，不審者等の侵入防止策（施錠等）の実施等），⑥「地域に開かれた学校づくり」と安全確保の両立。なお，①の危機管理マニュアルにおいては，危機後に危機対策本部（本章第3節（2）参照）の活動を速やかに開始でき

るよう，役割分担を明らかにしておくことが肝要である。

　危機時の対応や措置を組織的に実施するために，平時から教職員が関連情報を共有した上で，事前，発生時，事後の三段階の危機管理について研修を行うと効果的であろう。また，関係者との連携や，児童生徒等の安全確保を円滑に行うために，2008（平成20）年1月17日の中央教育審議会答申「子どもの心身の健康を守り，安全・安心を確保するために学校全体としての取組を進めるための方策について」では，「地域学校安全委員会」（仮称）の開催がきわめて重要な事項として取り上げられている。教職員，保護者，関係機関・関係団体等で構成される委員会を定期的に開催し，情報交換や共有を行うことは，危機時に協力を仰ぐためにも非常に重要な「組織活動」の一つである。

（2）危機対策本部の設置

　危機発生時には，危機管理責任者である校長（副校長）を中心に，まずは児童生徒等の安全を確保し，速やかな状況把握，負傷者等の応急手当，関係者・機関への迅速な連絡とともに，被害拡大の防止・軽減等を行う必要がある。文部科学省は，事件・事故対策本部の一例として，本部，情報班，救護班，渉外班，教育再開班，再発防止対策班からなるチームをあげている（図10-4）。また上記の役割班のほかにも，危機直後の児童生徒等や教職員の安全を確保するための移動方法の確認や，物的証拠を保存するための立ち入り禁止区域の配備等の役割を担う集団管理担当の設置を推奨する意見もある（ショーンフェルドほか，2004）。

　校内の危機対策本部による対応や措置としては，事件・事故の概要等について把握・整理した上での情報提供，速やかな保護者等への連絡や説明，連絡や情報収集等のための通信方法の複数確保，集団登下校や保護者への児童生徒等の引き渡し等への配慮，教育再開の準備や事件・事故の再発防止対策の実施，報告書の作成，災害共済給付等の請求，等があげられる（文部科学省，2007）。また上記を円滑に行うために，教育委員会による積極的な当該校支援が必要である。

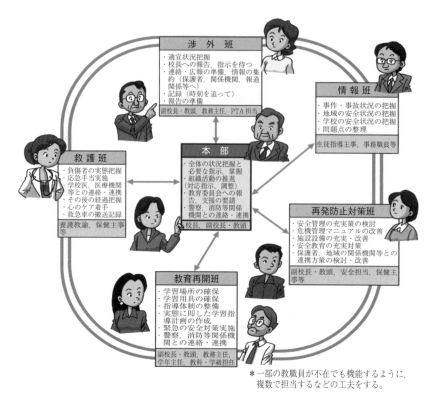

図10-4　事件・事故対策本部の例
出典：文部科学省（2007）12頁。

　危機対策本部の活動を速やかに開始するためには，日頃からの準備が必要不可欠である。体制整備はもちろんのこと，活動に必要な機材をはじめ備品や物品等についても，定期的に確認をしておきたい。

（3）危機時にみられる心身の反応と心のケア

　危機事態発生後は，「事実」に基づく情報を把握し，適切かつ慎重な方法で関係者への情報提供をするとともに，いつもの日課を行うことで児童生徒等の生活の安全を確保する必要性等が指摘されている（ユール，ゴールド，2001）。いつもの日課につながる教育再開は，危機後の重要な課題の一つである。再開

をスムーズに行い，児童生徒等に適切な支援を提供するためにも，事件・事故災害によって起こりうる反応について理解しておくことが必要である。

　たとえば，東日本大震災で被災した特別支援学校教員を対象とした面接調査報告では，学校再開後にみられた児童生徒等の特徴的な反応を以下の7つに分類している（田中ほか編著，2016）。

①地震への過敏さ：余震のたびに「地震！」「怖い！」と大声をだす，風の音等に敏感に反応し「いまの音は何ですか？」と必ず質問する，地震関連のニュースに混乱する等。

②震災の影響による身体症状・心理的不適応：不安が強くなる，円形脱毛症になる，てんかん発作が頻発する，不眠になる等。

③震災後の生活変化のストレス：いらいらしやすくなる，他者へ手を出す等。

④障害特性への影響：こだわりが強くなる，自室にこもり他者との関わりを一切避ける等。

⑤津波ごっこの出現：「ツナミ～」と何度も言いながらブルーシートをバサバサと動かす等。

⑥退行（幼児返り）：教師の指示が聞けなくなる，いままでできていたことができなくなる等。

⑦「おりこうさん」：上記⑥とは逆に，いままで食べなかったものを食べるようになる（ただし時間の経過とともに元に戻った）等。

　上記のような変化は，危機に遭遇した際にはどの児童生徒等にも起こりうるものである。多くは時間の経過とともに落ち着いていくが，場合によっては生活に大きな支障をもたらす場合がある。文部科学省では，心のケアも危機管理の一環として位置づけた上で，基本的な対応についてまとめている（図10-5）。危機は個人がそれまで培ってきた対処能力を凌駕するような事態であるだけに，安心感や安全感を奪うだけではなく，無力感をももたらす場合がある。心理的な支援の第一歩は，安心感や安全感の回復のもと，"自分で"対処ができる主体性を取り戻すことである。そのためにも，児童生徒等が見通しをもって日常生活を送ることができるように，当面のスケジュールを提示するといった配慮

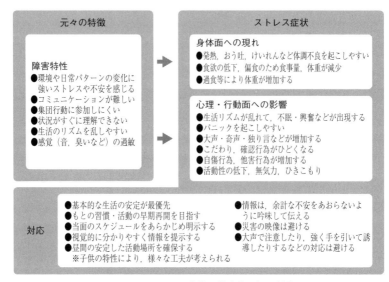

図10-5 子どもの特徴と災害後の個別対応
出典：文部科学省（2014）19頁。

や，危機以前の習慣や活動を早期再開するための環境調整が必要である。

なお，災害，大事故等の直後に必要とされる基本的な支援方法をまとめた，PFA（Psychological First Aid）が作成されている（世界保健機関ほか，2012）。とくに，アメリカ国立子どもトラウマティックストレス・ネットワーク等は，全般的な PFA だけではなく，学校現場に特化した PFA も開発している（アメリカ国立子どもトラウマティックストレス・ネットワークほか，2017）。PFA は外部からの支援者が使用することを想定しているが，心理的な応急手当の方法を知るためにも，事前に目を通しておくとよいであろう。

（4）中長期的な視点に基づく活動

危機事態が収束した後は，その発生要因等を分析し，危機管理体制や安全教育内容を見直す必要がある。学校安全計画や危機管理マニュアルの改善を行い，日頃の活動を充実させることは，信頼される学校づくりにもつながるであろう。

また，必要な児童生徒等には，継続的な心のケアが提供できる体制を整える

こ125も必要である。学校での支援では、「直接的あるいは個別にトラウマを扱うのではなく、学校という集団の場で子供が日常性と安全感を取り戻し、緊張緩和の促進、精神を安定させる作業や未来志向的な取組等を活用し、子供が本来もつ健康な部分を引き出すことにポイントを置くこと」(文部科学省, 2014, 40頁)が目指されている。よって、危機後に生じた心身の反応のために、日常生活に支障がでるなど専門的対応が必要な場合は、学校内だけで対処するのではなく、医療機関等と連携をとることも必要となる。なお、危機事態を経験した日などの節目に、おさまっていた心身の反応がぶり返す「記念日（アニバーサリー）反応」が起こる可能性もあることから、中長期的にも養護教諭、スクールカウンセラー、保護者等と連携して、児童生徒等を見守る視点をもっておきたい。

　危機への対応を継続しながら、日常の教育活動等を行うことは、教職員にとって非常に負担のかかるところである。自身の心身の変化にも目を向け、一人で抱え込まないように活動を行うことも必要であろう。教職員のメンタルヘルス対策に関しては、活動環境の調整等も必要になることから、教職員個人だけに任せるのではなく、学校の危機管理体制に組み込んでおきたいところである。

引用文献

アメリカ国立子どもトラウマティックストレス・ネットワーク、アメリカ国立PTSDセンター著、兵庫県こころのケアセンター・大阪教育大学学校危機メンタルサポートセンター訳（2017）『サイコロジカル・ファーストエイド学校版——実施の手引き［第2版］』(Brymer, M., Taylor, M., Escudero, P., Jacobs, A., Kronenberg, M., Marcy, R., Mock, L., Payne, L., Pynoos, R. and Vogel, J. (2012) *Psychological first aid for schools : Field operations guide, 2nd Edition*, National Child Traumatic Stress Network)。

ショーンフェルド, D. J., リヒテンシュタイン, R., プルエ, M. K., スペーゼ・リネハン, D. 著、元村直靖監訳（2004）『学校危機への準備と対応』誠信書房 (Schonfeld, D. J., Lichtenstein, R., Pruett, M. K. and Speese-Linehan, D. (2002) *How to Prepare for and Respond to a Crisis, 2nd Edition*, ASCD)。

世界保健機関、戦争トラウマ財団、ワールド・ビジョン・インターナショナル著、独

立行政法人国立精神・神経医療研究センター，ケア・宮城，公益財団法人ブラン・ジャパン訳（2012）『心理的応急処置（サイコロジカル・ファーストエイド：PFA）フィールド・ガイド』（World Health Organization, War Trauma Foundation and World Vision International (2011) *Psychological first aid : Guide for field workers*, WHO）．

田中真理・川住隆一・菅井裕行編著（2016）『東日本大震災と特別支援教育——共生社会にむけた防災教育を』慶應義塾大学出版会．

戸田芳雄（2012）「学校における安全管理」戸田芳雄編著『学校・子どもの安全と危機管理』少年写真新聞社．

野坂祐子・元村直靖・瀧野揚三・内海千種（2006）「米国ロサンゼルス市 LAUSD における学校危機管理の取り組み」『大阪教育大学紀要』第Ⅳ部門，第55巻第1号，151～161頁．

兵庫県立教育研修所心の教育総合センター（2002）『学校における心の危機対応実践ハンドブック』．

文部科学省（2003）『学校の安全管理に関する取組事例集 学校への不審者侵入時の危機管理を中心に』．

文部科学省（2007）『学校の危機管理マニュアル——子どもを犯罪から守るために[改訂版]』．

文部科学省（2010）『「生きる力」をはぐくむ学校での安全教育[改訂版]』．

文部科学省（2011）『地域ぐるみの学校安全体制整備実践事例集——学校・家庭・地域社会が連携した防犯対策を中心に』．

文部科学省（2014）『学校における子供の心のケア——サインを見逃さないために』．

ユール，W.，ゴールド，A. 著，久留一郎訳（2001）『スクール・トラウマとその支援——学校における危機管理ガイドブック』誠信書房（Yule, W. and Gold, A. (1993) *Wise Before the Event : Coping with Crises in Schools*, Calouste Gulbenkian Foundation）．

学習の課題

(1) 学校危機（たとえば不審者侵入による事件）を想定し，発生直後の学校がどのような状態におかれるか考え，平時から準備しておくとよいものを書き出してみよう．

(2) 学校危機時に支援を依頼できる関係機関にはどのようなところがあるか，その機関の役割とともに調べてみよう．

第10章　特別支援教育に関わる危機管理

【さらに学びたい人のための図書】

渡邉正樹編著（2013）『学校安全と危機管理［改訂版］』大修館書店。
　　⇨学校安全に関する基本的な知識のほか，具体的な危機管理の進め方が掲載されている。
窪田由紀・松本真理子・森田美弥子・名古屋大学こころの減災研究会編著（2016）『災害に備える心理教育──今日からはじめる心の減災』ミネルヴァ書房。
　　⇨災害後の心理的影響をできるだけ少なくするための事前教育プログラム（小学校用，中・高生用，成人用）が事例等とともに紹介されている。
一般社団法人日本自閉症協会（2012）『自閉症の人たちのための防災・支援ハンドブック──自閉症の方とあなたの家族の方へ』（http://www.autism.or.jp/bousai/　2018年3月10日アクセス）。
　　⇨災害への準備だけではなく，起こった後の生活の変化や心理的支援のポイントが，簡潔に記載されている。
一般社団法人日本自閉症協会（2012）『自閉症の人たちのための防災・支援ハンドブック──支援者の方へ』（http://www.autism.or.jp/bousai/　2018年3月10日アクセス）。
　　⇨当事者理解についての基本的知識をはじめ，災害前・後に支援者が注意すべきポイントが，Q&A方式等で簡潔にまとめられている。

　　　　　　　　　　　　　　　　　　　　　　　　　　　　　　　　（内海千種）

第11章 家族支援と地域

この章で学ぶこと

特別支援教育とは家庭の支援でもあり，子どもたちへの対応の始まりは家族にある。特別支援教育はキャリア教育をも含み，その目的は就労を主とする地域での自立である。子どもたちはそれぞれの地域で育ち，生活することになる。そのため家族環境が子どもたちの予後に大きく関わる。また，家族を取り巻く社会的，物理的，人的環境が地域要因として子どもたちに影響を与える。

この章では障害のある子どもへの家族の関わりを支援する状況を理解する。障害のある子どもの診断過程，家族の障害受容についての基礎的な知識を得る。そのほか，家族支援，とくに発達障害のある子どもの家族の支援の具体例を示す。また，地域の支援のあり方についても学ぶ。

1　就学までの過程——障害の検出と告知

（1）検出の流れ

特別支援に関わる障害の検出は，各地域での保健・医療専門機関が行う。その保健医療システムは障害の有無にかかわらず，乳幼児の健康を担保するための働きとして事業化されている。身体障害，知的障害，発達障害，精神障害は，それぞれの保健医療機関における診断により障害と認められる。障害検出の時期や過程は各障害間で違い，また地域での行政組織のサービスの質と量において異なる。

図11-1にある第2次「健やか親子21」事業は乳幼児をもつ家庭の負担を軽減し，子どもたちの将来を見据えた支援が目的である。第1次事業からの課題として，「切れ目のない妊産婦・乳幼児の保健対策」「学童期・思春期から成人

に向けた保健対策」「子どもの健やかな成長を見守り育む地域づくり」の3つをあげ，重点課題として，「育てにくさを感じる親に寄り添う支援」「妊娠期からの児童虐待防止策」を掲げており，2015（平成27）年からの10年間を実施期間としている。

「健やか親子21」はすべての乳幼児への早期支援として厚生労働省により実施されてきたが，その手続きには，乳児の健康状態のモニターと乳幼児健診における障害のある子どもたちの検出が含まれる。「母子保健法」では，1歳半より2歳まで，3歳より4歳までの間に健診を行うことが義務づけられている。自治体によっては各障害の早期発見，児童虐待の防止などのために生後4カ月までの全家庭訪問，8カ月での健診，1歳6カ月，3歳での健診が行われている地域もある。各障害の多くはそれら健診の過程で検出される。

たとえば，自閉スペクトラム症の場合は，以前は診断基準により2歳6カ月での診断であった。現在は1歳6カ月での検出が可能となるように働きが続けられている（神尾・稲田，2006）。障害の検出は，視覚障害，聴覚障害，肢体不自由の各障害間ではもちろん，同じ障害内においても発症時期は異なるが，可能な限り早期に発見して診療，療育につなげることが予後を良好に保つ要因となる。

各障害の検出には健診において医師，保健師，看護師，視能訓練士，言語聴覚士，公認心理師（臨床心理士）などの専門家が関わる。就学時期においては同様に教員も関わることで，多くの専門家により支援がなされている。健診の内容について表11-1に示す。

特別支援教育につながる過程としては，まず就学までに健診，保育園の巡回相談などで各障害が検出される。その過程で保健所，児童相談所，市町村保健センター，発達障害支援センター等が相談機関として関わる。就学までは療育を行うために各機関が関わる。就学期には，各市町村の教育委員会が就学指導委員会を開き，検討を行う。就学指導委員会では専門家（医学，心理学，教育学等）の意見を集約し，かつ必ず保護者の意見を聴取した後に，特別支援学校，特別支援学級，または通常の学級への就学を決定する（「学校教育法施行令」第

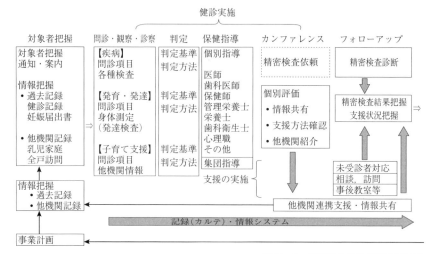

図11-1 標準的な乳幼児健診モデル

出典：厚生労働科学研究費補助金：乳幼児健康診査の実施と評価ならびに多職種連携による母子保健「乳幼児期の健康診査と保健指導に関する標準的な考え方」より筆者作成。

5条)。その結果は就学3カ月前までに都道府県の教育委員会に報告され(「学校教育法施行令」第11条)，2カ月前までに保護者に伝えること(「学校教育法施行令」第5条)が義務づけられている。児童にとって最善の方向性を話し合うことが必要である。

なお，子どもの障害の程度等により義務教育の就学猶予または免除される場合がある。義務教育において「病弱，発育不完全その他やむを得ない事由」のある場合には，市町村の教育委員会は保護者の子どもを就学させる義務を猶予または免除することができ(「学校教育法」第18条)，その場合には保護者は医師等の診断の証明書とともに地域の教育委員会に願い出ることが必要である(「学校教育法施行規則」第34条)。

(2) 障害の告知

知的能力障害をはじめ，各障害の原因と様態は多様である(第4章～第9章参照)。染色体異常が障害の原因である場合，一部の障害については出生前診断

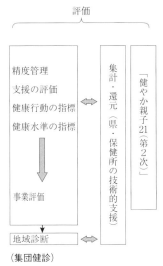

(集団健診)
指導のあり方に関する研究班 (2013)

として羊水検査, 絨毛検査などにより一定の確率で障害が検出可能な技術が発展してきている。現在, 新たに新型出生前診断として母体の血液中の細胞から障害を検出する技術が実用化されている。これらは生命倫理の問題であり, 今後も社会において議論となる事項である。例として, 同様の技術が先行して応用されているオーストラリアでは, 子どもがダウン症であると出生前に診断された場合に, 診断を希望した家族の90％以上が人工妊娠中絶を選択している (Maxwell et al., 2015)。

新生児の障害を知らされると, その家族には心理的な動揺や負担が生じることとなる。その感情は当事者以外にははかり知れない。そのため, 障害が告知される手続き, 受容には時間をかける必要がある。

「発達障害」の検出状況には地域差があり, 就学後に検出されることが少なくない。家族にとっても検出の時期は, 障害を受け入れる上で重要な要因である。診断は医師の役割であるが, 子どもの日頃の状態からその疑いを養育者に告げる役割を教員が担う場合もある。とくに特別支援コーディネーターには, 保護者との相談窓口としてその役割が任される。その場合には養育者の精神的状態などを考慮した上で, 受療, 診断を勧めることが重要となる。

2 支援者としての家族

(1) 障害の受容

障害のある子どもをもつ家族, とくに養育者が障害を受け入れる過程は障害受容といわれる。障害のある子どもを育てる家族のストレスは, 当事者以外では容易に理解することはできない。ダウン症 (21トリソミー) などのように出

表11-1　各健康診査の内容

1歳6カ月健診 (母子保健法第12条：市町村)	3歳児健診 (母子保健法第12条：市町村)	就学時健康診断 (学校保健安全法第11条：教育委員会)
・身体発育状況 ・栄養状態 ・脊柱および胸部の疾病および異常の有無 ・皮膚の疾病の有無 ・四肢運動障害の有無 ・精神発達の状況 ・言語障害の有無 ・予防接種の実施状況 ・その他の疾病および異常の有無 ・その他育児上問題となる事項（生活習慣の自立，社会性の発達，しつけ，食事，事故など）	・身体発育状況 ・栄養状態 ・脊柱および胸部の疾病および異常の有無 ・皮膚の疾病の有無 ・四肢運動障害の有無 ・耳，鼻および咽頭の疾病および異常の有無 ・眼の疾病および異常の有無 ・精神発達の状況 ・言語障害の有無 ・予防接種の実施状況 ・その他の疾病および異常の有無 ・その他育児上問題となる事項（生活習慣の自立，社会性の発達，しつけ，食事，事故など）	・栄養状態 ・脊柱および胸部の疾病および異常の有無 ・視力および聴力 ・眼の疾病および異常の有無 ・耳鼻咽喉疾患および皮膚疾患の有無 ・歯および口腔の疾病および異常の有無 ・その他の疾病および異常の有無

　生後に検査が行われ出生後早期に判明する場合においても，自閉症のように発達途上で検出される場合においても，また統合失調症のように思春期以降に発症する場合においても，養育者，家族はそれぞれの障害についての理解と対応を必要とする。ただし，各障害においてもまたそのレベルのみで単純に比較することは困難である。

　すべての障害について一般化することはできないが，養育者が子どもの障害を受け入れ，理解する過程にはいくつかの考え方がある。

　Drotar et al. (1975) は養育者の子どもに対する障害受容の段階説として，障害の告知によるショック，否認，悲しみ・怒り，適応，再起の5段階を提案している。しかし，それらの段階は画一化できるものではなく，各家庭がおかれている状況，条件によって具体的な表れ方は異なる。田中 (1995) は障害受容の螺線型モデルを示し（図11-2），その心情が常に否認と肯定の間を行き来することを指摘した。また，養育者の障害受容を慢性的な悲哀状態とする考え

方もあるが、それほど単純なモデルでは説明できない。障害の受容のありようは家族とそれを取り巻く環境との関係で理解されるものと考えられる。そのため地域や当事者と関わる専門家、社会資源の充実に加え、各地域の教育現場のきめ細かい対応が必要となる。

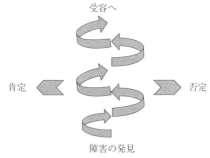

図11−2　障害受容の過程
出典：田中（1995）から筆者作成。

（2）養育者のストレス

　障害のある子どもの状態は様々であり、養育者がもつストレスもまた同様である。各障害間ではある程度共通した困難性があり、それと同時に個別的な困難性がある。とくに養育者はそれぞれの障害への対応が必要となるため、ストレスを一般化して共有することは難しい。それぞれのストレスについては各家庭の状況的要因（経済、家族構成、居住年数、養育者の精神的状態）とあわせて考慮する必要がある。

　日本では、看護、心理領域において障害のある子どもの養育者（父母）のストレスに関する研究が、1970年代より行われてきている。その中で新美・植村（1981）は、知的障害、自閉症、肢体不自由、重複障害のある子どもの父母のストレスを調査し、その結果から、母親については7つ、父親においては6つのストレス要因（因子群）を提示している（表11−2）。

　現状においても、障害児をもつ母親、父親のストレス要因としてこれらの要因は依然として存在しており、家族の安定をはかる働きかけとして、制度、地域の社会資源の充実、人的環境としての隣人の障害理解と受容を深めるための制度を進めるために必要な視点となる。また、表11−2であげられたもののほかに、核家族状況における母親への負担の偏り、一般的に増加している離婚による負担からくるストレスの問題が存在する。特別支援に携わる教職員は、それらのストレスを考慮した養育者への対応、言動が望まれる。

　発達障害のある子どもの母親のストレスについては、近年報告が多くなされ

173

表11-2 障害のある子どもの父母におけるストレス

母親でのストレス因子	父親でのストレス因子
・障害児が示す問題行動と日常生活でのストレス ・親戚，近隣およびきょうだい，親子の人間関係のストレス ・家族の将来への不安からくるストレス ・学校教育の問題に関するストレス ・社会資源の不備に関するストレス ・障害児についての夫との不協和に関するストレス（夫婦関係） ・子供の発達状況と療育方針の迷いからくるストレス	・日常生活における家族内外の人間関係全般に関するストレス ・自分自身や家族の健康状態への配慮からのストレス ・社会資源と地域社会の無理解から生じるストレス ・学校教育の問題に関するストレス ・子どもの問題行動からくるストレス ・障害児の存在が自己の現在の生活や家族の将来へおよぼす不安から生ずるストレス（現状と将来）

出典：新美・植村（1984）から筆者作成。

ている。その中で坂口・別府（2007）は就学前の自閉症の母親においては「愛着困難（子どもが示す愛着行動での問題）」「問題行動（障害特有の行動）」に関して，ほかの障害群より母親のストレスが高いことを報告している。また，自閉スペクトラム症の場合には，様々な状況の相互作用として母親のうつ傾向が高いことも議論されている。

　自閉スペクトラム症をもつ子どもの親を対象とした心理学における行動療法の一つとして，応用行動分析（ABA：Applied Behavior Analysis）を背景としたペアレント・プログラム（後述）などが実施されており，各地で研修が行われている。教師がそのプロセスを理解することも家族への支援となる。

（3）きょうだい

　（以下，障害児自身を同胞，その兄弟姉妹をきょうだいと表現する。）

　一般的にはきょうだい関係は家族の中でも長期にわたる関係である。きょうだいも同様に，障害のある同胞と長期にわたり関わる。

　日本では，きょうだいが同胞にいかに対応しているかについて，主に1990年代から情報が多く発信され，きょうだいであることでもつ心理的な適応状態についての調査研究も報告されるようになった（原・西村，1998）。

心理臨床相談，教育相談において，行動的には不登校，家庭での問題として表現されている行動も一次的な背景要因としてきょうだいであるという理由がある場合がある。心理的，行動的にはきょうだい自身が年下の場合には役割を交代して兄や姉のようにふるまうこともある。また，就学時には同胞に障害があることに対して，拒否的な態度を一時的に示す場合もある。さらに，ある時期まで受け入れていた同胞の障害を拒否することもある。きょうだいであることで，より早く心理的，行動的に適応を示す場合もある。そのため，表面上は良い子として振る舞っていても，内面的には精神的に多くのストレスを背負っていることを周囲が理解することが適当である。

きょうだいの障害受容には多くの要因が関わっているため，確定したモデルはない。養育者の障害受容とは異なる過程と考えられ，受容ではなく障害との心理的，物理的な距離として考えることが適切である可能性もある。

教員は，きょうだいについて本人の性格と状況を考慮しながら対応を行う。障害のある同胞の物理的，心理的負担と養育者の精神状態などの要因をよく考慮し，きょうだい本人の情報を収集して，見守りながらも関わる姿勢が必要となる。きょうだいの状態については，当事者による書物などが出版されており，それらを読むことが理解の手がかりとなる。

3 家族支援

（1）支援団体——家族会・自助グループ

公共支援には各自治体が法的な根拠に基づいて実施するサービスがある。地域の発達支援センターなどでは，子どもたちの乳幼児健診の予後をモニターする活動も行われており，障害のある本人とその家族の相談も行われている。

一方，障害への対応の多くは家族会，自助グループまたは有志による支援がその始まりとなり，進められてきている歴史がある。近年は支援団体，自助グループにおいて規模が大きな場合には父親の会，きょうだいの会なども開かれていることもある。

表11-3　ペアレント・トレーニングの例（精研式プログラムのテーマと内容）

	テーマ	セッションの内容	作　業
第1回	オリエンテーション	自己紹介，プログラムの説明	情報の整理
第2回	うまくほめる：自己肯定感を高める	目標の設定：肯定的注目が適応行動の強化子となることを学習する	第1ステップ：適応行動を強化するための肯定的注目
第3回	よく観る：好ましくない行動を減らす	否定的注目が問題行動を強化することを学習する。問題行動を無視し，適応行動を肯定的に観る	第2ステップ：問題行動を強化する否定的注目の取り去り方とその後の肯定的注意の与え方
第4回	無視とほめることの組み合わせ		
第5回	上手に伝える　その1：子どもの協力を増やす方法	指示の冷静な与え方と指示を有効にするためのリマインダー，プロンプトの与え方の学習	第3ステップ：冷静な指示の与え方と指示に従ったときの肯定的注目の与え方
第6回	上手に伝える　その2：子どもの協力を増やす方法		
第7回	子どもの協力を増やす方法	トークンエコノミーについての学習	
第8回	制限を加える	問題行動を制限する方法としての正しい罰の与え方	第4ステップ：問題行動を制限する方法としての罰の与え方
第9回	学校との連携	学校の教師と連携をして子どもの適応行動を増やす実践例の紹介	
第10回	ふりかえり	まとめ	

出典：田中（2010）。

　全国の障害児者団体としては,「全国手をつなぐ育成会連合会（知的障害）」「公益財団法人日本知的障害者福祉協会」「社会福祉法人全国重症心身障害児（者）を守る会」「一般社団法人日本発達障害ネットワーク」「公益社団法人全国精神保健福祉会連合会」などがある。各地域ではそれぞれの障害（身体障害,肢体不自由,視覚障害,聴覚障害,難病）に関わる親の会等があり,地域を支えている。「一般社団法人日本自閉症協会」（自閉スペクトラム症）,「公益社団法人日本ダウン症協会」（ダウン症）,「一般社団法人日本筋ジストロフィー協会」（筋ジストロフィー）など障害ごとの親の会も活動している。

　きょうだい支援の自助グループも活動しており,「全国障害者とともに歩む

第11章　家族支援と地域

表11-4　ペアレント・プログラムの例

	テーマ	ワーク	宿題
第1回	「現状把握表を書く」「自分のことを書いてみよう！」	自分のことを「行動で書く」。行動を「動詞で書く」。その後，グループでの発表とペアでの相談。	自分と子どもの現状把握表を書いてくる。身の回りのひとをほめる。
第2回	「行動で書く！」	宿題の発表。保護者同士で現状把握表を検討。ペアになり，自分たちの表現の中で，例えば「しすぎない」であれば「ほどほどにする」と言い換えるなどの作業を行う。	自分と子どもの現状把握表を書き足して修正。再度，身の回りのひとをほめて反応をみる。
第3回	「同じカテゴリーを見つける！」	宿題の発表と参加者がペアになり，現状把握表を検討。行動をカテゴリに分ける。	現状把握表をカテゴリ別に分けてくる。子どもをほめてみる。
第4回	「ギリギリセーフ！を見つける」	行動のカテゴリについてお互いに検討する。ペアでの相談の中でギリギリセーフの行動を見つける。できないことの中で「できること」を見つける。	「ギリギリセーフ」を含めた現状把握表を書くこと。子どもをほめてみること。現状把握表を身近なひとにみてもらう。
第5回	「ギリギリセーフ！をきわめる！」	宿題の発表と保護者同士のペアで現状把握表を検討。カテゴリ分け，ギリギリセーフのことがらからさらに細かくギリギリセーフを見つける。時間・場所・相手・課題での得意，苦手を書き出す。	現状把握表の自分と子どもの完成版の作成とその表を身近なひとにみてもらう。
第6回	「ペアプロでみつけたことを確認する」	宿題の発表。ペアになり現状把握表の検討。ギリギリセーフを見つけることの確認と今までの振り返り。「行動で観る」ことの重要性を理解する。困っていることは「性格」ではなく「行動」であることを理解する。	さらに対応を学びたい人にはペアレント・トレーニングがあることを伝える。

出典：特定非営利活動法人アスペ・エルデの会（2014）。

兄弟姉妹の会」は，きょうだいによる統合的な自助グループである。親の会と同様に，精神障害も含めた兄弟姉妹の自助グループは各地域で存在しており，養育者支援をするとともに，情報提供によってもきょうだいが孤立しないための支援をすることができる。

（2）保護者支援の一例
——ペアレント・プログラム／ペアレント・トレーニング

発達障害に関わる家族支援の一つである厚生労働省が発達障害者支援施策として普及を推進しているペアレント・トレーニング，ペアレント・プログラムがあり，ほかの障害への応用も行われている。早期介入の一技法として1990年代末にすでに導入されている。自閉スペクトラム症を含む発達障害のある子どもをもつ家庭では，家族，とくに保護者が障害のある子どもたちへの対応を学ぶことで家族全体の安定につながる。その一部を少し具体的に紹介する。

厚生労働省の「発達障害者支援体制整備事業」において推進されているペアレント・トレーニングは，発達障害者の親が自分の子どもの行動を理解し，発達障害の特性を踏まえた具体的なほめ方やしかり方などの対応を学ぶための支援方法である。

保護者の精神的な不安定性が子どもの行動に影響を与え，その行動がさらに子どもの精神的安定性を損なう悪循環は，障害児をもつ家庭やその周辺でみられる。それは関係性における二次障害の一つと考えられる。それらを解消するためには，障害とは何かを保護者が知ると同時に，保護者自身の行動と心理状態を知ることが解決となる。

ペアレント・トレーニングの背景にあるのは，応用行動分析（ABA）の方法である。学習理論（S-R理論）では，刺激と反応により人間の行動は構成されていると想定する。応用行動分析では学習理論に基づき問題行動が生起する場合の原因とその過程を各行程に分けて，段階ごとに具体的に示す。行動とそれが生起する環境との関わりを明確にすることで，不適応的行動の生起を軽減するための関わりである。ただし，応用行動分析を行うことで，自閉スペクトラ

ム症が治癒するということではない。

　具体的な方法については精研式，奈良方式，肥前方式などの方法がある。その中から精研式プログラムについての概要を表11-3に示す。

　ペアレント・プログラムはペアレント・トレーニングの前の段階として，子どもへの気持ちを養育者が自分自身にフィードバックすることが目的となる。自閉スペクトラム症は，「行動の障害」であり「性格の問題」ではない。しかし，養育者を含めて身近な人々は性格の問題であると考えることで対応をこじらせる。自分と似ている子どもの一部の特性を，自分または配偶者などの投影として捉えることが，子どもの適応を阻む行動として養育者が行っていることもある。ペアレント・プログラムはそれらを解消する手立てとしても大きな役割を果たす。表11-4にその例をあげる。

4　地域における支援

　新特別支援学校小学部・中学部学習指導要領（第1章第6節2）において，特別支援学校の機能として家庭と地域との連携が示されている。まず，その機能としては，地域の人々との交流を通じて学習環境の調整を担う。また，学校同士のつながりと同時に他機関との連携をはかる機能（同第1章第6節2），地域のセンター機能としての役割がある（同第1章第6節3）。そのため特別支援学校は地域支援の中核として地域住民の調整をする役割も担う。

　また，文部科学省と厚生労働省による「障害のある子どものための地域における相談支援体制整備ガイドライン」では，特別支援連携協議会を設置することで，医療，福祉，教育等の地域組織の連携を促し，障害のある子どもおよび保護者への対応を行うことが示されている。また，市町村においては地域自立支援協議会を設置することで，巡回相談等の機能の充実が目指されている。

　現在，特別支援教育について地域での障害児への対応として，厚生労働省と文部科学省の協働事業として「トライアングル」プロジェクトが試されている。社会生活における地域の「福祉」と「家庭」と「教育」の3つの連携を進める

ことで,特別支援教育が目指している切れ目のない支援を地域で行うことが可能となる環境整備が画策されている。福祉的支援として提供されている各種のサービス(放課後等デイサービス等)は教育現場と効率的に協働していないことも指摘されており,そのための連携をうながすことが計画されている。行政の垣根を越えた支援により,個別の支援計画などの情報を共有することで保護者を通じてより児童生徒の特徴に応じた支援を受けることができることとなる。また,保護者への支援体制の一つとしてはペアレント・メンター(厚生労働省ホームページ「発達障害者支援施策の概要」によれば「発達障害者の子供を持つ親であって,その経験を活かし,子供が発達障害の診断を受けて間もない親などに対して助言を行う者」)との交流により情報交換を行うなど,相談,情報交換の機会をもつことなどが考えられている。地域支援として,教員が医療・福祉分野の社会資源の情報提供を行うことも一つの支援となる。

地域住人が障害のある人々を受け入れているように見えても,東日本大震災のような非日常的状況が発生した場合には,その対応は様々である。災害時における支援の継続性も考慮した地域での障害受容を進める働きの一助として,特別支援教育も機能することが求められる。

「心のバリアフリー学習推進会議」が2017(平成29)年度に設置され,学校における交流および共同学習を通じた障害者理解(心のバリアフリー)推進事業が運用されている。新小学校学習指導要領 第6章 特別活動 第3「指導計画の作成と内容の取扱い」の2(4)では,幼児,高齢者,障害のある人々などと交流することで,お互いの理解を深め,ともに生きる態度を育成することが示されている。推進事業では,「交流及び共同学習ガイド」が作成され,それぞれの障害を理解して交流を行う支援をしている。

今後は障害に対する地域での理解を広める働きかけがさらに進められ,偏りのない対応ができる人的な環境が整備されることが求められる。「共生社会」および「インクルーシブ教育」という言葉を唱えるだけではなく,それらを実践し,継続していくためには,社会における実質的な障害受容と社会公共整備が必要条件と考えられる。

第11章　家族支援と地域

　さらに，障害のある外国籍の児童生徒への対応は，東京などの都市部のほか，地方でも海外からの労働者が集中している諸地域では対応がすでに必要となっているが，地域特性を配慮した上での早急な整備を必要とする事案である。

引用文献

厚生労働省ホームページ「発達障害者支援施策概要」（https://www.mhlw.go.jp/bunya/shougaihoken/hattatsu/gaiyo.html 2018年11月11日アクセス）。

神尾陽子・稲田尚子（2006）「1歳6か月健診における広汎性発達障害の早期発見についての予備的研究」『精神医学』第48巻第9号，981〜990頁。

坂口美幸・別府哲（2007）「就学前の自閉症児をもつ母親のストレッサーの構造」『特殊教育学研究』第45巻第3号，127〜136頁。

田中洋二郎（1995）「親の障害の認識と受容に関する考察——受容の段階説と慢性的悲哀」『早稲田大学心理学年報』第27巻，83〜92頁。

田中洋二郎（2010）「発達障害のペアレントトレーニング短縮版プログラムの有用性に関する研究」『立正大学心理学研究所紀要』第8号，55〜63頁。

特定非営利活動法人アスペ・エルデの会（2014）「楽しい子育てのためのペアレント・プログラムマニュアル」。

新美明夫・植村勝彦（1984）「学齢期心身障害児をもつ父母のストレス——ストレス構造」『特殊教育学研究』第22巻第2号，1〜12頁。

原幸一・西村辨作（1998）「障害児を同胞に持つきょうだいの適応に関する質問紙調査」『特殊教育学研究』第36巻第1号，1〜11頁。

Drotar, D. et al. (1975) "The adaptation of parents to the birth of an infant with a congenital malformation: a hypothetical model," *Pediatrics*, Nov., 56(5), pp. 710-717.

Maxwell, S., Bower, C. and O'leary, P. (2015) "Impact of prenatal screening and diagnosis in trends in Down syndrome birth and terminations in Western Australia 1980 to 2013," *Prenatal Diagnosis*, 35, pp. 1-7.

学習の課題

(1) 自分自身の地域で障害のある子どもたちの支援団体の活動の状況を調べてみよう。

(2) 障害のある子どもの家庭のストレスなどの状態を考えてみよう。

(3) 家族会，自助グループなどのボランティアを経験してみよう。

【さらに学びたい人のための図書】

全国障害者とともに歩む兄弟姉妹の会東京都支部編（1996）『きょうだいは親にはなれない…けれど――ともに生きる Part 2』ぶどう社。
　⇨きょうだいの声を当事者の声として知ることができる。きょうだいのあり方も同様に多様なあり方があることがわかる。

島崎春樹・高濱潔（1998）『父たち　あさみどりの会設立二十五周年記念誌』あさみどりの会。
　⇨障害のある子どもをもつ家族での父親の関わりについて，話題になることは少ない。本書は1984（昭和59）年に「父親の会」を始めた父親の手記，活動の記録が記されている。言及されることは少ないが家族の思いを理解するための重要な視点である。

（原　幸一）

第12章　特別支援教育における性教育

この章で学ぶこと

　この章では，特別支援学校での性教育についてどのように計画し，実施すればよいかその流れを示す。そのためには，まず「性」に関して様々な視点から考えることが必要である。そして対象となる児童生徒をよく観察し障害特性や行動上の課題を査定（アセスメント）し，彼らにとって必要な性に関連した知識・技能・態度は何かを考える。その上で学校の教員や児童生徒や大人が暮らす施設などの支援者（以下，教育者）は根拠や成果を考慮した性教育の授業設計が求められる。同時に性教育においては，人間関係の構築方法を学ぶことが不可欠であり，日頃児童生徒への関わりにおいて実践することの重要性を理解する。

1　性教育を実施するための基本的理解

（1）教育者の役割

　性教育を実施するにあたり，これが正統（当）であり普遍的な形式であるというものはないと考える。必要なのは教育に携わる者が「性」という言葉に惑わされることなく，目の前にいる児童生徒やその家族などにとって必要な性教育を提供することである。ここでの対象者である小中高校生を含む特別支援学校に通う児童生徒は，知的理解度，身体的自由度も個別性が高く，ニーズも様々である。さらには家庭状況などの個人背景も多様性に富んでおり，現代の社会における立場も決して良好とはいえないこともある。なかには想像を超え，かなり複雑な背景や経緯をもつ児童生徒もおり，性的な問題に巻き込まれやすく，問題を起こしやすい環境で生活していることも少なくない。そのような児童生徒には画一的な知識提供の性教育だけでは，残念ながら諸刃の剣になるか

もしれない。これらに適切に対応するためには，まずは教育者が，日頃から性の問題に対して毅然とした態度をもたなければならない。さらに児童生徒の個別の状況を適切に把握・査定し，その状況に対して必要な性に関する知識・技能・態度を取得できる柔軟な教育を組み立て実践できる能力を身に付けなければならないだろう。

(2) 性教育の目的

　性教育は児童生徒の健康的な心身の発達成長を促すために，重要な教育の一領域であるということは現在では疑いのない考え方であろう。日本においては，文部省（現：文部科学省）の『学校における性教育の考え方，進め方』(1999)で性教育の基本的な考え方として「人間の性を人格の基本的な部分として生理的側面，心理的側面，社会的側面などから総合的にとらえ，科学的知識を与えるとともに，児童生徒等が生命尊重，人間尊重，男女平等の精神に基づく正しい異性観をもつことによって，自ら考え，判断し，意思決定の能力を身に付け，望ましい行動をとれるようにすること」と提示されており，これを受け県や市の教育委員会によっては性教育の「手引き」や「進め方」がまとめられている（東京都教育委員会「健康教育1 性教育」；性教育.ネット「性教育の手引きリンク集」）。そして小中高等学校や特別支援学校では，この手引きなどを参考に授業や指導を行っている。これらガイドラインとなる「手引き」や「進め方」は，性教育に精通した学識経験者や教員等で検討し作成されている。性教育を実施する場合には，事前に目的等に目を通しておくとよいだろう。

　性教育は実施されるときの時代背景や価値観，その時点までに解明されている科学的根拠によって，性教育の目的（考え方や方向性）や，重視される教育内容が変化してきている。現代においては，中央教育審議会初等中等教育分科会による性教育として求められる内容についての記述の書き出しにおいて，「我が国では，性に関しては様々な価値観の相違があり，性教育についても様々な考え方がある」と述べられているように，多様な価値観があることが前提だということが確認されている（文部科学省「学校教育全体で取り組むべき課題と学習

指導要領等の内容3 性教育について」)。しかし時代によっては,「こうあるべき」という価値観のもとに進められていた歴史もあったことも確認しておかなければならない。先にも述べたが性教育は人間形成を最終目的としているので,それが達成できることが最重要目的である。実施にあたっては画一的な知識や価値観の押し付けにならないよう,児童生徒個々がもつ能力や背景の多様性を考慮した上で,適切な性行動が習得できる教育方略を仕組むことが望まれる。

(3) 性教育の歴史的背景

　性教育の歴史的流れを知ることの意義は,単に歴史を学ぶだけではなく性教育がどのような経緯でいまに至っているかを知ることで,この先どの方向に向かうのかを検討するために重要な手続きである。ここでは国内における歴史について簡易に述べるが,興味があれば各自でさらに深く調べていただきたい。

　性教育はいつから始まったのか,という問いには,"何をもって性教育というか"が明確にされないと答えがないとしている(茂木,2009)。確かに,"性"や"生殖"に関する事柄は,人類に限らず生命があるものに関係するものなので,性の営みやそれに関連するものは太古の昔からあるものだが,それを教育というカテゴリーで知識・技術・態度を教授するということになると,"性教育"とは何かという定義が必要だろう。民俗学的にはムラや地域ごとに,性や生殖に関する事柄は先達から若者や子どもへと継承的に行われており,大人になることへの通過儀礼的意味もある(池田,2003)。具体的には年頃になると初経に関すること,性交に関することなど身をもって教えられるのである。そのようなことは男女ともに行われており,歴史的にみれば"性"の捉え方は,現代の私たちからするとかなりオープンである。盆踊りは男女の出会いの場であり,公衆浴場は混浴であったし,夜這いも近年まで行われていた風習であった。また神社では男性・女性の外性器を象ったご神体があり,思春期の子が恥ずかしくて見ることもはばかられるような祭りが行われる地域も各地にある。

　また明治時代になると宗教的な倫理観が影響したり,性交やマスターベーションに関して経験開始が早すぎる,頻繁に行いすぎることの弊害などについ

て問うている（茂木，2009）。また戦争が優先である時代では，優生学や産児調節により優秀な兵士を育成することが目的の一つであり，社会情勢や思想がとても強く影響した内容が推進されている。戦後は純潔教育が推進されたり，近年になってからは HIV（Human Immunodeficiency Virus）の出現もあり，一時はエイズ教育が性教育の中心になったこともあった（池上，2003）。

現代は性自体連続性があるものであり身体や心理面の男性女性を強く区別するというよりは，性の多様性を理解し受け入れ，その人の生き方を含め尊重していくものとなってきている（東，2016）。また ICT（Information and Communication Technology）の急激な普及により情報が簡単に手に入るようになったことと，ツールを介したコミュニケーションの方法がかなり複雑になってきており，それに伴う性に関連した問題も発生し，深刻な対応すべき課題の一つになっている。このような時代に生きる児童生徒は最先端に触れている一方で，時代に翻弄されている立場ともいえる。人生の先輩であり世の中の流れを俯瞰できる教育者が，時代のニーズにあった性教育を実施するのは必須のことである。

2 性の問題の何が問題なのか

（1）性の問題にどう対応するのか

「青少年の性行動全国調査」が定期的に行われて，全体の性行動に関する量的データが示されており（日本児童教育振興財団内性教育協会編，2013），最新のデータではデート・キス・性交経験率の低下傾向が示されている。特別支援学校に通う児童生徒のみの調査はみられないが，特別支援学校，寄宿舎や児童養護施設で暮らす児童生徒，福祉施設や作業所などに通う大人の中で，教育者が対応に困る性に関係した多くの問題が起きているという現実がある。"性の逸脱行為"といういい方をするのかもしれないが，多くの場合，男性が加害者に，女性が被害者になることがあり，どちらも問題は深刻である。

このような教育的・福祉的管理のもとで，児童生徒らが過激な性的描写の写

真や動画などを観る，異性・同性同士で自分の裸体を見せ合う・さわり合う，さらには性行為をするなど性的関わりをもったり，なかには児童生徒が教育者に対して性的な接触を求めることもある。具体例では視覚障害のある同じ職場に通うカップルが夕方更衣室の片隅で性行為をしていた，また発達障害のある男子中学生が女性物のストッキングを近所の家の洗濯物から大量に収集していたなど，このようなことは数限りなく耳にする。こうした行為が発覚した場合，教育者は，「どうやったら早くそれを止めさせられるのか」と躍起になる。確かに女性なら性行為をすれば妊娠してしまうかもしれない，男性なら性犯罪者になるかもしれないことを視野に入れた予防的緊急対応だと思われるが，単なる規制や抑制だけの対処ではおそらくその後も教育者の目や管理の隙間をぬって，また同じことを繰り返すだけかもしれない。

（2）社会で起こっていること

性非行や性犯罪を犯し，少年院や刑務所にいる障害のある人も少なくないという現状もある（木戸ほか，2005）。ここに至るには育った家庭環境の影響や自身のコミュニケーションや対人関係構築の未熟さなど様々な背景があることもあるが，結果として自分が犯してしまった罪に対して，少年院や刑務所に入ることで社会的な責任をとっているのである。また逆に知的障害のある女性が，性犯罪の被害者になったというニュースを耳にすることもある。

一方，児童生徒を取り巻く性産業や性情報氾濫の現状にも目を向けなければならない。いわゆるセックスワーク，売春やデリヘル（デリバリーヘルス），アダルト系ビデオ出演などの性産業に従事している人たちの中に，知的障害や発達障害などの特性をもつ人がいるという現実もある（鈴木，2014）。このような状況に至る経緯は人それぞれではあるが，上記同様家庭環境も大きく影響しており，学校や社会でうまく人間関係の構築ができないと継続的に働くことも難しくなり，自己肯定感が下がったところで「性を買いたい人」がいた場合，「自分の性を売ること」で必要とされている感覚をここで得て性産業に従事していくこともあるだろう。

また，一人に一台のパソコン・タブレット・スマートフォンなどのコミュニケーションツールをもち，いつでもどこでも誰とでもつながれる時代になり，一昔前までは想像もつかない複雑なネットワークや膨大な情報で取り囲まれている。性行為を実践するために参考にするのがアダルトビデオだという若者もいるという。SNS（Social Networking Service）でのやり取りや，悪意のあるサイトが原因で，いつ誰がトラブルに巻き込まれるとも限らない状況が迫っている。この世の中の複雑な全体像を，教育者のどれだけの人が認知しているだろうか。必要な情報を与えられていた時代から，必要な情報を自分から取りにいく時代になったのである。自分にとって必要で安全な情報だけを取捨選択して活用することが，特別支援学校に通う児童生徒がどれだけ適切にできているのだろうか。世の中の変化に教育者がついていけているかどうかに関係なく，常に新しい状況が生まれている時代にいる児童生徒を管理するのは限界があるだろう。

（3）性欲は基本的な欲求である

　性・性欲とは，アブラハム・マズローのいう生理的欲求にあたる一番下層部にある基本的な欲求に含まれるものであり（廣瀬ほか，2009），性別や年齢を問わずにあるものである。そのため人類，広くいえば生き物にとって，食欲や睡眠欲などと並び本能的で普遍的な欲求であるといえる。さらにいえば，性・性欲は，知的な水準，障害の有無にかかわらず誰にとっても一律にあり，個人差や手段は異なれど自分の欲求を満たしたいものだろう。具体例として適切かどうかはわからないが，政治家が不倫関係に陥ったり，医療者が異性の患者を盗撮したり，教員が生徒にわいせつな行為をするなど，数多くの性非行や性犯罪のニュースがあげられる。性にまつわる事件の場合，社会的にも大きな問題になり，発覚したときは本人へのダメージも大きいのは，性に対しての社会の目や判断が厳しいからである。仕事をしているときは生真面目で同僚からの信頼が厚くても，飲み会の席で場を盛り上げようと"下ネタ"でも口にしようものなら，一気に評価が下がる場合もある。まずは性的な欲求は誰にでもあるもの

であり，誰もが一線を越えてしまうことがあるということを真摯に受け止めることが必要だろう。その上でその欲求を合理的かつ合法的な方法で適切に消化させるために，社会的に適切だとされる範囲内で行動することが，社会人としての常識的なふるまい方であるともいえるだろう。

(4) 問題は何かを見極めること

　考えていただきたいのが，「何が問題なのか」ということである。ヒトであるから性的な関わりや接触を求めるのは，生物学的にはあって当然のことである。本節第1項であげた事例を耳にしたとき，「障害があるので性的な興味や関わりへの欲求が強いから」「障害があるから問題を起こしてしまうのだ」などと短絡的に思うことはないだろうか。適切に事例に対応するためには，その事例の「本質的な問題」を見極める必要があるし，見極める力を教育者には身に付けてほしい。先の事例の問題として考えられるのは，視覚障害のある大人の場合は，視覚障害があることでプライベート空間というものがよくわからなくて，誰かに容易に見られるかもしれない公共の場（集団生活の場所）で性的な関わりをしてしまったというマナー面の問題であるかもしれない。発達障害のある男子中学生はストッキングの感触を好む強いこだわりの特性があったのかもしれないし，収集癖のため大量に集めてしまっただけかもしれないが，集め方としては他人の物を盗んでいるので，このほうが重大な問題かもしれない。電車やおもちゃの収集ではなく，女性物のストッキングという性的なものが想像できると，やはり性の問題行動となってしまうことがある。

　ある男子高校生の母親から「息子が自分の部屋でマスターベーションをしていました。性問題があると思いますが，どうしたらいいでしょうか」という相談を受けたことがあった。この出来事について詳しく聞くと，息子は知的障害がある高校生で，普段は自宅の部屋でこっそりとマスターベーションをしていたようだが，この日は母親が息子の部屋に潜り込んでいてスマートフォンで自分の友人と話をしていたということだった。この相談について解釈すると，男子高校生がマスターベーションをすることは年齢で判断しても特別に異常なこ

とではない，自分の部屋というプライベート空間で行うことをきちんと守っていたことになる。では何が「本質的な問題」なのかを考えると，母親とはいえほかの人がいるときにマスターベーションを始めてしまった息子には注意が必要だろうが，息子の部屋にいた母親にも注意すべき点があるのではないだろうか。このように母親（保護者）は，自分の知りうるところで性的な行為がなされるのは耐えられないので，問題化してしまうことがある。しかし母親を含め世の中の人たちは，人には見られないよう，知られないように自分の性の欲求を満たしているのだろうに，自分のことは棚に上げ，ほかの人のことは「性の問題だ」とするほうが辻褄が合わない気がする。

3 学校における性の扱われ方

（1）ある養護学校での事件

2003（平成15）年に都内の七生養護学校（現：七生特別支援学校）で行われていた性教育に対して，都議会で議題の一つにあげられた。ここで実施されていた性教育が"行き過ぎた内容"だとみなされ，都議の一人がそのことについて意見を述べたのである。都は校長や教諭への処分を行ったが，この処分が不当だと裁判にまでもち込まれた。最終的に最高裁判所での判決では，都に賠償命令が下された。"行き過ぎた内容"だとみなされたのは，外性器の形を模した教材や人形，からだの名称が歌詞になった歌など，生殖器がリアルに表現された教材を用いていたため"過激な性教育"だと，メディアも取り上げ社会問題ともなった。しかし児童生徒にとっては，性教育は生きるための重要な支援の一つであるとの認識から児童生徒の現状に鑑み，教員や保護者たちが必要な教育だとつくり上げていったものだった（児玉，2009）。ここでは養護学校での性教育についての検討はしないが，「通常学校」ではここまでリアルに行わない性教育を「障害のある子」が通う「養護学校」で行われていたことで，第三者の目からすると，かなり違和感があり奇異的なものに感じられたのであろう。現場では児童生徒の性の問題への対応に困っているにもかかわらず，どう対応

すればよいのか教育者や保護者はかなり困惑している状況なのである。この事件が影響しているのかもしれないが，特別支援学校などでは積極的に性教育が行われなくなったということを耳にしたことがあり，この事件は逆の流れを招いたように感じる。

（2）性の問題と生徒指導は切り離せない

　どの特別支援学校においても事の重大さの軽重はあれど，思春期の二次性徴に由来する悩みから異性関係のトラブル，更衣室を覗くなどの性犯罪的な問題は必ず起きている。生徒指導に関する問題の中で「性的な文脈での問題だとお手上げ状態になってしまい，専門家でないと対応できない」と思い込んでしまっている教育者が多いと感じる。しかし，学校で起こる問題は，決して純粋に性の問題だとも限らない。たとえば下校中，小学4年生の女児が6年生の男児に「おちんちんをさわらせてくれたら，おっぱいをさわらせてあげる」と言い，本当にさわらせ合いをし，自宅に帰ってそのことを悪気もなく保護者に話したところ保護者が憤慨し，学校と双方の保護者を巻き込んでのトラブルになってしまったなど，類似した問題を耳にすることがよくある。これは特別支援学校に限ったことではなく，通常学校でも起きている。「おちんちん」「おっぱい」「さわる」などのワードが出た時点で，教育者が「性的な問題だ，どうしたらいいのか，どこに相談すればいいのか」と混乱してしまうのである。しかし生徒指導的に解決できるような問題も多々あり，児童生徒間のパワーバランス，コミュニケーションの未熟さ，関係構築の仕方の問題，さらには日頃からの学校と家庭との関係の問題だということも少なくない。とくに思春期の児童生徒は，性の問題と生徒指導を切り離せないものである。そのため先に記したように「問題の本質は何か，本当の問題はどこにあるのか」を見極めて対応していただきたい。

　確かに職員室で口にすることは恥ずかしいことかもしれないが，性は誰にでも関係すること，発達過程において切り離せないことでもあるので，教育者が真摯に受け止めることが必要である。教える側が「性」という事柄に向き合お

うとすること，そして職場でのコンセンサス，共通目的をもって同歩調で対応することが不可欠である。後回し，他人任せで先送りしていては何の解決にもならないし，問題として噴出したときにはさらに複雑で取り返しがつかないことになっているかもしれない。

（3）教育者が受けた性教育

　教育者の皆さんが"性教育という言葉で何をイメージするか"と問われたときに，どのような想像をするだろうか。おそらく学校で習った"性教育"を思い浮かべるのだろうが，大人になったときに思い出すその内容は，日本全国であまり相違のないもののように感じる。女子だけが放課後，別の部屋に集められて聞いた初経指導，そこから戻ったら男子が好奇心の眼で女子を見ていた，という光景を思い出される人も多いかもしれない。

　性のことは学校で習うことより，実生活での体験や友人や雑誌などから見たり聞いたりした情報のほうが，実は役立っているということも少なくない。これら性の体験の経過は人それぞれなので，個人がもつ"性に対する興味，考え方や体験"にはかなり違いがあるものと思われる。それが性教育や性問題に対応する際に障壁の一つになることもある。日本では日常会話でお互いの性の認識や体験をあまり話題にすることがなく，「社会標準が何かがわかりにくい」ため，自分の判断基準で対応することになる。そうなると人によって厳しい，逆に寛容な対応など差が出てくるのは当然で，誰が対応するかによって問題の結果が大きく変わることもある。しかし教育現場ではどこまでがOKでどこからがNGなのか，教育者間できちんと明文化して示しておくことが必要である。個人の判断に任せるとOKの程度が緩く見過ごされることもあり，気がついたときには犯罪の範疇に入っていた，ということにもなりかねない。

第12章 特別支援教育における性教育

4 性教育をどのようにデザインし，実施するか

（1）性教育の進め方

学校で取り組む性教育は，大きく2段階で対応するのが現実的ではないかと考える。以下にその概要を記す。

① 教育的支援――計画的に行われる適切な知識を得るための性教育

〇カリキュラムデザイン

小中学校，高等学校，特別支援学校では健康・保健・安全を管轄する委員会があり，「性教育年間指導計画」が設定されていることが多いので，所属する学校の計画を一度確認しておくとよいだろう。性教育の目的や学校目標を受け，学年や月ごとに行うべき教育内容が教科を超えてまとめられているが，一般教科と違い単元や教材が細かに設定されているというよりは，学際的な領域である。そのためクラス担任はもちろんどの教科が専門であっても，性教育に携わる可能性がある。正しい性行動や考え方をもつための基礎知識や基本的技能の習得を目指している。

カリキュラムデザインの際には，インストラクショナルデザインを意識し，わかりやすい授業設計であり，かつ誰もが理解できるように伝えることが重要である。教育目標分類（タキソノミー）による「認知（名称を覚えるなどの知識）」「技能（手先の技術やコミュニケーションなど）」「態度（道徳面やマナーなど）」の3領域を意識して，俯瞰的に設定することが必要である。そして領域や単元ごとに期待するアウトカム／コンピテンシー（目標，達成したいことなど）を設定することが必要である。計画的に行われる授業は，他のいい方をすれば性の領域で問題を起こさないための予防教育でもある。

子どもは成長途中であるから大人が適切な報告に導くために知識や情報を与えるという教師主導型学習は，小児学習（ペタゴジー，pedagogy）といい，性教育もこの要素が色濃いだろう。この性教育で教授されえた知識や情報を適切な自己の性行動につなげられる子は多くいるだろうが，特別支援学校の児童生徒

の中には「知識は知識」で蓄えているだけで,いますべき行動にさえ結びつかない子もいる。しかし教育者の中には「教えたのにできない」「何回も教えているのに……」と嘆き,がっかりする教員もいる。これは教授錯覚というもので,教えたからわかっているはずだ,と思い込んでいる教える側の問題である。性教育の知識面は試験で評価できるが,その後の適切な行動ができるかどうかは自己に任せられるのである。しかしそれが誰にでもできるなら問題は起きないわけで,誰も困ることにはならない。教育者側が児童生徒の適切な行動につなげられるように支援することも望まれる。

　また学校内に性教育に関して意識が高い養護教諭が赴任したときに,性教育が盛んになるということもあると聞く。児童生徒の課題の多さにもよると思うが,原則としてすべての教育場面で平常的に取り組まれることが望まれる。

〇学習方略

　デールの経験の円錐(エドガー・デールによって提唱された学習経験の分類図である。人間の認知は直接的で具体的な経験から様々な抽象化の段階を経て,最終的に最も抽象的な言語象徴,概念化に達することを説明したものである)で示されているように,受動的授業よりも能動的な授業のほうが記憶の定着がよいとされている。受動的な学習方法では知識提供が主な教授法があり,能動的な学習方法ではeラーニングで情報を読む・見る,小グループディスカッション,演習(シミュレーション,ロールプレイなど)による体験を組み合わせた学習方略を用いることが可能である。近年ではアクティブ・ラーニングの手法も用いられるようになってきており,問題解決型教育(Problem Based Learning:PBL),反転授業など自己学習を促進する方法も広がってきている。これらは先の小児学習に対し成人学習(アンドラゴジー)といい,体験などが主となり自分の経験も学習の素材となりうる。

　「性教育で能動的教育をするためにはどんな内容にすればいいのか」といったときに,ついマスターベーション,性行為や避妊方法について演習するのか,と想像するかもしれないが,たとえば「異性との距離の取り方についてロールプレイする」「異性と話すときに適切な話題は何かについてディスカッション

第12章 特別支援教育における性教育

する」「彼氏の家にお泊まりできるための条件を考えてみよう」など，多種ある。教科書ベースで授業を進めることが多いと思われるが，障害特性や知的レベルに多様性がありニーズが異なる児童生徒にあわせて，必要な内容・方略を柔軟に変更することが求められる。たとえば軽度の知的障害の児童生徒が多いと，性の問題も多く起こるとも聞くので，直接性行動につながる内容，中度の場合は異性との関わり方やマスターベーションの際の配慮などだが，教えることに難しさもあるだろう。重度の知的障害の児童生徒の場合は性役割に見合った身だしなみについてなど，また身体障害がある場合は環境整備なども必要となるという卒業後必要となる内容などが考えられる。確かに産婦人科医師や助産師などの特別ゲストを迎えての特別授業はインパクトがあり効果も得られるが，短期的効果にならないよう日頃からの教育や支援も同時に必要である。

以前筆者が性教育を行ったときに，発達障害のある男子高校生の一人が「人前で性のことを話したらいけないって学校で習ったから受けたくない」と激しく拒否したことがあった。さらに別の男子では，学校の性教育で女性の体についての授業を受けたあとに，実際に確かめるために女子更衣室を覗いたということもあった。彼らのように教育者側が意図しない理解や反応があることも考慮して授業を計画したい。

○評価方法

授業の評価として，カークパトリックの4段階評価（ドナルド・L.カークパトリックによって提案された教育の評価法モデルである。教育の評価は，教育プログラム改善，教育の質，効率向上のために重要であるとされている。実際に行った授業評価に活用する）を用いるとわかりやすい。

1：（反応）授業が楽しかったか
2：（学習）目標の知識や技術は身に付いたか
3：（行動）生活の中で実際に活用しているか
4：（結果）行動変容がみられよい効果がみられたか

1と2は，授業後すぐに評価できるものである。3と4は，評価には時間はかかるが，本当に児童生徒の身に付いたかどうかを確認することを教育目的か

らして忘れてはならない。同様にミラーの三角（ジョージ・E. ミラーによって提唱された臨床教育評価の枠組みである。臨床教育評価を，Knows：知っている，Knows How：知っていることができる，Shows How：実際の場面に近い場面でできる，Does：実際の場面でできる，の4段階に分け，どの段階であるかを評価する）を用いての評価も可能である。

② 必要時に行われる問題行動への対応のための性教育——介入・行動修正的支援

性に関する理解や環境は個々によってかなり違いがあるため，①の教育的支援を行っても性の問題行動，不適切行動を行う児童生徒はどうしてもいるので，対応に苦慮することが多々あるだろう。このような何らかの性の問題行動を起こした，もしくはリスクが高い児童生徒に，必要に応じて集中的に介入や支援をしなければならない場合もある。この際には担任や養護教諭をはじめ，生徒指導担当や教頭や校長など管理職が対応することが多いと考えられるので，学内の対応の組織体制を決めておくことが，いざというときに問題を複雑にしないために必要である。また学外の専門機関や専門家と連携を図る必要性も出てくる。日頃から情報交換などの交流を行うことも重要である。

○ PDCA サイクルを活用した支援

対象になる問題に対して細かく対処する必要性があるので，PDCA サイクルを用いる（第10章図10-2参照）。

　P（Plan：計画）

問題介入のために必要な計画を立てる。そのために必要な問題の査定が，一番重要になる。項目例をあげよう。

● 問題のアセスメント

- この事象は，本人にとって不利益で，他者や社会に悪影響を与えるため，何らかの介入をしなければいけないことなのか

● 当事者（問題を起こした本人）

- 知的な理解度はどの程度か
- 何らかの障害がある場合，その程度や影響はどの程度あると考えられるのか

- 問題の同定（知識，技術，態度面の何に問題があったのか）
- 苦手なことは何か，得意なこと（強みとなること）は何か

●周　囲
- 当事者と問題となった他者の関係はどのようなものだったのか
- 当事者を支援してくれる資源や環境はあるのか

　D（Do：実践）
　　Pの結果，どう実践（介入）するのが適切かを決定し実行，その後修正する。
　C（Check：評価）
　　PやCが適切であったか，その結果がどうであったかを評価する。
　A（Action：修正）
　　Cで修正が必要ということであれば，適宜修正し直す。

○評価方法
　カークパトリックの評価（先述）を用いる，またコルブの経験学習モデルに照らし合わせてどの程度汎化できているのかを評価するとわかりやすい。コルブの経験学習モデルは，経験（具体的な経験をする）→省察（経験を振り返る）→概念化（ほかでも応用できる，次からはこうする）→実践（新しい場面で実際に行う）のサイクルで経験学習を積み重ねるとされる。
　問題行動を起こした，もしくはリスクが高い児童生徒は，とくに保護者との連携も欠かせないので密に連絡をとり，十分に話し合うことが求められる。子どもと保護者の距離が適切ではない，父親の協力が得られないなどの課題があることもあり，保護者を含めての支援が必要なこともある。学校から家庭への介入は難しいが，性関連は児童生徒の社会生活の基盤になるので，重要な支援となる。問題に気をとられ問題解決が主にならないよう，強みや得意なことにも目を向け良い面を生かし強化するような視点も大切である。

（2）性教育で扱う内容
　「性」の問題は日常生活とは切り離せないので，日常生活の中できめ細やかに支援することが望ましいと考えている。また性の事柄のみを扱うのではなく

日常生活のための支援ともいえるので，児童生徒にとって関連する必要な知識や技術や態度は最低限身に付けてもらえるように支援してほしい。

特別支援が必要な児童生徒に，必要な支援例を以下にあげる。こんなことも教えないといけないのか，常識ではないのか，ということも「その子が自分一人でできるのか」「適切にできているのか」を改めて確認しておく必要がある。逆に保護者や教育者がとかく手厚い支援を意図せずし過ぎていることも少なくない。本人の力ではできないだろう，もしくは周りがこれくらいはできてほしいと要求するレベルに達しないとできないと判断し，先回りして手助けしてしまっていることもある。これでは本当に自分の力にはならない。

また個々の「障害特性」を十分に考慮することが必要である。この「障害特性」によって，身体的な制限や誤解をして習得していることがある。単に一般的方法を押し付けるのではなく，社会的に許容されかつ本人にとって"かっこいい"もしくは"素敵な"方法を一緒に考えたい。

● 身体の整容
　身体を清潔に保つこと，清潔な衣服を着用すること，身だしなみを整えること，おしゃれを考えた服装ができること

● 二次性徴への対応
　　男子：精通への対応，身体が変化（ひげが生える，男性らしい体つき）することの受容と適切な対処方法
　　女子：月経への対応，身体が変化（胸が大きくなる，女性らしい体つき）することの受容とその対処（下着の着用など）

● 人間関係
　人間関係の理解（友達，恋人，目上の人などの違い），人間関係のつくり方（距離，話題，コミュニケーション），相手にあわせた関わり方（同性，異性との関わり方，友達，他人）など，児童生徒のニーズにあわせて内容を吟味する。

（3）性の基礎は「人間関係」

中央教育審議会初等中等教育分科会では「性教育を行う場合に，人間関係に

ついての理解やコミュニケーション能力を前提とすべきであり，その理解の上に性教育が行われるべきもの」としている（文部科学省，2018）。

　発達障害などの社会性の問題がある場合，人間関係の構築の未熟さもある。また感覚過敏（鈍感）のある子は，対人距離を測るのが苦手だということもある。行動やふるまいとして表現することの未熟さだけでなく，人間関係を感じとって理解するという面でも未熟さをもっている。人間関係というのは誰かに教えてもらうわけではなく成長や経験に伴って理解を深めていくものである。通常，人は不思議なことに複数の不可視要素から適切な人間関係とふさわしい行動を判断している。これらを具体的に教えなければならない。

　「性」が関連するときは，必ず「関係」も発生している。人間関係をうまく構築したり，感じ取れなければ，「性」の場面でもうまくふるまうことはできない。できるならば性の知識を教えるそれ以前から，適切な人間関係をどのように築くかを教える必要があるだろう。人間関係を適切に構築できる力，そのためのコミュニケーション力は自分らしく生きる上の基盤となる。まずは教育者が児童生徒のロールモデルとなるよう関係を常に意識して関わることが不可欠である。

　　＊本文中の事例は，実際のものを複数例あわせたり改変するなど，実際の事例が特定されないようにしている。

引用文献

東優子（2016）「LGBTを排除しない性教育のあり方」『保健の科学』第58巻第6号，391～395頁。

池上千寿子（2003）「若者の性と保健行動および予防介入についての考察」『日本エイズ学会誌』第5巻第1号，48～54頁。

池田弥三郎（2003）『性の民俗史』講談社。

木戸久美子・中村仁志・藤田久美・林隆（2005）「発達障害と性犯罪および性非行についての文献的考察」『山口県立大学社会福祉学部紀要』第11号，135～139頁。

児玉勇二（2009）『性教育裁判――七生養護学校事件が残したもの』（『岩波ブックレット』No. 765）岩波書店。

鈴木大介（2014）『最貧困女子』幻冬舎。

性教育．ネットホームページ「性教育の手引きリンク集」(http://www.seikyouiku.net/index.html 2018年11月12日アクセス）．
東京都教育委員会ホームページ「健康教育 1 性教育」(http://www.kyoiku.metro.tokyo.jp/school/content/about.html 2018年11月12日アクセス）．
日本児童教育振興財団内性教育協会編（2013）『「若者の性」白書——第7回青少年の性行動全国調査報告』小学館．
ハーデン，R. M.，レイドロー，J. M. 著，大西弘高訳（2013）『医学教育を学び始める人のために』篠原出版新社．
廣瀬清人・菱沼典子・印東桂子（2009）「マズローの基本的欲求の階層図への原典からの新解釈」『聖路加看護大学紀要』第35号，28～36頁．
茂木輝順（2009）『性教育の歴史を尋ねる——戦前編』（『性教育ハンドブック』vol. 4）日本性教育協会．
文部科学省ホームページ「学校教育全体で取り組むべき課題と学習指導要領等の内容 3 性教育について」(http://www.mext.go.jp/b_menu/shingi/chukyo/chukyo3/022/siryo/06092114/001/004/003.htm 2018年11月12日アクセス）．
文部省（1999）『学校における性教育の考え方，進め方』ぎょうせい．

学習の課題

(1) 性教育を行う場合の障壁は何だろうか。もし障壁があるとしたらそれをどう克服すればいいのだろうか。
(2) 具体的な学習対象者を設定して，性教育の授業案を作成してみよう。その際にはアウトカム／コンピテンシーを想定して，能動的な授業方略を工夫して計画してみよう。

【さらに学びたい人のための図書】

川上ちひろ（2015）『自閉スペクトラム症のある子への性と関係性の教育——具体的なケースから考える思春期の支援』金子書房．
　　⇨とくに，発達障害のある児童生徒への集団や個別支援の具体的方法について提示している。
宮口幸司・川上ちひろ（2015）『性の問題行動をもつ子どものためのワークブック——発達障害・知的障害のある児童・青年の理解と支援』明石書店．
　　⇨性の問題行動をした児童生徒に支援を行う際に，利用できるワークシートを収録している。

（川上ちひろ）

第13章 通常学校における特別支援教育

この章で学ぶこと

この章では，通常学校における特別支援教育というテーマに基づき，通常学校において特別支援教育の視点をもつことの重要性や，実際に特別支援教育のノウハウを活用した学級づくり，学校づくりのあり方などについて検討していく。インクルーシブ教育を目指す中，障害のある児童生徒にとっての「多様な学びの場」の一つとなる通常学校で，特別支援教育への理解を深めることはもはや必須であること，とりわけ「合理的配慮」について理解しておくことは通常の学校でこそ重要となることを十分理解してほしい。

1 インクルーシブ教育と合理的配慮

（1）共生社会の形成に向けたインクルーシブ教育システムの構築

2012（平成24）年，中央教育審議会初等中等教育分科会は，「共生社会の形成に向けたインクルーシブ教育システム構築のための特別支援教育の推進（報告）」（以下，報告）をまとめた。2006（平成18）年の学校教育法の一部改正以来，特別支援教育においてもノーマライゼーションの理念に基づいた共生社会が指向されてきたが，この報告が提出されるまでは，具体的にどのような手立てを講じればよいか等，施策面においては脆弱な状態にあったといえる。

この報告では，共生社会を「これまで必ずしも十分に社会参加できるような環境になかった障害者等が，積極的に参加・貢献していくことができる社会」であり，「誰もが相互に人格と個性を尊重し支え合い，人々の多様な在り方を相互に認め合える全員参加型の社会」であるとしている。そして，「このような社会を目指すことは，我が国において最も積極的に取り組むべき重要な課題

日本の義務教育段階の多様な学びの場の連続性

同じ場で共に学ぶことを追求するとともに、個別の教育的ニーズのある児童生徒に対して、その時点で教育的ニーズに最も的確に応える指導を提供できる、多様で柔軟な仕組みを整備することが重要である。小・中学校における通常の学級、通級による指導、特別支援学級、特別支援学校といった、連続性のある「多様な学びの場」を用意しておくことが必要。

自宅・病院における訪問学級
特別支援学校
特別支援学級
通級による指導
専門的スタッフを配置して通常学級
専門家の助言を受けながら通常学級
ほとんどの問題を通常学級で対応

図13-1 多様な学びの場
出典：独立行政法人国立特別支援教育総合研究所「インクルーシブ教育システム構築支援データベース」。

である」と日本における共生社会の重要性を強調している。

また、この報告では2006（平成18）年12月に国連総会で採択された「障害者の権利に関する条約」（以下、障害者権利条約）第24条を受けて、「インクルーシブ教育システム」を、「人間の多様性の尊重等の強化、障害者が精神的及び身体的な能力等を可能な最大限度まで発達させ、自由な社会に効果的に参加することを可能とするとの目的の下、障害のある者と障害のない者が共に学ぶ仕組みであり、障害のある者が『general education system』から排除されないこと、自己の生活する地域において初等中等教育の機会が与えられること、個人に必要な『合理的配慮』が提供される等が必要とされている」と定義づけている。

さらに、報告の中では、日本でインクルーシブ教育を進めるにあたっては、同じ場でともに学ぶことを追求するとともに、その時点で教育的ニーズに最も的確に応える指導を提供できる多様で柔軟な仕組み、具体的には、小中学校における通常の学級、通級による指導、特別支援学級、特別支援学校といった、連続性のある「多様な学びの場」を用意しておくことが必要であるとしている（図13-1参照）。

これらの内容からわかるように、この報告は、障害者権利条約の批准に向けて出されたものである。障害者権利条約は、障害のある人の暮らしに関わる諸権利について書かれたものであるが、そこには当然教育の問題がつきまとう。日本は2007（平成19）年、障害者権利条約に署名したが、その後、批准に向け

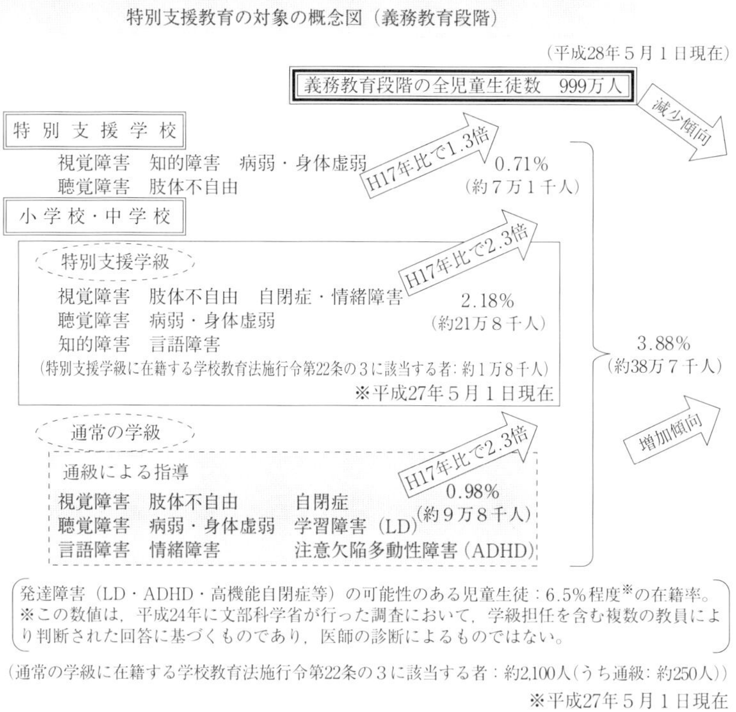

第13章　通常学校における特別支援教育

特別支援教育の対象の概念図（義務教育段階）

（平成28年5月1日現在）

義務教育段階の全児童生徒数　999万人　減少傾向

特　別　支　援　学　校
　視覚障害　知的障害　病弱・身体虚弱
　聴覚障害　肢体不自由
　　　　　　　　　　　　H17年比で1.3倍　0.71%
　　　　　　　　　　　　　　　　　（約7万1千人）

小学校・中学校
　特別支援学級
　　視覚障害　肢体不自由　自閉症・情緒障害
　　聴覚障害　病弱・身体虚弱
　　知的障害　言語障害
　　　　　　　　　　　　H17年比で2.3倍　2.18%
　　　　　　　　　　　　　　　　　（約21万8千人）
　（特別支援学級に在籍する学校教育法施行令第22条の3に該当する者：約1万8千人）
　　　　　　　　　　　　※平成27年5月1日現在

　　　　　　　　　　　　　　　　　3.88%
　　　　　　　　　　　　　　　　　（約38万7千人）
　　　　　　　　　　　　　　　　　増加傾向

　通常の学級
　　通級による指導
　　視覚障害　肢体不自由　自閉症
　　聴覚障害　病弱・身体虚弱　学習障害（LD）
　　言語障害　情緒障害　注意欠陥多動性障害（ADHD）
　　　　　　　　　　　　H17年比で2.3倍　0.98%
　　　　　　　　　　　　　　　　　（約9万8千人）

発達障害（LD・ADHD・高機能自閉症等）の可能性のある児童生徒：6.5%程度※の在籍率。
※この数値は、平成24年に文部科学省が行った調査において、学級担任を含む複数の教員により判断された回答に基づくものであり、医師の診断によるものではない。

（通常の学級に在籍する学校教育法施行令第22条の3に該当する者：約2,100人（うち通級：約250人））
　　　　　　　　　　　　　　　　　※平成27年5月1日現在

図13-2　特別支援教育の対象者
出典：文部科学省初等中等教育局財務課（2017）。

て多くの法整備等，条約との整合性を図る努力を行ってきた。教育の分野においても条約との関係で多くの調整が求められたが，この報告は，日本が従来の障害児教育のあり方から，インクルーシブ教育を目指すことを公的に明示した重要な報告であるといえる。

（2）増加するニーズと多様な学びの場

　特別支援教育への関心の高まりとともに，特別支援学校の在籍者数は年々増加している。他方，図13-2でもわかるように，特別支援教育のニーズは特別支援学校にとどまらない。この図は，義務教育段階における特別支援教育のニーズがある児童生徒の割合を，現在，教育を受けている場所によって識別し

てあるものである。この図にあるように、2016（平成28）年現在、義務教育段階において特別支援教育のニーズがある児童生徒は約38万7000人、全体の3.88％といわれているが、そのうち特別支援学校に在籍しているのは約7万1000人である。すなわち、特別支援学校に通う児童生徒の数に比して、特別支援教育のニーズがありながら通常の学校に通っている児童生徒のほうが圧倒的に多いということになる。11年前の様子と比較してみた場合、特別支援学校在籍者は約1.3倍となっているが、通常学校の特別支援学級在籍者および通級指導の対象者はそれぞれ2.3倍の増加傾向にある。高等学校における通級指導の実施も迫る中、通常学校における特別支援教育のニーズはますます高まっていくといえる。

（3）合理的配慮について

　通常学校において特別支援教育を進めるには、「合理的配慮」に関する理解が必要となる。合理的配慮（reasonable accommodation）とは、障害のある児童生徒が障害のない児童生徒とフェアに教育を受けるための「調整」行為であり、障害者権利条約や「障害を理由とする差別の解消の推進に関する法律」においては「差別の払拭」のための行為であると定義づけられている。スロープを用意したりエレベーターを設置するなどの基礎的環境整備とは異なり、個々のニーズにより、当該児童生徒との対話を重ねた結果としての調整行為である。こうした合理的配慮の営みが不可欠であるのが通常学校である。特別支援学校では、個々の教育的ニーズに応じたオーダーメイドの教育が提供されている。つまり、合理的配慮が前提となっているということになる。しかし、通常学校の環境は、物的環境をはじめとしてカリキュラムの中身や進め方などがいわゆる「健常者一般」を軸に設定されている。したがって、そうした環境により障害のある児童生徒が学校生活に不利益を感じた場合には、即座に調整活動に入らなければならない。

　では、通常学校でどのように特別支援教育を進めればよいのか。これについては京都市の実践例（第2節）、大阪府の実践例（第3節）で学習してほしい。

いずれも強調されているのは個別指導とあわせて「集団づくり」が重要であるということである。障害のある児童生徒を障害のない児童生徒たちの中にどのように位置づけ，学級経営を展開させていけばよいのか，実践例から得られる示唆は大きい。

2　子どもの社会自立のために（京都市の取組み）

（1）集団指導と個別指導の大切な役割

　特別支援教育とは，一人ひとりの教育的ニーズに応えることであるが，個は集団の中の一人であることも意識し，学級としての方針をしっかりもった集団づくりを目指していくことが求められている。つまり，どの子どもも通常の学級での学校生活がまずあるわけであり，その中で特別支援教育を具体化することが求められている。

　発達障害の子どもたちの教育を保障することは，学級のすべての子どもの教育を保障することになると考える。子どもは，発達の段階に応じて集団の中で人と関わることをとおして，いろいろな思いや考えがあることを知る。たとえば，集団の中で自分の価値が認められないと自己有能感をもてなくなり，自尊心をなくしてしまうことになる。そうするとその子どもの情緒は不安定になり，ますます行動は落ち着かなくなるという悪循環になってしまうのである。そこで，よく個別指導を集団指導と切り離して指導が行われることがある。その場合，集団指導をとおして個を育成し，個の成長が集団を発展させていくという相互作用により，子どもたちの力を最大限に伸ばすことができるという指導原理があることを忘れてはいけない。とくに発達障害のある児童生徒が苦手としている人間関係を築くためのコミュニケーション力や，基本的な生活習慣の確立やルールの取得等は集団での活動をとおして伸ばすことができるといえる。

　2010（平成22）年に発行された「生徒指導提要」では，「集団指導とは，集団全体のみに焦点をあてた指導を意味することではなく，集団内の児童生徒一人一人についても考慮を払うことを重視するもの」であるとしている（図13-3

図13-3 集団指導と個人指導の指導原理
出典：文部科学省（2010）。

参照）。たとえば，一斉授業の中に児童生徒一人ひとりの目標や特性に応じたグループ別学習を取り入れるなど，集団指導の場面でも，個に配慮する工夫が望まれている。また個別指導でも集団を意識した指導がなされることが必要であり，決してどちらかの単独指導ではないということである。このように指導者はそれぞれの集団に属している一人ひとりの児童生徒の良さや違いを大切にして，集団の中で各自がもっている個性を伸ばすことが，結果的に集団の発展にも結びつくことになるということを強く意識する必要がある。

（2）一人ひとりが大切にされる学級づくり

　子どもにとって学校とは「活動の場」であり「社会参加の場」である。学校という「環境因子」が整うことで個々の子どもの個人活動がスムーズに進むと考える。学級の子どもたちから特性のある子どもに対して，特別扱いであるという声が聞こえたならば，それは一人ひとりの子どもがいまの自分に満足していないということでもある。一人ひとりが満足するような，個と集団を意識した学級経営を行うことが求められる。

① 学級での居場所をつくる

　一人ひとりの子どもが，担任や学級の友達から，受容・共感されていると感じていたならば，担任が特性のある子どもに対する適切な配慮について，特別扱いをしているという偏見の目をもたないのではないかと考える。そのためには，特性のある子どもの観察だけでなく学級ですべての子どもが，いまの学級の現状に対して，適応しているのか満足しているのかを把握することが必要になってくる。もちろん適切な学級の運営のためには，直接話をする，日記をつける，観察するといったことで情報を得ることは大切である。

　しかし子どもたちの気持ちは必ずしも目に見える形で表現されるとはかぎら

第13章　通常学校における特別支援教育

わたしのクラス　～学級認知～　設問
1．クラスのみんなは、お互いによいところを認め合っている。
2．クラスの人がうまくいくとみんなで喜ぶ。
3．男子も女子もいっしょに楽しく遊んでいる。
4．みんなが、クラスの活動に自分から進んで参加する。
5．クラスのみんなが助け合っている。

わたしの毎日　～生活適応感～　設問
1．勉強がよくわかる。
2．授業が楽しい。
3．勉強は自分のためになると思う。
4．勉強が楽しくできる。

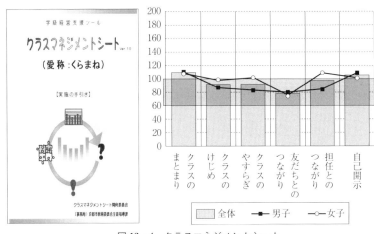

図13-4　クラスマネジメントシート
出典：京都市教育委員会事務局指導部生徒指導課（2012）クラスマネジメントシートより。

ない。表面上は仲が良い学級でも心の中では人には言えない辛い気持ちを抱えていることもある。そこで、アンケートという方法が子どもたちの思いを知る手がかりとなる。子どもたちから得たデータをもとに分析し、学級や子どもがいまの学級・自分の生活をどう捉えているのかを客観的に把握することで、適切な手立てがみえると考える。

京都市では、2014（平成26）年、京都市教育委員会生徒指導課でクラスマネジメント開発委員会を設立し、実際の子どもたちの声をもとにして、どのように自分の学級をみているか、また毎日の生活をどのように送っているのかということが把握できる「クラスマネジメントシート」というアンケート用紙を開

表13-1 それぞれの因子につながる具体的な取組みの例

因　子	学級づくり	授業づくり	子ども理解
クラスのまとまり	・「朝の会」「帰りの会」を工夫する。 ・クラスが楽しくなるような係活動を立案させ，実行する。	・授業のはじめにモジュール等を取り入れ，みんなで活動する。 ・みんなの意見を交流する場を設定し，学びあいの雰囲気をつくる。	・学級目標を具体化し，何をすればいいのかわかるようにする。
クラスのけじめ	・ルールの大切さを説明する。 ・聞くことのルールを徹底する。	・発表のルール（ハンドサイン・発表する人の顔を見る等）をきめる。 ・あだ名や愛称はさける。	・ルールが守れなかったとき，理由を聞きルールを教える。
クラスのやすらぎ	・ちくちく言葉やあったか言葉を教える。	・間違った答えや意見であっても，それぞれの着眼点の良さを認める雰囲気をつくる。	・休暇明け（夏休み等）の子どものグループの様子等複数の目で観察する。
友だちとのつながり	・挨拶をする。 ・座席決めは指導者が意図的に決める。	・一人学びや二人学びなど友だちとの意見の交流の場を設定する。 ・学習活動のねらいに応じ，机の並べ方や班づくり等を考える。	・個人面談 ・家庭との連携
担任とのつながり	・子どもたちにポジティブな声かけをする。 ・給食は子どもたちの中に入って食べる。 ・笑顔でアイコンタクトをとる。	・学習のめあてをはっきりさせ，評価内容を示す。 ・一人ひとりの学習の困りをみつけ，手立てを提示する。	・子どもの一人ひとりのカルテを作成する（好きなもの・苦手なこと・得意なこと等）。
自己開示	・休み時間等最初を計画的にふれあう。	・授業をふり返り，自己評価をする。	・日記 ・家庭訪問をする。

発した。

　このようにアンケートをとってグラフにしてみると，子どもたちが必要としている手立ての内容（図13-4，表13-1）が具体的にわかると同時に，課題が外在化でき，チームで解決策等に取り組むことが可能になる。さらに感じていたことが数値として現れることによって，今後の学級の課題を設定しやすくもなる。

表13-2 子どもへのアンケートの結果（一例）

```
           みんながなかよくなったって思うときってどんなとき？
・協力したとき
・みんなが協力して何かを実行しているとき・みんな遊び
・みんな遊びでみんなが楽しくできたとき・チーム戦
・みんなで協力していたとき・みんな遊びなどで遊んでいるとき
・みんなで遊んでみんな笑っていたとき・協力できたとき・何かを成し遂げたとき・5-1だけ
 のものができたとき
・みんな遊び・みんなが協力・笑顔になったとき
・クラスの全員が楽しんでニコニコ笑っているとき・支え合って協力しているとき
・協力して決め合える・集まって順番を考える
・レデースアンドジェントルメン係が企画してくれるみんな遊び・みんなが笑顔
・団結→学級会を終えたとき・学級会の議題をもとに話し合って，団結していける
・協力しているとき・みんな遊び
・みんな遊び・協力して掃除をしているとき
・何かを成功させたとき・喜び合ったとき
・みんなが楽しく遊んでいるとき・グループで話合いをしている
・クラスが笑顔で遊んでいるとき・みんな遊び・みんなと話し合う
・みんなが笑顔・みんな遊び
・みんなが笑顔・ゆずりあい
・大切な何かを協力して成し遂げたとき・楽しいことがたくさん・あまりしゃべったことのない
 人と話をしたとき
・みんなで協力しているとき
・みんな遊び・一つの目標にむかって協力しているとき
・チームで勝った・チャレンジゲームを大人数で達成・協力
・お互いが助け合っているとき・みんなで遊ぶ・みんなで協力
・みんなが笑顔になったとき・何かが成功したとき・みんな遊び
・みんなニコニコしている・みんな遊び
・係の遊び
・みんなが笑顔になったとき・男女仲良くなったとき
・みんな遊びをして成功したとき・みんなが笑顔で遊ぶ・けんかしたけどすぐあやまる・コミュ
 ニケーション
・みんな遊びをやっているとき・協力しているとき・楽しいことをいっぱいしているとき
・一人ひとりが協力できている
```

② 集団を意識した取組みを考える

　集団の中で認められる場面や集団で楽しく過ごせる場面をつくることなど，一人ひとりが仲間であるという気持ちを育てていく取組みは大切である。係活動等特別活動でクラス全体を活性化することも必要である。表13-2は5年生

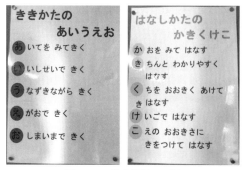

図13-5　教室掲示の一例

の児童にアンケートをとり，一人ひとりの考えを知ることで「みんな遊び」「係活動」「席決めの約束」「掃除の約束」等に学級全体で取り組んでいくことができた例である。

③　学級のルールを明確にする

　ルール（規律）をなかなか守れない子どもは，仲間から認められない，遊びに誘ってもらえないなど集団に入れなくて困っていることも多々ある。そこでルールを見える化し，教えていくことが大切である。ルールを理解することで，みんなと行動できたと実感させる。その際，約束どおり行動できたときにはほめ，自信をもたせるのである。この働きかけは，学級全員の子どもたちへの取組みでもある。

④　指導者がモデルになる

　子どもにとって，指導者のとる態度や言動は大きな影響を与える。だからこそ，指導者が子どもに対して，肯定的な見方や適切な対応の工夫を心がけることが大切である。「また，人の話を聞いていないね」というネガティブな言葉を「おっ，先生の顔を見ようとしているね」というように，こうしてほしいというプラスの内容に変えるだけで，周りの子どもの意識が変わってくる。決して，子どもを排除するような言動や人格を否定するような態度をとらないようにすることが重要である（図13-5）。

　また友達との接し方を具体的に教えることも大切である。「世話を焼いてあげる」「〜をしてあげる」という視点ではなく，同じ仲間の一人として友達の困りに対して気づき，自然な形で支援をするように指導することが望ましい。また，子どもが子どもに対して，一方的に注意をし続けるということがあるが，そういう場面があれば問題の整理や直接的な注意は担任が行う，ということを教えていくことも大切である。

（3）学力向上と授業改善

　新学習指導要領では，知識及び技能を土台にして，思考力，判断力，表現力等を育てていくことが示されている。主体的・対話的で深い学び（「アクティブ・ラーニング」）ができる学習過程の改善が求められ，何を学ぶのかから，どのように学ぶのかという視点の変換がなされている。

　また，多様な個に応じた指導のあり方についても，一人ひとりの背景や発達を考慮し，認知と学習スタイルの多様性に応じた指導を通常学級の中で行うこととある。これらはインクルーシブ教育システムの理念を踏まえた連続性のある「多様な学びの場」における十分な学びの確保となっていく。

　たとえば，グループでの話合いをさせる場合，話合いの進め方の指示カードを提示するとよい。学習の流れや全体像がわかる。また時間配分やどのような言葉を使って話合いを進めていけばいいのかなど，具体的な指示を示すと子どもの混乱は減る。発達段階によって内容を変えていくことによって一定の力がつく。また，指導者にとっても支援をしていくポイントが明確になる。

　授業の中で，担任や支援員はキーパーソンとなって，支援の必要な子どもと周りの子どもをつなぐ役目をする必要がある。指導者の適切な声かけで，ほめたり，認めたりする場面をもつことで，情緒の安定を図ることができる（表13-3）。

　とくに，こだわりの強い子どもに，関わり方を明確にしないで人を配置してしまうと，新たなこだわりとして支援者から離れられなくなることがある。集団に適応していくために指導者がキーパーソンとしてどのような関わり方をしていくことが望ましいのか，校内委員会で共通理解しておくことが大切である。このように，特別支援の視点を入れた授業をしていくことは，発達障害の子どもだけではなく，クラス全員がわかる授業，楽しい授業になると考える。特別支援教育を具体化することは，すべての子どもを大切にすることであり，学級のすべての子どもの教育を保障することになる。

表13-3 しかいグループのひみつのまきもの

はじめ （5分）	1	はじめのことば	これから　はなしあいかつどうをはじめます。
	2	やくわりの しょうかい	すすめやくの（　　）です。（　　）です。 書きやくの（　　）です。 よろしくおねがいします。
	3	ぎだいのたしかめ	今日の　ぎだいは、「○○しゅう会をしよう」です。
	4	ていあんりゆう	ていあんのりゆうは「もっとみんなでなかよくたすけあえる2年2くみになりたいから」です。
	5	話合いのめあて	話合いのめあては「みんなでなかよくたすけあえる2年2くみになるために　すすんでいけんをいおう」です。
中（30分） ① 10分 ② 20分	6	話合い ○しつ問があるかをたずねる ○つけたしがあるかをたずねる ○まとめる ○決める	話し合うこと①は、「しゅう会の名まえをきめよう」についてはなしあいます。「もっとみんなでなかよくたすけあえる2年2くみ」になるために，よいと思うしゅう会名はどちらですか。 どちらの名前がよいか　りゆうをつけて言ってください。 ……のいけんに、ほかにつけたしは　ありませんか。 ……といういけんが　多いので……にきめます。 いいですか。 話し合うこと②は、「みんなあそびをきめよう」です。 「もっとみんなでよくたすけあえる2年2くみ」になるために，よいとおもうあそびはどれですか。 （みんなが　なっとくできるように　とことんはなしあえるようすすめてください。）
おわり （10分）	7	決まったことの はっぴょう	今日きまったことを　書きやくの（　　）さんに　はっぴょうしてもらいます。
	8	しかいグループ から	今日のはなしあいでよかったことを，すすめやく（　　）さん、（　　）さんにはっぴょうしてもらいます。おねがいします。 今日のはなしあいのふりかえりをノートに書きましょう。
	9	先生から	先生からの　おはなしです。
	10	おわりのことば	これで　はなしあいかつどうを　おわります。

3 ともに学び，ともに育つ（大阪府の取組み）

(1)「ともに学び，ともに育つ」教育が目指すもの

　将来にわたって，ともに地域や社会で生きる子どもたちを育むために，学校・学級での取組みを進めていく必要がある。障害のある子どもを含めた子ども同士が，互いの存在を尊重し認め合う，人と関わる力や行動する力を育むなど，共生社会を実現するための土台となるものを身に付けることが必要となる。

　大阪府では，「ともに学び，ともに育つ」教育として，国内では非常に先駆的でユニークな障害児教育実践を展開している。その特徴は，義務教育段階の特別支援学級設置率が99.4%（2018年）と，全国平均に比して非常に高いこと，それとは別に「原学級保障」といって特別支援学級に籍がある児童生徒も学校生活のすべて，ないしは大部分をメインストリームで過ごすという教育のあり方を採用している学校が多いこと，さらには知的障害のある生徒を公立高等学校で受け入れる取組みがあることなどである。

　大阪府の進める「ともに学び，ともに育つ」教育が目指すことは次の2点である。1点目は，障害のある子どもと周りの子どもたちが，集団の中で一人ひとりを尊重し，違いを認め合いながら，自己肯定感を高め，互いを大切にする態度を育む取組みとなることである。2点目は，地域社会の一員として人や社会とつながり，支え合いながら，生き生きと活躍できる共生社会の実現を目指す取組みとなるということである。

　ここで，小学校における具体的な実践事例を紹介しよう。

〈事例〉
　3年生のAは人の気持ちを理解したり，自分が周りと違う状況になってしまったりすることがとても苦手な子どもである。友達と関わることが好きだが，気持ちの伝え方がうまくいかずにトラブルになることがたびたびあった。
　ある日，授業で自分の考えたことをプリントに書いていた。書き終えたAは自分の書いている内容が，周りの子どもが書いている内容と違っていることに気がついた。

周りの子どもと違うことにAは大きな不安を感じてイライラし始めていた。そして，しばらくすると，その不安を抑えきることができずに，泣きながらプリントをビリビリと破り始めた。そのとき，周りの子どもたちはどのように言葉をかけていいのか困っている様子だった。そんな中，落ち着いてその状況を見ていた横の席のBが「どうしたん」とだけ，言葉をかけた。すると，Aの表情はすこしやわらかくなり，プリントを破ることを止めた。そして，Bにプリントに書いた内容がみんなと違うことの不安を話し始めた。理由を聞いたBはAに「だいじょうぶやで」とだけ言葉をかけていた。その後，Aは学習に戻ることができたのであった。
　Bに話を聞くと「まず話きいただけやで，Aがあんなふうになるんは何か理由があるからやで」と答えた。実は，BはAと同じ保育所の出身であり，これまでAと関わる時間もたくさんあり，Aの行動の背景には困っている理由があることを経験から理解してきていたのであった。また，年度当初から同じ班でともに学んでいく中で，同じようなことがよくあり，経験としてBはAに対して自然に言葉をかけることができていたのである。たとえば，この場面では，ただプリントを破る行為を止めようとしたり，注意をしようとしたりするだけでは，Aの不安は収まらないことを理解できていた。同じ場所，同じ時間を共有する経験を積み重ねることで，互いの関わり方を学んでいくことを実感できたできごとであった。
　このできごとをクラス全体にも返していくことで，その頃から，Aに関わる周りの子どもたちの様子もどんどん変わっていくことにつながった。そして，教職員が不必要に場所を分けていないか，どうすれば一緒にすることができるか，ということを再確認しながらすべての取組みを考えていくきっかけにもなっていった。
　たとえば，障害のある子どもに自然な関わりをしている子どもに対して，わざわざ「ありがとう」と言葉をかけている教職員はいないか。この言葉かけにより，それまでの経験により培われてきた対等な関係を変えてしまう可能性が考えられる。また，学校生活の中で不必要に場を分けたり，教職員が周りの子どもたちに「〇〇してあげて」という言葉かけをしたりしていないか。教職員は子どもたちにとって関わり方のモデルとなる存在である。障害のある子どもが，周りの子どもと同じように活動するための工夫は必要であり，障害のある子どもの苦手なことやこうすれば落ち着くなどということをよく知ることが必要である。その際，これまで一緒に過ごしてきた周りの子どもたちの方が，教職員より知っている場合も多くあることを踏まえておく必要もある。

また，子どもたち同士の関係性が，「お世話をしてもらう＝お世話をしてあげる」といった関係になっていないだろうかということについても注意を払う必要がある。行事や授業の場面で，障害のある子どもがどうすれば参加できるかを，子どもたちと考えたり工夫したりしているか。周りの子どもは，係や役割決めのときなどに障害のある子どもの希望を聞いているか。そして，学校として，ともに学び，対等な関係を築けているのかを常に問い直し，振り返る必要性がある。

（2）学校として大切なこと

　障害のある人が排除されることのない，共生社会（インクルーシブな社会）の実現に向けて，学校教育においてできることはたくさんある。とくに，次のことを学年初めや節目に学校・学年で確認していくことが重要である。

① すべての教職員で関わる（情報の共有）

　子どもに関わる様々な情報を共有し，協働的に取り組んでいくためには，教職員が知ろう，気づこうとすること，想像力を働かせて物事を捉えることが必要である。とくに，以下にあげる事柄について，すべての教職員で情報共有をしていきたい。

- 障害のある子どもとその保護者の状況
- 障害のある子どもと周りの子どもとの関係性（学級での様子，授業での様子，休み時間の様子など）

　また，支援教育コーディネーターや人権教育担当者などを中心に，職員会議などですべての教職員が情報共有できるシステムや組織を整えることも必要である。

② 子どもの育ちを引き継ぎ，積み重ねる（校種間の連携）

　様々な機会（学習発表会，運動会，授業参観など）をとおして，入学前から障害のある子どもについて知ることが大切になる。その際，障害のある子どもの様子だけでなく，周りの子どもとの関係性を知ることが，入学後の取組みに不可欠である。また，卒業後の状況について，進路先と連携することも大切である。

③　保護者とつながる，保護者をつなぐ

　障害のある子どもの保護者の不安や願いに寄り添い，ともに子どもに関わっていくことが大切である。障害のある子どもの保護者が孤立することなく，ほかの保護者とつながる機会を積極的につくっていく必要がある。

- 障害のある子どもの保護者同士で
　支援教育コーディネーターや支援学級担任が中心となり，不安や悩みを共有し相談できる定期的な場づくりが必要である。卒業生の保護者や入学予定の子どもの保護者に参加してもらうことで，地域でのつながりを広げることにも結びつく。
- 学級の保護者同士で
　学級担任が中心となり，懇談会など学級のほかの保護者とつながる場をもつことも，周りの子どもとのつながりのサポートになる。

（3）学年・学級で大切にしたいこと

①　互いのことを知る

　互いに尊重し合うためには，「ありのままの存在を受けとめる」ことが大切である。一緒に参加・活動することで，仲間の思いや願い，得意なことも苦手なことも知ることができる重要な機会となる。学校生活の様々な場面で，障害のある子どもと周りの子どもたちが同じ体験をすることをとおして，互いのことを知る機会を設定することは重要である。

　また，教職員が一人ひとりの違いを大切にすることは，子どもへの言葉かけや関わり方に現れる。それは，子どもにとっての身近なモデルとなり，子どもはその言葉かけや関わり方を学んでいくことにつながる。

②　困っていることに気づく

　障害のある子どもと周りの子どもの間に，「お世話してあげる」「～してもらう」という一方的な関係性がつくられていないだろうか。また，言葉，表情，声の大きさなど，表現方法は人それぞれであることを子どもたちと確認しているだろうか。授業をはじめとする様々な場面で気持ちを伝える・受け止める機

会をもつ必要がある。その積み重ねが，仲間が困っていることに気づける力，困っている仲間に「一緒にやろう」「手伝って」と言える力を育むことにつながり，子どもたちの間に互いに関わり合える関係性が育まれることになる。

③　折り合いをつける

　障害のある子どもに，常に大人が傍で先々にサポートしていると，周りの子どもたちは関わるチャンスがなくなってしまう結果になる。子どもたちが関わろうとするのを待つ，また，その関わりの中で解決しようとするのを待つ姿勢が必要になる。そして，本当に必要なときを見極め，必要最小限のサポートをすることが，子どもが関わり合うチャンスをつくることになる。子ども同士が自ら関わりを築けるような，支援のあり方を大切にしなければならない。

　また，支援学級担任からのサポートなど，教職員で連携しながら，学級で学級担任が集団づくりを進めることで，障害のある子どもと周りの子どもに，仲間と関わる力や自分たちで課題を解決する力が育まれる。

（4）学校づくり・学級づくりの実践

　通常の学級において，発達に課題がある子どもへの支援は，すべての子どもへの支援につながるという観点から，「集団づくり」と「授業づくり」をすべての教育活動のベースとし，学校として組織的に取組みを進めている実践例を紹介する。

①　すべての教育活動のベースとなる集団づくり

　子どもたちは「友達や先生が話を聴いてくれ，気持ちをわかってくれる」そのような安心感の中でこそ，自分の思いや考えを表現することができる。安心できる環境の中で人と人との関わり方を学び，自分のことを大切にしよう，友達も大切にしようと取り組んでいる。「教室を安心できる場所にする」「居心地のよい教室をつくる」ことを目指して，集団づくりをどのように進めるか，教職員同士が日常的に実践を進めている。とくに各学年の実践や授業の研究協議をとおして，教職員全体で学ぶということを大切にしている。そのことで，実践が継続し，深まることにつながっている。たとえば，これまでの実践の一つ

「いま，どんなきもち？」という感情のポスターを利用して，学年の実態に応じてどの学年でも取り入れて，様々な実践を進めたり，子どもの実態に応じた人間関係づくりの取組みを意識的に取り入れたりしている。また，社会性に課題のある子どもを「困り感をもつ子ども」として捉え，その子に対する支援のあり方を考え，その「困り感をもつ子ども」への支援は，すべての子どもへの支援につながることを確認している。授業実践は，日常の集団づくりの基礎があってこそ，意味があるものになると捉えられる。

② 特別支援教育の観点を取り入れた授業づくり

多様なニーズに応じた授業づくりを目指している。「特別な教育的ニーズのある児童を含むすべての児童のために，配慮すること」として，次の12項目に学校全体で取り組んでいる。この12項目は，発達に課題がある子どもには「ないと困る」支援であり，どの子にとっても「あると便利な」支援となる。

〇教室が整理整頓されている

一番大切な情報をはっきりさせるために，視覚的な刺激を少なくしている（図13-6，13-7）。とくに前の黒板は，その授業に関係のある情報だけに絞ることが大切である。また，ファイルや荷物を置く場所が一目でわかるように工夫もしている。

〇生活の見通しをもちやすくする

学年の実態に応じた形式で，一日の予定を提示する（図13-8）。また，1年や1カ月を見通した予定や個人もちの「この時間のスケジュール」も必要に応じて提示している。

〇子どもたちに姿勢を意識づける

集団生活でのマナーやルールを大切にしている。立つときの姿勢，座るときの姿勢，聴くときの姿勢などを意識できるようになることは，授業への集中，学習態度の形成につながり，集団生活の基本ができることにつながる。このことは子どもたちの安心感にもつながる。

〇教職員は丁寧な言葉を使う

授業はパブリックな時間であるという意識を大切にしている。言葉づかいの

第13章　通常学校における特別支援教育

前の黒板の周りはすっきりとさせる。視覚的な刺激を少なくすることで，黒板を見ての学習では集中しやすくなる。

図13-6　教室の掲示①

1年生の教室では幼稚園の特色を引き継いだ掲示をするなど，背面の掲示は各学年に応じて工夫をしている。

図13-7　教室の掲示②

意識化は，大人と子ども，授業中とそうでないときなど，人や場面を意識して行動することにつながる。

◯「話すルール」を確立する

　場に応じた言葉づかいを意識して指導している。必要に応じて「話型」を示すことで，「話すルール」を確立していくことができる。

◯始めと終わりをはっきりさせる

　いつ始まって，いつ終わるのかがはっきりしていることは，とくに注意欠陥多動性障害（ADHD）や自閉スペクトラム症の子どもたちにとっては重要なことである。チャイムが鳴るまでに着席をするなど，時間を守ることや始めと終わりのあいさつを必ずすることを大切にする（図13-9）。

◯指示の出し方を具体的にする

　1回に1つだけ簡潔で具体的な指示を出す。そして，教職員は常に指示がどこまで伝わっているか，どこまで指示のとおりに動くことができているかを確認していく。確認せずに進めることは，指示は聞かなくてもよいということを教えていることにもつながる。

◯指示・説明と子どもの活動を分ける

　説明を聞きながら活動するのは無理である。聞くときは聞く，活動するとき

図13-8 スケジュール
ボード

図13-9 スピーチの話型

は活動するというように分け，活動の途中で指示を出す必要があるときは，活動を止めて説明をする。また，指示・説明と活動の割合を考え，授業にメリハリをもたせることが大切である。

○他の子どもの発表にクラス全体を注目させて聴かせる

教職員の話だけでなく，他の子どもの発表もしっかり聴くことが大切である。人の話を聴くときは，話をしている人の方向に体を向けて最後まで聴くように指導している。人の話をしっかりと聴くことは，その人を大切にしていることであるということを伝えている。

○授業のポイントを示す視覚的な手がかりを示す

授業のポイントを示す視覚的な手がかりとして，「めあて」や「大切なところ」や「いまここを学習している」を示すマークなどを活用している（図13-10）。また，掲示物やスライド等を利用したり，色チョークを使用したりして板書をわかりやすく整理している。

○わかりやすいワークシートを用意する

ワークシートを作成する際，要点をまとめやすくする工夫をしている。たとえば，何個答えればいいのか不安になる場合は，答えてほしい数だけ枠をつくったり，書くことが苦手な子どもには，穴あきの文章を用意したりする工夫をしている。

第13章　通常学校における特別支援教育

図13-10　わかりやすい板書

○子どもの個人差を考慮し，基礎と発展を明確にする

　早く課題が終わった場合にするべきことを始めに提示しておき，次の課題等を用意している。たとえば「ここまでは全員がする問題」「ここから先はチャレンジ問題」というように示している。ここでも，早くできたことや点数や正解したことだけを評価するのではなく，努力したことを評価することが大切である。

4　インクルーシブな学校づくり

（1）"特別"を"当たり前"に

　以上，第2節で京都市の取組みについて，第3節で大阪府の取組みについてみてきた。重要なことは，これから目指されるインクルーシブ教育は障害児教育の一形態ではなく，学校教育全般の改革の方向性を示しているということである。特別支援教育の対象となるような児童生徒は現在の一般教育の形態にはマッチしにくい「特別な子ども」とされている。したがって，一般的にはそこ（通常の学校）に「適応」したり，極端ないい方をすれば「同化」するために求められる工夫としての基礎的環境整備や合理的配慮を考えてしまうことになる。「多様性の大切さ」や「みんなちがってみんないい」を声高に叫びつつ，結局のところは同化を求める（これは，外国にルーツのある児童生徒への教育についても同じようなことがいえる）ような措置を講じるだけでよいのだろうか。そのような措置の仕方では，障害のある児童生徒への教育支援はいつまでたっても「特

別扱い」のままである。個別性の高いユニークな子どもたちが当たり前にいられない現在の通常学校のシステムやあり方そのものこそ，見直していく必要があるのではないか。本章で紹介した実践事例から，そのようなパースペクティブを獲得することが重要である。

（2）インクルーシブ教育の力

　また，京都市，大阪府ともに「集団づくり」を強く念頭に置きつつ，個別の支援のあり方について提供されていたことに再度注目してほしい。インクルーシブ教育で得られる最も大きな力は，誰もが教室のメンバーシップなのだという「当たり前の人権感覚」である。誰もがそのもてる身体の状態で生きていかねばならないが，その個人的特性は実に多様である。「車いすユーザーの仲間とどうやって大縄跳びにチャレンジするか」「視覚障害のある仲間と美術鑑賞をどう成功させるか」……。個人の都合と都合がぶつかり合ったとき，誰もが幸せになるためにどう折り合いをつけていくのかを考える営みは，まずはともに居合わせる場がなければ起こり得ないことである。子どもたちは，ぶつかったりつながったりしながら，互いに関わりの技法（ソーシャル・スキル）を身に付けていくのであり，それが対等な関係を築くことにもなっていく。そして，困った仲間がいれば「助けようと思う」のではなく，「助けに行く」ようになるのである。

　新学習指導要領は PISA 型学力を強く反映させたものであるが，2018年の PISA の調査からは，「グローバル・コンピテンシー」という能力観が新たに加わっている。グローバル・コンピテンシーとは，社会の課題を多様な視点から批判的にみる力，互いの相違を理解する力，背景の違いを前提とした相互作用の力などを示すが，人間の尊厳と文化の多様性を基盤とした知識やスキル，態度を用いながら，子どもたちが社会の中で具体的な行動を起こせることを狙いとしている。インクルーシブ教育で身につくのはまさしくこのグローバル・コンピテンシーなのである。

引用文献

大阪府教育委員会（2014）『ともに学び,ともに育つ 支援教育のさらなる充実のために』.
大阪府教育センター（2015,2016）「ともに学び,ともに育つ①②」(人権教育リーフレット).
京都市教育委員会事務局指導部生徒指導課（2012）「クラスマネジメントシート開発委員会設置要項」.
京都市立永松記念教育センター（2002）「ADHD及びその周辺の児童に対する教育的支援の在り方」『平成14年度研究紀要』第2号,14～26頁.
品川裕香（2013）『「働く」ために必要なこと』筑摩書房.
独立行政法人国立特別支援教育総合研究所「インクルーシブ教育システム構築支援データベース」(https://inclusive.nise.go.jp/?page_id=35 2018年9月12日アクセス).
文部科学省（2010）「生徒指導提要」.
文部科学省初等中等教育局財務課（2017）「教育関係職員の定員の状況について」(http://www.soumu.go.jp/main_contrnt//000497035.pdf 2018年9月12日アクセス).

学習の課題

(1) 少子化にもかかわらず,特別支援教育のニーズが高まっているのはなぜだろう。周辺資料にあたりつつ,自分なりに検討してみよう。
(2) 合理的配慮と特別な配慮との違いは何だろう。具体的に説明してみよう。

【さらに学びたい人のための図書】

インクルーシブ教育データバンク編（2017）『つまり,「合理的配慮」って,こういうこと⁈――共に学ぶための実践集』現代書館.
　⇨合理的配慮について簡潔にまとめてあるだけでなく,通常学級で障害のある児童生徒が学ぶ際の具体的な支援の例が数多く紹介されている。

青山新吾・赤坂真二・上條晴夫・川合紀宗・佐藤晋治・西川純・野口晃菜・涌井恵（2016）『インクルーシブ教育ってどんな教育?』学事出版.
　⇨「インクルーシブ教育」について,立場や専門性の異なる数多くの著者が様々に論じている。インクルーシブ教育を障害児教育の一形態としか考えられない人には別の視点をもたらしてくれるだろう。

本村泰子（2015）『「みんなの学校」が教えてくれたこと――学び合いと育ち合いを見届けた3290日』小学館.
　⇨ドキュメンタリー映画「みんなの学校」の舞台となった大阪市立大空小学校の日常を当時の校長の経験から記述したもの。教師の目線からインクルーシブ教育の中で成熟していく学校の様子が描かれている。

（堀家由妃代,小松晃子,西村大樹）

資　料

【学校教育法（抄）】

平成29年法律第41号現在

第8章　特別支援教育

〔特別支援学校の目的〕

第72条　特別支援学校は、視覚障害者，聴覚障害者，知的障害者，肢体不自由者又は病弱者（身体虚弱者を含む。以下同じ。）に対して，幼稚園，小学校，中学校又は高等学校に準ずる教育を施すとともに，障害による学習上又は生活上の困難を克服し自立を図るために必要な知識技能を授けることを目的とする。

〔特別支援学校の教育内容〕

第73条　特別支援学校においては，文部科学大臣の定めるところにより，前条に規定する者に対する教育のうち当該学校が行うものを明らかにするものとする。

〔特別支援学校による助言等〕

第74条　特別支援学校においては，第72条に規定する目的を実現するための教育を行うほか，幼稚園，小学校，中学校，義務教育学校，高等学校又は中等教育学校の要請に応じて，第81条第1項に規定する幼児，児童又は生徒の教育に関し必要な助言又は援助を行うよう努めるものとする。

〔障害の程度〕

第75条　第72条に規定する視覚障害者，聴覚障害者，知的障害者，肢体不自由者又は病弱者の障害の程度は，政令で定める。

〔小学部・中学部・幼稚部・高等部〕

第76条　特別支援学校には，小学部及び中学部を置かなければならない。ただし，特別の必要のある場合においては，そのいずれかのみを置くことができる。

②　特別支援学校には，小学部及び中学部のほか，幼稚部又は高等部を置くことができ，また，特別の必要のある場合においては，前項の規定にかかわらず，小学部及び中学部を置かないで幼稚部又は高等部のみを置くことができる。

〔教科・学科・保育内容〕

第77条　特別支援学校の幼稚部の教育課程その他の保育内容，小学部及び中学部の教育課程又は高等部の学科及び教育課程に関する事項は，幼稚園，小学校，中学校又は高等学校に準じて，文部科学大臣が定める。

〔寄宿舎の設置〕

第78条　特別支援学校には，寄宿舎を設けなければならない。ただし，特別の事情のあるときは，これを設けないことができる。

〔寄宿舎指導員〕

第79条　寄宿舎を設ける特別支援学校には，寄宿舎指導員を置かなければならない。

②　寄宿舎指導員は，寄宿舎における幼児，児童又は生徒の日常生活上の世話及び生活指導に従事する。

〔特別支援学校の設置義務〕

第80条　都道府県は，その区域内にある学齢児童及び学齢生徒のうち，視覚障害者，聴覚障害者，知的障害者，肢体不自由者又は病弱者で，その障害が，第75条の政令で定める程度のものを就学させるに必要な特別支援学校を設置しなければならない。

〔特別支援学級〕

第81条　幼稚園，小学校，中学校，義務教育学校，高等学校及び中等教育学校においては，次項各号のいずれかに該当する幼児，児童及び生徒その他教育上特別の支援を必要とする幼児，児童及び生徒に対し，文部科学大臣の定めるところにより，障害による学習上又は生活上の困難を克服するための教育を行うものとする。

②　小学校，中学校，義務教育学校，高等学校及び中等教育学校には，次の各号のいずれかに該当する児童及び生徒のために，特別支援学級を置くことができる。

一　知的障害者
二　肢体不自由者
三　身体虚弱者
四　弱視者
五　難聴者

六　その他障害のある者で，特別支援学級において教育を行うことが適当なもの
③　前項に規定する学校においては，疾病により療養中の児童及び生徒に対して，特別支援学級を設け，又は教員を派遣して，教育を行うことができる。
〔準用規定〕
第82条　第26条，第27条，第31条（第49条及び第62条において読み替えて準用する場合を含む。），第32条，第34条（第49条及び第62条において準用する場合を含む。），第36条，第37条（第28条，第49条及び第62条において準用する場合を含む。），第42条から第44条まで，第47条及び第56条から第60条までの規定は特別支援学校に，第84条の規定は特別支援学校の高等部に，それぞれ準用する。

【学校教育法施行令（抄）】
平成29年政令第238号現在
第1章　就学義務
第3節　特別支援学校
〔特別支援学校への就学についての通知〕
第11条　市町村の教育委員会は，第2条に規定する者のうち認定特別支援学校就学者について，都道府県の教育委員会に対し，翌学年の初めから3月前までに，その氏名及び特別支援学校に就学させるべき旨を通知しなければならない。
2　市町村の教育委員会は，前項の通知をするときは，都道府県の教育委員会に対し，同項の通知に係る者の学齢簿の謄本（第1条第3項の規定により磁気ディスクをもつて学齢簿を調製している市町村の教育委員会にあつては，その者の学齢簿に記録されている事項を記載した書類）を送付しなければならない。
3　前二項の規定は，第9条第1項又は第17条の届出のあつた者については，適用しない。
第11条の2　前条の規定は，小学校又は義務教育学校の前期課程に在学する学齢児童のうち視覚障害者等で翌学年の初めから特別支援学校の中学部に就学させるべき者として認定特別支援学校就学者の認定をしたものについて準用する。
第11条の3　第11条の規定は，第2条の規定により文部科学省令で定める日の翌日以後の住所地の変更により当該市町村の教育委員会が作成した学齢簿に新たに記載された児童生徒等のうち認定特別支援学校就学者について準用する。この場合において，第11条第1項中「翌学年の初めから3月前までに」とあるのは，「翌学年の初めから3月前までに（翌学年の初日から3月前の応当する日以後に当該学齢簿に新たに記載された場合にあつては，速やかに）」と読み替えるものとする。
2　第11条の規定は，第10条又は第18条の通知を受けた学齢児童又は学齢生徒のうち認定特別支援学校就学者について準用する。この場合において，第11条第1項中「翌学年の初めから3月前までに」とあるのは，「速やかに」と読み替えるものとする。
〔視覚障害者等となつた者の教育委員会への通知〕
第12条　小学校，中学校，義務教育学校又は中等教育学校に在学する学齢児童又は学齢生徒で視覚障害者等になつたものがあるときは，当該学齢児童又は学齢生徒の在学する小学校，中学校，義務教育学校又は中等教育学校の校長は，速やかに，当該学齢児童又は学齢生徒の住所の存する市町村の教育委員会に対し，その旨を通知しなければならない。
2　第11条の規定は，前項の通知を受けた学齢児童又は学齢生徒のうち認定特別支援学校就学者の認定をした者について準用する。この場合において，同条第1項中「翌学年の初めから3月前までに」とあるのは，「速やかに」と読み替えるものとする。
3　第1項の規定による通知を受けた市町村の教育委員会は，同項の通知を受けた学齢児童又は学齢生徒について現に在学する小学校，中学校，義務教育学校又は中等教育学校に引き続き就学させることが適当であると認めたときは，同項の校長に対し，その旨を通知しなければならない。
第12条の2　学齢児童及び学齢生徒のうち視覚障害者等で小学校，中学校，義務教育学校又は中等教育学校に在学するもののうち，その障害の状態，その者の教育上必要な支援の内容，地域における教育の体制の整備の状況その他の事

情の変化によりこれらの小学校又は中学校，義務教育学校に就学させることが適当でなくなったと思料するものがあるときは，当該学齢児童又は学齢生徒の在学する小学校又は中学校，義務教育学校の校長は，当該学齢児童又は学齢生徒の住所の存する市町村の教育委員会に対し，速やかに，その旨を通知しなければならない。

2　第11条の規定は，前項の通知を受けた学齢児童又は学齢生徒のうち認定特別支援学校就学者の認定をした者について準用する。この場合において，同条第1項中「翌学年の初めから3月前までに」とあるのは，「速やかに」と読み替えるものとする。

3　第1項の規定による通知を受けた市町村の教育委員会は，同項の通知を受けた学齢児童又は学齢生徒について現に在学する小学校，中学校，義務教育学校又は中等教育学校に引き続き就学させることが適当であると認めたときは，同項の校長に対し，その旨を通知しなければならない。

〔学齢簿の加除訂正の通知〕

第13条　市町村の教育委員会は，第11条第1項（第11条の2，第11条の3，第12条第2項及び前条第2項において準用する場合を含む。）の通知に係る児童生徒等について第3条の規定による加除訂正をしたときは，速やかに，都道府県の教育委員会に対し，その旨を通知しなければならない。

〔区域外就学等の届出の通知〕

第13条の2　市町村の教育委員会は，第11条第1項（第11条の2，第11条の3，第12条第2項及び第12条の2第2項において準用する場合を含む。）の通知に係る児童生徒等について，その通知の後に第9条第1項又は第17条の届出があつたときは，速やかに，都道府県の教育委員会に対し，その旨を通知しなければならない。

〔特別支援学校の入学期日等の通知，学校の指定〕

第14条　都道府県の教育委員会は，第11条第1項（第11条の2，第11条の3，第12条第2項及び第12条の2第2項において準用する場合を含む。）の通知を受けた児童生徒等及び特別支援学校の新設，廃止等によりその就学させるべき特別支援学校を変更する必要を生じた児童生徒等について，その保護者に対し，第11条第1項（第11条の2において準用する場合を含む。）の通知を受けた児童生徒等にあつては翌学年の初めから2月前までに，その他の児童生徒等にあつては速やかに特別支援学校の入学期日を通知しなければならない。

2　都道府県の教育委員会は，当該都道府県の設置する特別支援学校が2校以上ある場合においては，前項の通知において当該児童生徒等を就学させるべき特別支援学校を指定しなければならない。

3　前二項の規定は，前条の通知を受けた児童生徒等については，適用しない。

〔視覚障害者等の就学・教育委員会への通知〕

第15条　都道府県の教育委員会は，前条第1項の通知と同時に，当該児童生徒等を就学させるべき特別支援学校の校長及び当該児童生徒等の住所の存する市町村の教育委員会に対し，当該児童生徒等の氏名及び入学期日を通知しなければならない。

2　都道府県の教育委員会は，前条第2項の規定により当該児童生徒等を就学させるべき特別支援学校を指定したときは，前項の市町村の教育委員会に対し，同項に規定する事項のほか，その指定した特別支援学校を通知しなければならない。

〔視覚障害者等の就学の変更の通知〕

第16条　都道府県の教育委員会は，第14条第2項の場合において，相当と認めるときは，保護者の申立により，その指定した特別支援学校を変更することができる。この場合においては，速やかに，その保護者並びに前条の通知をした特別支援学校の校長及び市町村の教育委員会に対し，その旨を通知するとともに，新たに指定した特別支援学校の校長に対し，同条第1項の通知をしなければならない。

〔区域外就学等〕

第17条　児童生徒等のうち視覚障害者等をその住所の存する都道府県の設置する特別支援学校以外の特別支援学校に就学させようとする場合には，その保護者は，就学させようとする特別支援学校が他の都道府県の設置するものである

ときは当該都道府県の教育委員会の，その他のものであるときは当該特別支援学校における就学を承諾する権限を有する者の就学を承諾する書面を添え，その旨をその児童生徒等の住所の存する市町村の教育委員会に届け出なければならない。

〔視覚障害者等の中途退学者の処置〕

第18条　学齢児童及び学齢生徒のうち視覚障害者等でその住所の存する都道府県の設置する特別支援学校以外の特別支援学校に在学するものが，特別支援学校の小学部又は中学部の全課程を修了する前に退学したときは，当該特別支援学校の校長は，速やかに，その旨を当該学齢児童又は学齢生徒の住所の存する市町村の教育委員会に通知しなければならない。

第3節の2　保護者及び視覚障害者等の就学に関する専門的知識を有する者の意見聴取

第18条の2　市町村の教育委員会は，児童生徒等のうち視覚障害者等について，第5条（第6条（第2号を除く。）において準用する場合を含む。）又は第11条第1項（第11条の2，第11条の3，第12条第2項及び第12条の2第2項において準用する場合を含む。）の通知をしようとするときは，その保護者及び教育学，医学，心理学その他の障害のある児童生徒等の就学に関する専門的知識を有する者の意見を聴くものとする。

【学校教育法施行規則（抄）】
　　　　　　平成29年文部科学省令第36号現在
第8章　特別支援教育
〔設置基準・設備編制〕

第118条　特別支援学校の設置基準及び特別支援学級の設備編制は，この章に規定するもののほか，別に定める。

〔学則等〕

第119条　特別支援学校においては，学校教育法第72条に規定する者に対する教育のうち当該特別支援学校が行うものを学則その他の設置者の定める規則（次項において「学則等」という。）で定めるとともに，これについて保護者等に対して積極的に情報を提供するものとする。

2　前項の学則等を定めるに当たつては，当該特別支援学校の施設及び設備等の状況並びに当該特別支援学校の所在する地域における障害のある児童等の状況について考慮しなければならない。

〔幼児・児童・生徒数〕

第120条　特別支援学校の幼稚部において，主幹教諭，指導教諭又は教諭（以下「教諭等」という。）1人の保育する幼児数は，8人以下を標準とする。

2　特別支援学校の小学部又は中学部の1学級の児童又は生徒の数は，法令に特別の定めのある場合を除き，視覚障害者又は聴覚障害者である児童又は生徒に対する教育を行う学級にあつては10人以下を，知的障害者，肢体不自由者又は病弱者（身体虚弱者を含む。以下同じ。）である児童又は生徒に対する教育を行う学級にあつては15人以下を標準とし，高等部の同時に授業を受ける1学級の生徒数は，15人以下を標準とする。

〔学級の編制〕

第121条　特別支援学校の小学部，中学部又は高等部の学級は，同学年の児童又は生徒で編制するものとする。ただし，特別の事情がある場合においては，数学年の児童又は生徒を1学級に編制することができる。

2　特別支援学校の幼稚部における保育は，特別の事情のある場合を除いては，視覚障害者，聴覚障害者，知的障害者，肢体不自由者及び病弱者の別ごとに行うものとする。

3　特別支援学校の小学部，中学部又は高等部の学級は，特別の事情のある場合を除いては，視覚障害者，聴覚障害者，知的障害者，肢体不自由者又は病弱者の別ごとに編制するものとする。

〔教職員〕

第122条　特別支援学校の幼稚部においては，同時に保育される幼児数8人につき教諭等を1人置くことを基準とする。

2　特別支援学校の小学部においては，校長のほか，1学級当たり教諭等を1人以上置かなければならない。

3　特別支援学校の中学部においては，1学級当たり教諭等を2人置くことを基準とする。

4　視覚障害者である生徒及び聴覚障害者である生徒に対する教育を行う特別支援学校の高等部においては，自立教科（理療，理学療法，理容その他の職業についての知識技能の修得に関する教科をいう。）を担任するため，必要な数の教員を置かなければならない。

5　前四項の場合において，特別の事情があり，かつ，教育上支障がないときは，校長，副校長若しくは教頭が教諭等を兼ね，又は助教諭若しくは講師をもつて教諭等に代えることができる。

第123条　寄宿舎指導員の数は，寄宿舎に寄宿する児童等の数を6で除して得た数以上を標準とする。

第124条　寄宿舎を設ける特別支援学校には，寮務主任及び舎監を置かなければならない。

2　前項の規定にかかわらず，第4項に規定する寮務主任の担当する寮務を整理する主幹教諭を置くときその他特別の事情のあるときは寮務主任を，第5項に規定する舎監の担当する寮務を整理する主幹教諭を置くときは舎監を，それぞれ置かないことができる。

3　寮務主任及び舎監は，指導教諭又は教諭をもつて，これに充てる。

4　寮務主任は，校長の監督を受け，寮務に関する事項について連絡調整及び指導，助言に当たる。

5　舎監は，校長の監督を受け，寄宿舎の管理及び寄宿舎における児童等の教育に当たる。

第125条　特別支援学校には，各部に主事を置くことができる。

2　主事は，その部に属する教諭等をもつて，これに充てる。校長の監督を受け，部に関する校務をつかさどる。

〔教職課程の編制〕

第126条　特別支援学校の小学部の教育課程は，国語，社会，算数，理科，生活，音楽，図画工作，家庭及び体育の各教科，特別の教科である道徳，外国語活動，総合的な学習の時間，特別活動並びに自立活動によつて編成するものとする。

2　前項の規定にかかわらず，知的障害者である児童を教育する場合は，生活，国語，算数，音楽，図画工作及び体育の各教科，特別の教科である道徳，特別活動並びに自立活動によつて教育課程を編成するものとする。

第127条　特別支援学校の中学部の教育課程は，国語，社会，数学，理科，音楽，美術，保健体育，技術・家庭及び外国語の各教科，道徳，総合的な学習の時間，特別活動並びに自立活動によつて編成するものとする。

2　前項の規定にかかわらず，知的障害者である生徒を教育する場合は，国語，社会，数学，理科，音楽，美術，保健体育及び職業・家庭の各教科，道徳，総合的な学習の時間，特別活動並びに自立活動によつて教育課程を編成するものとする。ただし，必要がある場合には，外国語科を加えて教育課程を編成することができる。

第128条　特別支援学校の高等部の教育課程は，別表第3及び別表第5に定める各教科に属する科目，総合的な学習の時間，特別活動並びに自立活動によつて編成するものとする。

2　前項の規定にかかわらず，知的障害者である生徒を教育する場合は，国語，社会，数学，理科，音楽，美術，保健体育，職業，家庭，外国語，情報，家政，農業，工業，流通・サービス及び福祉の各教科，第129条に規定する特別支援学校高等部学習指導要領で定めるこれら以外の教科，道徳，総合的な学習の時間，特別活動並びに自立活動によつて教育課程を編成するものとする。

〔教育課程の基準〕

第129条　特別支援学校の幼稚部の教育課程その他の保育内容並びに小学部，中学部及び高等部の教育課程については，この章に定めるもののほか，教育課程その他の保育内容又は教育課程の基準として文部科学大臣が別に公示する特別支援学校幼稚部教育要領，特別支援学校小学部・中学部学習指導要領及び特別支援学校高等部学習指導要領によるものとする。

〔教育課程等の特例〕

第130条　特別支援学校の小学部，中学部又は高等部においては，特に必要がある場合は，第126条から第128条までに規定する各教科（次項において「各教科」という。）又は別表第3及び別表第5に定める各教科に属する科目の全部又は一部について，合わせて授業を行うことが

できる。

2　特別支援学校の小学部，中学部又は高等部においては，知的障害者である児童若しくは生徒又は複数の種類の障害を併せ有する児童若しくは生徒を教育する場合において特に必要があるときは，各教科，道徳，外国語活動，特別活動及び自立活動の全部又は一部について，合わせて授業を行うことができる。

第131条　特別支援学校の小学部，中学部又は高等部において，複数の種類の障害を併せ有する児童若しくは生徒を教育する場合又は教員を派遣して教育を行う場合において，特に必要があるときは，第126条から第129条までの規定にかかわらず，特別の教育課程によることができる。

2　前項の規定により特別の教育課程による場合において，文部科学大臣の検定を経た教科用図書又は文部科学省が著作の名義を有する教科用図書を使用することが適当でないときは，当該学校の設置者の定めるところにより，他の適切な教科用図書を使用することができる。

第132条　特別支援学校の小学部，中学部又は高等部の教育課程に関し，その改善に資する研究を行うため特に必要があり，かつ，児童又は生徒の教育上適切な配慮がなされていると文部科学大臣が認める場合においては，文部科学大臣が別に定めるところにより，第126条から第129条までの規定によらないことができる。

第132条の2　文部科学大臣が，特別支援学校の小学部，中学部又は高等部において，当該特別支援学校又は当該特別支援学校が設置されている地域の実態に照らし，より効果的な教育を実施するため，当該特別支援学校又は当該地域の特色を生かした特別の教育課程を編成して教育を実施する必要があり，かつ，当該特別の教育課程について，教育基本法及び学校教育法第72条の規定等に照らして適切であり，児童又は生徒の教育上適切な配慮がなされているものとして文部科学大臣が定める基準を満たしていると認める場合においては，文部科学大臣が別に定めるところにより，第126条から第129条までの規定の一部又は全部によらないことができる。

第132条の3　特別支援学校の小学部又は中学部において，日本語に通じない児童又は生徒のうち，当該児童又は生徒の日本語を理解し，使用する能力に応じた特別の指導を行う必要があるものを教育する場合には，文部科学大臣が別に定めるところにより，第126条，第127条及び第129条の規定にかかわらず，特別の教育課程によることができる。

第132条の4　前条の規定により特別の教育課程による場合においては，校長は，児童又は生徒が設置者の定めるところにより他の小学校，中学校，義務教育学校，中等教育学校の前期課程又は特別支援学校の小学部若しくは中学部において受けた授業を，当該児童又は生徒の在学する特別支援学校の小学部又は中学部において受けた当該特別の教育課程に係る授業とみなすことができる。

第133条　校長は，生徒の特別支援学校の高等部の全課程の修了を認めるに当たつては，特別支援学校高等部学習指導要領に定めるところにより行うものとする。ただし，第132条又は第132条の2の規定により，特別支援学校の高等部の教育課程に関し第128条及び第129条の規定によらない場合においては，文部科学大臣が別に定めるところにより行うものとする。

2　前項前段の規定により全課程の修了の要件として特別支援学校高等部学習指導要領の定めるところにより校長が定める単位数又は授業時数のうち，第135条第5項において準用する第88条の3に規定する授業の方法によるものは，それぞれ全課程の修了要件として定められた単位数又は授業時数の2分の1に満たないものとする。

第134条　特別支援学校の高等部における通信教育に関する事項は，別に定める。

第135条　第43条から第49条まで（第46条を除く。），第54条，第59条から第63条まで，第65条から第68条まで，第82条及び第100条の3の規定は，特別支援学校に準用する。この場合において，同条中「第104条第1項」とあるのは，「第135条第1項」と読み替えるものとする。

2　第57条，第58条，第64条及び第89条の規定は，特別支援学校の小学部，中学部及び高等部に準用する。

3　第35条，第50条第2項及び第53条の規定は，特別支援学校の小学部に準用する。
4　第35条，第50条第2項，第70条，第71条，第78条及び第78条の2の規定は，特別支援学校の中学部に準用する。
5　第70条，第71条，第81条，第88条の3，第90条第1項から第3項まで，第91条から第95条まで，第97条第1項及び第2項，第98条から第100条の2まで並びに第104条第3項の規定は，特別支援学校の高等部に準用する。この場合において，第97条第1項及び第2項中「他の高等学校又は中等教育学校の後期課程」とあるのは「他の特別支援学校の高等部，高等学校又は中等教育学校の後期課程」と，同条第2項中「当該他の高等学校又は中等教育学校」とあるのは「当該他の特別支援学校，高等学校又は中等教育学校」と読み替えるものとする。
第136条　小学校，中学校若しくは義務教育学校又は中等教育学校の前期課程における特別支援学級の1学級の児童又は生徒の数は，法令に特別の定めのある場合を除き，15人以下を標準とする。
第137条　特別支援学級は，特別の事情のある場合を除いては，学校教育法第81条第2項各号に掲げる区分に従つて置くものとする。
第138条　小学校，中学校若しくは義務教育学校又は中等教育学校の前期課程における特別支援学級に係る教育課程については，特に必要がある場合は，第50条第1項（第79条の6第1項において準用する場合を含む。），第51条，第52条（第79条の6第1項において準用する場合を含む。），第52条の3，第72条（第79条の6第2項及び第108条第1項において準用する場合を含む。），第73条，第74条（第79条の6第2項及び第108条第1項において準用する場合を含む。），第74条の3，第76条，第79条の5（第79条の12において準用する場合を含む。）及び第107条（第117条において準用する場合を含む。）の規定にかかわらず，特別の教育課程によることができる。
第139条　前条の規定により特別の教育課程による特別支援学級においては，文部科学大臣の検定を経た教科用図書を使用することが適当でない場合には，当該特別支援学級を置く学校の設置者の定めるところにより，他の適切な教科用図書を使用することができる。
第140条　小学校，中学校，義務教育学校，高等学校又は中等教育学校において，次の各号のいずれかに該当する児童又は生徒（特別支援学級の児童及び生徒を除く。）のうち当該障害に応じた特別の指導を行う必要があるものを教育する場合には，文部科学大臣が別に定めるところにより，第50条第1項（第79条の6第1項において準用する場合を含む。），第51条，第52条（第79条の6第1項において準用する場合を含む。），第52条の3，第72条（第79条の6第2項及び第108条第1項において準用する場合を含む。），第73条，第74条（第79条の6第2項及び第108条第1項において準用する場合を含む。），第74条の3，第76条，第79条の5（第79条の12において準用する場合を含む。），第83条及び第84条（第108条第2項において準用する場合を含む。）並びに第107条（第117条において準用する場合を含む。）の規定にかかわらず，特別の教育課程によることができる。
　一　言語障害者
　二　自閉症者
　三　情緒障害者
　四　弱視者
　五　難聴者
　六　学習障害者
　七　注意欠陥多動性障害者
　八　その他障害のある者で，この条の規定により特別の教育課程による教育を行うことが適当なもの
第141条　前条の規定により特別の教育課程による場合においては，校長は，児童又は生徒が，当該小学校，中学校，義務教育学校，高等学校又は中等教育学校の設置者の定めるところにより他の小学校，中学校，義務教育学校，高等学校，中等教育学校又は特別支援学校の小学部，中学部若しくは高等部において受けた授業を，当該小学校，中学校，義務教育学校，高等学校又は中等教育学校において受けた当該特別の教育課程に係る授業とみなすことができる。

【障害者基本法（抄）】

平成25年法律第65号現在

第1章 総則

〔目的〕

第1条 この法律は，全ての国民が，障害の有無にかかわらず，等しく基本的人権を享有するかけがえのない個人として尊重されるものであるとの理念にのつとり，全ての国民が，障害の有無によつて分け隔てられることなく，相互に人格と個性を尊重し合いながら共生する社会を実現するため，障害者の自立及び社会参加の支援等のための施策に関し，基本原則を定め，及び国，地方公共団体等の責務を明らかにするとともに，障害者の自立及び社会参加の支援等のための施策の基本となる事項を定めること等により，障害者の自立及び社会参加の支援等のための施策を総合的かつ計画的に推進することを目的とする。

〔定義〕

第2条 この法律において，次の各号に掲げる用語の意義は，それぞれ当該各号に定めるところによる。

一 障害者 身体障害，知的障害，精神障害（発達障害を含む。）その他の心身の機能の障害（以下「障害」と総称する。）がある者であつて，障害及び社会的障壁により継続的に日常生活又は社会生活に相当な制限を受ける状態にあるものをいう。

二 社会的障壁 障害がある者にとつて日常生活又は社会生活を営む上で障壁となるような社会における事物，制度，慣行，観念その他一切のものをいう。

〔地域社会における共生等〕

第3条 第1条に規定する社会の実現は，全ての障害者が，障害者でない者と等しく，基本的人権を享有する個人としてその尊厳が重んぜられ，その尊厳にふさわしい生活を保障される権利を有することを前提としつつ，次に掲げる事項を旨として図られなければならない。

一 全て障害者は，社会を構成する一員として社会，経済，文化その他あらゆる分野の活動に参加する機会が確保されること。

二 全て障害者は，可能な限り，どこで誰と生活するかについての選択の機会が確保され，地域社会において他の人々と共生することを妨げられないこと。

三 全て障害者は，可能な限り，言語（手話を含む。）その他の意思疎通のための手段についての選択の機会が確保されるとともに，情報の取得又は利用のための手段についての選択の機会の拡大が図られること。

〔差別の禁止〕

第4条 何人も，障害者に対して，障害を理由として，差別することその他の権利利益を侵害する行為をしてはならない。

2 社会的障壁の除去は，それを必要としている障害者が現に存し，かつ，その実施に伴う負担が過重でないときは，それを怠ることによつて前項の規定に違反することとならないよう，その実施について必要かつ合理的な配慮がされなければならない。

3 国は，第1項の規定に違反する行為の防止に関する啓発及び知識の普及を図るため，当該行為の防止を図るために必要となる情報の収集，整理及び提供を行うものとする。

〔国際的協調〕

第5条 第1条に規定する社会の実現は，そのための施策が国際社会における取組と密接な関係を有していることに鑑み，国際的協調の下に図られなければならない。

〔国及び地方公共団体の責務〕

第6条 国及び地方公共団体は，第1条に規定する社会の実現を図るため，前3条に定める基本原則（以下「基本原則」という。）にのつとり，障害者の自立及び社会参加の支援等のための施策を総合的かつ計画的に実施する責務を有する。

〔国民の理解〕

第7条 国及び地方公共団体は，基本原則に関する国民の理解を深めるよう必要な施策を講じなければならない。

〔国民の責務〕

第8条 国民は，基本原則にのつとり，第1条に規定する社会の実現に寄与するよう努めなければならない。

〔障害者週間〕

第9条　国民の間に広く基本原則に関する関心と理解を深めるとともに，障害者が社会，経済，文化その他あらゆる分野の活動に参加することを促進するため，障害者週間を設ける。
2　障害者週間は，12月3日から12月9日までの1週間とする。
3　国及び地方公共団体は，障害者の自立及び社会参加の支援等に関する活動を行う民間の団体等と相互に緊密な連携協力を図りながら，障害者週間の趣旨にふさわしい事業を実施するよう努めなければならない。

〔施策の基本方針〕
第10条　障害者の自立及び社会参加の支援等のための施策は，障害者の性別，年齢，障害の状態及び生活の実態に応じて，かつ，有機的連携の下に総合的に，策定され，及び実施されなければならない。
2　国及び地方公共団体は，障害者の自立及び社会参加の支援等のための施策を講ずるに当たつては，障害者その他の関係者の意見を聴き，その意見を尊重するよう努めなければならない。

〔障害者基本計画等〕
第11条　政府は，障害者の自立及び社会参加の支援等のための施策の総合的かつ計画的な推進を図るため，障害者のための施策に関する基本的な計画（以下「障害者基本計画」という。）を策定しなければならない。
2　都道府県は，障害者基本計画を基本とするとともに，当該都道府県における障害者の状況等を踏まえ，当該都道府県における障害者のための施策に関する基本的な計画（以下「都道府県障害者計画」という。）を策定しなければならない。
3　市町村は，障害者基本計画及び都道府県障害者計画を基本とするとともに，当該市町村における障害者の状況等を踏まえ，当該市町村における障害者のための施策に関する基本的な計画（以下「市町村障害者計画」という。）を策定しなければならない。
4　内閣総理大臣は，関係行政機関の長に協議するとともに，障害者政策委員会の意見を聴いて，障害者基本計画の案を作成し，閣議の決定を求めなければならない。
5　都道府県は，都道府県障害者計画を策定するに当たつては，第36条第1項の合議制の機関の意見を聴かなければならない。
6　市町村は，市町村障害者計画を策定するに当たつては，第36条第4項の合議制の機関を設置している場合にあつてはその意見を，その他の場合にあつては障害者その他の関係者の意見を聴かなければならない。
7　政府は，障害者基本計画を策定したときは，これを国会に報告するとともに，その要旨を公表しなければならない。
8　第2項又は第3項の規定により都道府県障害者計画又は市町村障害者計画が策定されたときは，都道府県知事又は市町村長は，これを当該都道府県の議会又は当該市町村の議会に報告するとともに，その要旨を公表しなければならない。
9　第4項及び第7項の規定は障害者基本計画の変更について，第5項及び前項の規定は都道府県障害者計画の変更について，第6項及び前項の規定は市町村障害者計画の変更について準用する。

〔法制上の措置等〕
第12条　政府は，この法律の目的を達成するため，必要な法制上及び財政上の措置を講じなければならない。

〔年次報告〕
第13条　政府は，毎年，国会に，障害者のために講じた施策の概況に関する報告書を提出しなければならない。

表　新特別支援学校教育要領・新特別支援学校学習指導要領での自立活動

1. 健康の保持	2. 心理的な安定	3. 人間関係の形成	4. 環境の把握	5. 身体の動き	6. コミュニケーション
生活のリズムや生活習慣の形成	情緒の安定に関すること	他者との関わりの基礎	保有する感覚の活用	姿勢と運動・動作の基本的技能	コミュニケーションの基礎的能力
病気の状態の理解と生活管理	状況の理解と変化への対応	他者の意図や感情の理解	感覚や認知の特性についての理解と対応	姿勢保持と運動・動作の補助的手段の活用	言語の受容と表出
身体各部の状態の理解と養護	障害による学習上または生活上の困難を改善・克服する意欲	自己の理解と行動の調整	感覚の補助および代行手段の活用	日常生活に必要な基本動作	言語の形成と活用
障害の特性の理解と生活環境の調整		集団への参加の基礎	感覚を総合的に活用した周囲の状況についての把握と状況に応じた行動	身体移動の能力	コミュニケーション手段の選択と活用
健康状態の維持・改善			認知や行動の手がかりとなる概念の形成	作業に必要な動作と円滑な遂行	状況に応じたコミュニケーション

出典：文部科学省（2018）「特別支援学校教育要領・学習指導要領解説 自立活動編（幼稚部・小学部・中学部）」より。

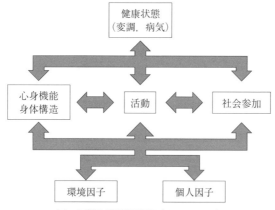

図　国際生活機能分類（ICF：WHO）

索　引
（＊は人名）

あ行

アクティブ・ラーニング　194
アスペルガー障害　84
アスペルガー症候群　24
アセスメント　68
遊びの指導　41, 73
アンジェルマン症候群　69
安全管理　154
安全教育　154
生きる力　5
＊石川倉次　52
いじめ　100
1歳6カ月健診　172
一般社団法人日本発達障害ネットワーク　176
医療的ケア　132
インクルーシブ教育　201, 221
ウィリアムズ症候群　69
ウェクスラー式検査　68
うつ病　135
エコラリア（音声模倣）　88
エドワーズ症候群　69
応用行動分析　174
オージオグラム　58
親　111

か行

カークパトリックの4段階評価　195
カームダウン・エリア　91
外傷後ストレス障害（PTSD）　147
解離性障害　145
カウフマン式検査　68
学習指導要領　30
　新——　211
学習障害　2
拡大読書器　53
課題意識　43
価値観　184

学級経営　205
学校安全　154
学校安全計画　155
学校安全の推進に関する計画　154
　第2次——　154
学校危機　158
学校教育法　15
学校教育法施行規則　17, 71
学校教育法施行令　16
学校保健安全法　153
学校保健法　153
家庭環境　40
過敏性腸症候群　149
感音難聴　57
感覚過敏　84
環境因子　206
環境の把握　39
気管支喘息　114
危機管理　157
危機対策本部　160
企業就労　42
危険等発生時対処要領（危機管理マニュアル）　159
基礎的環境整備　204
吃音　61
記念日（アニバーサリー）反応　165
教育基本法　15
教科別の指導　41
共生社会　201, 213, 215
「共生社会の形成に向けたインクルーシブ教育システム構築のための特別支援教育の推進（報告）」　16, 201
きょうだい　112, 174
起立性調整障害　148
筋萎縮性側索硬化症　124
筋原性疾患　122
筋ジストロフィー　106
グッドイナフ人物画知能検査（DAM）　68

クライシス・マネージメント　157
クラインフェルター症候群　70
クラスマネジメント　207
クレチン病　71
月経　198
結節性硬化症　71
限局性学習症／限局性学習障害　83,86,89,92
健康の保持　39
言語発達遅滞　62
限定性恐怖症　140
限定的で反復的な行動　84
構音障害　61
口蓋裂　61
校種間の連携　215
交通安全　154
高等部職業学科　42
校内委員会　6
公認心理師　8
合理的配慮　23,26,201,202,204
心のケア　162
こころの理論　90
個人モデル　20
骨関節疾患　122
骨系統疾患　122
子どもの権利条約　14
個別性　183
個別の教育支援計画　7
個別の指導計画　7,39
困り感　218
コミュニケーション　39
コミュニケーション力　199
混合難聴　57

さ　行

災害安全　154
作業学習　41,73
作業記憶　91
産業現場等における実習　44
3歳児健診　172
支援教育コーディネーター　215
視覚器　49
視覚的な手がかり　220

思考力・判断力・表現力　5
自己肯定感　39
自殺　149
思春期　191
自傷　149
自助グループ　→セルフヘルプグループ
肢体不自由　120
実行機能　90
実際な状況　40
指導形態　41
児童発達支援センター　10
児童福祉法　14
自閉症　2
自閉スペクトラム症／自閉症スペクトラム障害　83
視野　49
社会参加の姿　40
社会的コミュニケーション　84
社会的（語用論的）コミュニケーション障害　83
社会的障壁　20
社会に開かれた教育課程　5
社会福祉法人全国重症心身障害児（者）を守る会　176
社会モデル　20
弱視　49
弱視レンズ　53
社交不安症　140
就学時健康診断　172
就学指導委員会　169
就学指導委員認定特別支援学校就学者　4
就学猶予　170
重症心身障害児　106
集団指導と個別指導　205
集団づくり　217
重度・重複障害　127
終末期　110
主体的・対話的で深い学び　5,211
主として専門学校に設置される各教科　42
準ずる教育　54
障害者基本法　18
障害者虐待防止法　23,24

236

索　引

障害者雇用促進法　22
障害者差別解消法　22
障がい者制度改革推進本部　21
障害者総合支援法　21
障害者の権利に関する条約（障害者権利条約）
　　21, 25, 202
障害受容　171
障害に基づく差別　25
情緒障害　81
小頭症　70
小児がん　114
触運動　51
職業的自立　41
触察　51
自立活動　38, 72, 73, 126
視力　49
新型出生前診断　171
神経原性疾患　121
神経発達障害群　83
心身症　115
身体障害者手帳　9
身体の動き　39
身体の整容　198
身体表現性障害　146
新版K式発達検査　68
心理的な安定　39
水頭症　71
睡眠障害　100, 144
健やか親子21　168
生活安全　154
生活単元学習　41, 73
性教育　183
性交　185
脆弱X症候群　70
成人学習　194
精神疾患　107
精神障害者福祉手帳　9
精神保健及び精神障害者福祉に関する法律　22
精通　198
性的な問題　183
成年後見制度の利用の促進に関する法律　22
性犯罪　187

性非行　187
生理的欲求　188
脊椎脊髄疾患　121
摂食障害　143
セルフヘルプグループ　64, 175
全国障害者とともに歩む兄弟姉妹の会　176
全国手をつなぐ育成会連合会　176
センター的機能　8
選択性緘黙　87, 139
先天性骨形成不全症　124
専門家チーム　8
素行障害　141
組織活動　154

た　行

ターナー症候群　70
対人距離　199
ダウン症候群　69
多動性・衝動性　87
多様性　183
多様な学びの場　201, 202, 211
単眼鏡　53
地域資源　40
地域自立支援協議会　179
知識・技能の獲得状況　39
知識・技能の習得　5
チック障害　139
知的障害　66
注意欠陥多動性障害　2
注意欠如・多動症／注意欠如・多動性障害　83
中枢統合性　90
超女性症候群　70
重複障害者等に関する教育課程　34
通級指導教室　46
通級による指導　46
　　——を受ける児童生徒の教育課程　33
通常学校における特別支援教育　201
デールの経験の円錐　194
伝音難聴　57
てんかん　71
点字　49
同一性の保持　84

237

統合失調症　137
糖尿病　114
特殊教育　1
特別支援学級の教育課程　32
特別支援学校の教育課程　30
特別支援教育コーディネーター　6
特別支援教育支援員　6
特別支援連携協議会　179
＊ド・レペ，C. M.　59

　　　　　　　な　行

二次障害　100
二次性徴　191
日常生活習慣　40
日常生活の指導　41，73
二分脊椎　71，123
日本国憲法　13
人間関係　198
　　──の形成　39
認定就学制度　16
認定特別支援学校就学者　4，17
猫なき症候群　69
脳原性疾患　121
脳性麻痺　123
ノーマライゼーション　9

　　　　　　　は　行

バーバリズム　51
発達検査　93
発達障害　24，81，205
発達障害者支援センター　169
発達障害者支援法　3，24
発達の遅れの状態　39
抜毛症　143
晩期合併症　109
反抗挑戦性障害　141
反応性愛着障害　107
被害者　187
ひきこもり　100
ビネー式知能検査　68
病気説明　110
病弱・身体虚弱教育　104

フェニルケトン尿症　70
復学支援　116
不注意　87
不登校　107
プライベート　190
＊ブライユ，L.　52
プラダーウィリー症候群　69
フラッピング　89
＊古河太四郎　59
分離不安障害　140
ペアレント・トレーニング　178
ペアレント・プログラム　178
ペアレント・メンター　180
平均聴力レベル　58
ペルテス病　124
放課後等デイサービス　10
歩行指導　56
保護者　216
母子保健法　169

　　　　　　　ま　行

マスターベーション　185
＊マズロー，A. H.　188
学びに向かう力，人間性　5
　3つの柱　5
ミラーの三角　196
盲　49
目標意識　43

　　　　　　　や　行

養護教諭　7

　　　　　　　ら　行

ライフステージ　40
ランドルト環　49
リスク・マネージメント　157
リストカット　150
領域・教科を合わせた指導　73
療育　169
療育手帳　9
レッシュ・ナイハン症候群　70
ロールプレイ　194

索　引

欧　文

dB（デシベル）　58
DSM-IV-TR　81
DSM-5　67, 83, 135
eラーニング　194
ICD　83
ICD-10　67
ICF（国際生活機能分類）　39
ICT（Information and Communication Technology，情報通信技術）　6, 186
IQ　68
PARS-TR　93
PDCAサイクル　75, 156, 196
PFA（Psychological First Aid）　164
SNS（Social Networking Service）　188
WHO（世界保健機関）　67
XYY症候群　70

監修者

原　清治（佛教大学副学長・教育学部教授）
春日井敏之（立命館大学大学院教職研究科教授）
篠原正典（佛教大学教育学部教授）
森田真樹（立命館大学大学院教職研究科教授）

執筆者紹介（所属，執筆分担，執筆順，＊は編者）

＊原　幸一（編著者紹介参照：はじめに，第1，6，11章）
＊堀家由妃代（編著者紹介参照：第2，5，13章第1・4節）
菅原伸康（関西学院大学教育学部教授：第3章第1節）
芝山泰介（京都市教育委員会指導部総合育成支援課参与，京都市総合教育センター主任研修主事兼職，元京都市立桃陽総合支援学校校長：第3章第2・3節）
青柳まゆみ（愛知教育大学教育学部准教授：第4章第1節）
佐藤　裕（徳島大学大学院社会産業理工学研究部教授：第4章第2節）
渡邉照美（佛教大学教育学部准教授：第7章）
吉川明守（元佛教大学教育学部教授：第8章）
宮口幸治（立命館大学総合心理学部・大学院人間科学研究科教授：第9章）
内海千種（徳島大学大学院社会産業理工学研究部教授：第10章）
川上ちひろ（岐阜大学医学教育開発研究センター講師：第12章）
小松晃子（京都市教育委員会京都市総合教育センター教員養成支援室前専門主事：第13章第2節）
西村大樹（高槻市立樫田小学校校長：第13章第3節）

編著者紹介

原　　幸　一（はら・こういち）
　1963年　生まれ。
　現　在　愛知教育大学教育支援専門家養成課程心理講座教授。
　主　著　『学校で役立つ教育心理学』（共著）八千代出版，2011年。
　　　　　『人間を生きるということ――「体験」の教育人間学に向けて』（共著）文理閣，2016年。

堀家由妃代（ほりけ・ゆきよ）
　1972年　生まれ。
　現　在　佛教大学教育学部准教授。
　主　著　『教育社会学への招待』（共著）大阪大学出版会，2010年。
　　　　　『特別支援教育を学ぶ人へ――教育者の地平』（共著）ミネルヴァ書房，2011年。

新しい教職教育講座　教職教育編⑤
特別支援教育

2019年 2 月20日　初版第 1 刷発行	〈検印省略〉
2023年11月20日　初版第 3 刷発行	

定価はカバーに表示しています

監 修 者	原　清治／春日井敏之 篠原正典／森田真樹
編 著 者	原　幸一／堀家由妃代
発 行 者	杉　田　啓　三
印 刷 者	坂　本　喜　杏

発行所　株式会社　ミネルヴァ書房
607-8494　京都市山科区日ノ岡堤谷町 1
電話代表（075）581-5191
振替口座　01020-0-8076

Ⓒ原・堀家ほか，2019　　冨山房インターナショナル・坂井製本

ISBN 978-4-623-08188-2
Printed in Japan

新しい教職教育講座

原 清治・春日井敏之・篠原正典・森田真樹 監修

全23巻

（Ａ５判・並製・各巻平均220頁・各巻2000円（税別））

教職教育編
① 教育原論　　　　　　　　　　　山内清郎・原 清治・春日井敏之 編著
② 教職論　　　　　　　　　　　　久保富三夫・砂田信夫 編著
③ 教育社会学　　　　　　　　　　原 清治・山内乾史 編著
④ 教育心理学　　　　　　　　　　神藤貴昭・橋本憲尚 編著
⑤ 特別支援教育　　　　　　　　　原 幸一・堀家由妃代 編著
⑥ 教育課程・教育評価　　　　　　細尾萌子・田中耕治 編著
⑦ 道徳教育　　　　　　　　　　　荒木寿友・藤井基貴 編著
⑧ 総合的な学習の時間　　　　　　森田真樹・篠原正典 編著
⑨ 特別活動　　　　　　　　　　　中村 豊・原 清治 編著
⑩ 教育の方法と技術　　　　　　　篠原正典・荒木寿友 編著
⑪ 生徒指導・進路指導　　　　　　春日井敏之・山岡雅博 編著
⑫ 教育相談　　　　　　　　　　　春日井敏之・渡邉照美 編著
⑬ 教育実習・学校体験活動　　　　小林 隆・森田真樹 編著

教科教育編
① 初等国語科教育　　　　　　　　井上雅彦・青砥弘幸 編著
② 初等社会科教育　　　　　　　　中西 仁・小林 隆 編著
③ 算数科教育　　　　　　　　　　岡本尚子・二澤善紀・月岡卓也 編著
④ 初等理科教育　　　　　　　　　山下芳樹・平田豊誠 編著
⑤ 生活科教育　　　　　　　　　　鎌倉 博・船越 勝 編著
⑥ 初等音楽科教育　　　　　　　　高見仁志 編著
⑦ 図画工作科教育　　　　　　　　波多野達二・三宅茂夫 編著
⑧ 初等家庭科教育　　　　　　　　三沢徳枝・勝田映子 編著
⑨ 初等体育科教育　　　　　　　　石田智巳・山口孝治 編著
⑩ 初等外国語教育　　　　　　　　湯川笑子 編著

―― ミネルヴァ書房 ――
https://www.minervashobo.co.jp/